U0573947

国家社科基金
后期资助项目
GUOJIA SHEKE JIJIN HOUQI ZIZHU XIANGMU

广州话表意范畴研究

An Ideographic Category Study of Canton Dialect

陶原珂　著

北京师范大学出版集团
BEIJING NORMAL UNIVERSITY PUBLISHING GROUP
北京师范大学出版社

国家社科基金后期资助项目
出 版 说 明

后期资助项目是国家社科基金设立的一类重要项目，旨在鼓励广大社科研究者潜心治学，支持基础研究多出优秀成果。它是经过严格评审，从接近完成的科研成果中遴选立项的。为扩大后期资助项目的影响，更好地推动学术发展，促进成果转化，全国哲学社会科学规划办公室按照"统一设计、统一标识、统一版式、形成系列"的总体要求，组织出版国家社科基金后期资助项目成果。

全国哲学社会科学规划办公室

代序：一部全面揭示粤语特征的著作

——读陶原珂《广州话表意范畴研究》

　　汉语方言的研究有着悠久的历史。两千多年前扬雄就调查汇编了世界上第一部方言比较词汇集——《𬨎轩使者绝代语释别国方言》（简称《方言》）。从 20 世纪 20 年代现代语言科学的理论方法传入我国以后，汉语方言的调查研究开始进入一个崭新的时期。由于汉语方言是现代语言科学的组成部分，因此我国语言学者开始借助现代语言调查的科学方法着手对南北各地的汉语方言进行调查，由此逐步展现出汉语方言的多姿多彩。汉语方言最突出的表现在于语音，由五花八门的语音现象构成的种种方言差异，显示出各种各样的方音特色。客观的事实使得我国语言学家们在依据现代语言学理念进行汉语方言调查时，首先把眼光放在了汉语方言形形色色的语音现象上。早期出现的一批具有奠基性的方言调查著作，基本上都是记录、描写、分析研究汉语方音的调查报告，如赵元任的《现代吴语的研究》、罗常培的《厦门音系》和《临川音系》、董同龢的《华阳凉水井客家话记音》，以及几位前辈学者赵元任、董同龢、丁声树、杨时逢等合力调查的成果《湖北方言调查报告》等。这一"单打一"只研究方言语音的传统延续了很长时间。直到 20 世纪中叶，汉语方言研究必须兼顾语音、词汇、语法的思路才开始抬头，对方言词汇和方言语法特征的挖掘整理和分析研究，才开始受到重视，而方言词汇、方言语法研究成果的陆续出现，却是 20 世纪七八十年代以后的事。1979 年历史上第一份汉语方言的专业期刊《方言》在北京创刊，吹响了向汉语方言进军的号角，接着在 1981 年成立了全国汉语方言学会，汉语方言的调查研究随之爆破冷门，从以往的寂寂无闻一跃而为中国语言学中的热门学科。此后汉语方言研究蓬勃发展，语音、词汇、语法一起抓的新局面开始出现。在《方言》创刊 20 周年的前夕，我曾对《方言》所刊文章做过一次分类统计，其中以方言语法的文章为数最多，占 20 年中所刊文章总篇数的 18％，已超过语音方面所占篇数的 16％，与此同时，方言词汇方面所刊篇数也占有 12%。可见，方言研究一枝独秀的局面一去不复返了。①

毋庸置疑，方言的研究旨在探究方言的特色，显示方言的全貌。对于一种历史悠久、特色显著的汉语大方言，例如粤方言，要达到这一目的，就要对涉及方言的方方面面都进行认真的调查研究。而构成语言的三要素——语音、词汇和语法，自然也就应该是调查研究的首要对象。大家都已意识到，只有方言词汇和方言语法都受到重视，打破方言调查只管方音调查的传统，方言研究者才有可能全方位接触方言的语音、词汇、语法，也才可能全面揭示方言的特色，认识方言的面貌。话虽如此，实际上对于方言的研究者来说，能够做到兼顾方言的语音、词汇、语法，达到全面揭示方言特点，实现展示方言整体面貌的目标的，迄今仍是寥寥可数。如今我们能够看到的汉语方言著述，仍以微观探讨方言中某类语音、词汇、语法现象的为多，全面论述某一方言语音，包括历时与共时语音比较研究的、以某某方言音系为题的专著专论也时有可见，至于全面论及某一方言的词汇或语法，冠以"某某方言词汇"或"某某方言语法"的专著，相对于方言语音的论著，就显得比较少了。拿方言语法的研究来说，号称"强势方言"的粤方言，其语法的许多特殊表现早就引起业界同人的关注，以致很早以前就有对粤语中某些语法表现进行探讨的论文出现，例如我早在半个多世纪前就曾为文讨论过几个粤方言的虚词②，但这只涉及一些零星的粤方言语法现象，远谈不上对粤方言语法的系统探讨，更谈不上全面认识粤方言的语法特征了。其实语音、词汇、语法三者密不可分，语法特征往往通过语音变化反映出来，因此一些全面论述某一语言(方言)的专著，一开头常常就是介绍语音的章节。赵元任的《中国话的文法》便是如此。说到粤方言的语法研究，40 多年前张洪年出版的硕士论文《香港粤语语法的研究》③，迄今仍是少有的、比较系统的研究粤语语法的经典之作。30 多年来，除高华年、李新魁等学者的粤语研究专著和我们的《广东粤方言概要》中有专论粤语语法的章节以外④，也陆续出现过一些研究粤语语法的专著，如方小燕和彭小川，就都出版过探讨粤语语法很有见地的著作，但那毕竟是只就粤语中某类语法现象

---

① 详见詹伯慧：《方言二十年述评》，《方言》1998 年第 3 期。

② 詹伯慧：《粤方言中的虚词"亲住翻埋添"》，《中国语文》1958 年第 3 期。

③ 张洪年：《香港粤语语法的研究》，香港，香港中文大学出版社，1972，初版；2007，增订版。

④ 参看高华年：《广州方言研究》，香港，香港商务印书馆，1980；李新魁等：《广州方言研究》，广州，广东人民出版社，1995；詹伯慧主编：《广东粤方言概要》，广州，暨南大学出版社，2002。

进行探讨，不是全面论述粤方言语法之作。① 近期读到陶原珂同志送来的书稿《广州话表意范畴研究》，尽管书名不着语法二字，篇幅也不是很长，却是一部从崭新的理念出发，能够触及粤方言语法表现的方方面面，让读者比较全面地认识粤语诸多特性的新著。通读一遍，受益匪浅。作者在创意性和全面性方面所下的功夫，给我留下了深刻的印象。就创意性来说，本书引入语言学中"范畴化"的理论，着力结合广州话的具体情况来分析、解读广州话的种种特殊表现，这无疑是具有创意的。作者近年来一直在用心思考如何将"范畴化"理念贯彻到粤语研究中的问题。此前也曾陆续发表过几篇相关的论文②，就粤语的表现阐明自己的见解。这次更以"范畴化"为主线，把酝酿多时的想法延伸到探讨粤语特点的方方面面中来，并且以表意范畴研究为题来编写这部饶有新意的粤语著作，正如作者在《导言》最后所说："在对广州话做共时分析和描述的过程中，本著贯彻以共同的表意目的来统领构成同一范畴的不同成分的理念，通过形式分析和描写，揭示广州话各个表意范畴的构成特征。"可见此书在理论的构建上确是别具匠心、非同凡响的。至于全面性方面，本书所述及各种粤方言的"表意范畴"林林总总，从词法到句法，从形态到语气，几乎无所不包。给人的印象似乎是：在表意范畴的统摄下，广州话中除语音以外的种种表现都属本书论及的范围。读罢此书，我们对广州方言特色的总体面貌，就可以心中有数了。这对于一部篇幅不长的语言（方言）著作来说，实在是很不容易做到的。

　　本书作者有相当深厚的语言学理论修养，对广州话的认识也比较深刻，加上长期以来相关资料的积累也较丰富③，因此，在本书的编写中，对书中论及的每一个表意范畴，都能够在旁征博引、理据充分的基础上进行深入的探讨，展开认真的讨论，以加强作者论证的可信度。尽管篇幅有限，所下结论不少是前人已有的研究成果，但作者总是抱着有所承传、有所创新的态度来认真做好这项研究工作，通过对大量文献资料和

---

① 参看方小燕：《广州方言句末语气助词》，广州，暨南大学出版社，2003；彭小川：《广州话助词研究》，广州，暨南大学出版社，2010。

② 参看陶原珂以下论文：《广州话否定范畴的表意分布》，《粤语研究》2010年第6、7期；《广州话和普通话疑问语气范畴比较》，见甘于恩主编：《南方语言学》第三辑，广州，暨南大学出版社，2011；《广州话指示范畴的表意分布》，《暨南学报》2013年第4期；《广州话和普通话约量表意范畴比较》，见甘于恩主编：《南方语言学》第五辑，广州，暨南大学出版社，2013。

③ 本书附录参考文献多达90多种，从语言学理论著作到粤方言研究的各种著述，林林总总，足见作者在撰写此书时博览群书、博采众议的治学态度。

口语素材的——审视，仔细印证，即使最终并未推翻前人的结论，在论证的方法上、材料的补充上和用例的遴选上，也都给人以治学严谨、精益求精的印象。通观全书，每一个"范畴"的论述，每一个结论的建立，大致都能经得起客观语言事实的推敲和考验。前面说过，本书作者近期已就粤语中某些考虑比较成熟的"表意范畴"写成专论发表。事实上，从眼前这本书稿的全文看来，全书论述的22种"表意范畴"，可以说都是作者富有心得之作，"范畴"的内涵有所不同，所论范围也大小不一，但理论取向及论述方法却是基本一致的。合起来是一本完整的研究粤方言"表意范畴"、能较全面显示粤方言特色的专著，分开来也未尝不是一篇篇可以独立成文的探讨粤方言特征的专论。成书前已发表的单篇论文，和书中未经发表的各章各节，堪称众多精彩之论的汇集。

　　总起来说，个人认为《广州话表意范畴研究》是一本具有新意、不可多得的全面展示粤语特色之作。我很愿意向粤语学界的同人推荐此书。当然，本书还有需要进一步完善的地方，如某些章节对某些"表意范畴"的论析还可以从横向比较的角度进一步展开探讨，使内容更为充实，论证更为有力。此外，个别地方提法上还可以商榷，如"导言"中提及广州、香港两地交流日益频繁，词汇相互吸收的情况时，用了"香港卫视落地广州"一语，就不一定准确；又如"及第粥"是香港粤语从广州粤语吸收的吗？[①] 这些当然都是无关宏旨的事，是白璧中的微疵，是不会影响本书的学术价值的。

詹伯慧

---

　　①　参见本书第一章第一节"广州话的存在形态"。

目 录

第一章 导 言

　　广州话使用于粤方言地区的首府广州，在粤方言中影响最大。它的影响及于港、澳以至海外华人的粤语，因此被看作粤语的标准方言。广州话以广州老城区所说本土语为代表，外地人学习粤语，一般就是学广州话。

　　从不同的学术视角来看待广州话，人们历来对广州话有不同的称名。从广州话所属粤语或粤方言的种属关系来看，有人拿它与"香港粤语"或"澳门粤语"对称时，称广州话为"广州粤语"①或"粤语广州方言"②。从方言研究以地点命名方言的学术命名规则来看，不少学人称广州话为"广州方言"，并以之命名词典（如白宛如编纂《广州方言词典》）。广州话长期给人以省城方言资格影响和代表粤方言的印象，因此，港澳人士往往称广州话为"广东话"③，这个名称与广州话的英文名 Cantonese 相一致。而从广州的历史沿革来看待广州话，由于"广州"历史上又被称作"广府"，因此又有称广州话为"广府话"④的。

　　出于对广州话作为语言研究对象的系统完整性与独特性，以及它的命名延续性与独立性等因素的考虑，本著使用"广州话"的称名，把它作为语言研究对象的一个完整共时使用系统来看待和描述，从一个专题展示它的存在形态和表达方式，着重揭示它的表意范畴。

第一节　广州话的存在形态

　　广州话作为汉语的一个地域方言（regional dialect），是在中原汉语文化和粤语所在地广府文化的共同孕育、滋养下形成和发展的。在广东粤方言的六个分片（粤海片、四邑片、高阳片、莞宝片、香山片和桂南片）

---

① 梁慧敏、刘镇发：《穗港粤语基本词汇的认识比较》，见林亦、余瑾主编：《第 11 届国际粤方言研讨会论文集》，南宁，广西人民出版社，2007。
② 周国正：《报刊中粤语广州方言亲属称谓词系统分析方言入人文问题》，《语文建设通讯》1990 年第 31 期。
③ 凌岳峰：《广东话九音的分析》，《新语文》1970 年第 3 期。
④ 黄典诚：《广府话》，《语文知识》1954 年第 5、6 期。

中，广州话属于粤海片（俗称"广府片"），该片包括香港、澳门所通行的粤方言①，或称"广府片粤方言"。

广州话和香港粤语虽然同属于广府片粤方言，都用同一个英语词Cantonese 来指称②，但是，由于以往几十年广州和香港在隔离中发展，不同的制度和文化已经使它们在词汇、语音及语法上产生了若干分化和差异；而广州和香港在区域政治、经济和文化传承方面的影响力，使得两地都具有地域首府的重要地位，因此，广州话和香港粤语的分化实际上形成了广府片粤方言中的两个粤语方言标准。不过，由于广州处于广府文化首府的历史更为悠久，影响更为深远，因此在使用英语时，Cantonese 仍然可以直接用来指称广州话，而专门译指香港粤语时，则须在 Cantonese 前加上 Hong Kong's 的地名限定。实际上，香港学者也有人称香港粤语为"香港广州话"③。

广州话和香港粤语虽然表现出若干差异，然而，自改革开放以来，两地交流日益频繁，加上允许香港卫视覆盖广州④，广州话随之大量吸收香港粤语，在一些日常词汇中便有所反映，如"打工仔、的士佬、妈咪、打假波、打呔、打包、茶餐厅"等；香港粤语也有吸收广州话词汇的现象，如"沙河粉、下底、及第粥⑤"等。这种相互交流、影响和吸收，意味着会出现新一轮融合。

广州话作为现代汉语的一个地方变体，与现代汉语标准语普通话之间存在着系统性的差异，这突出地体现在语音系统的差异上。广州话有 19 个声母和 53 个韵母，6 个舒声调和 3 个促声调；普通话则有 22 个声母和 39 个韵母，只有 4 个声调。这种系统性的语音差异及其基本的对应关系，可以从表 1-1 中看出来。

---

① 詹伯慧、甘于恩：《广府方言》，广州，暨南大学出版社，2012，第 11 页。

② 参见杨明新《简明粤英词典》（广东高等教育出版社，1999）和张洪年《香港粤语语法的研究》重版序（香港中文大学出版社，2007）。

③ 参见张日升：《香港广州话英语语音译借词的声调规律》，《中国语文》1986 年第 1 期；余迺永：《香港广州话几种与辨义无关之字音两读现象》，香港《语文杂志》1984 年第 12 期。

④ 参阅石长顺、薛江华：《境外电视频道落地广东的调查报告》，《现代传播》2002 年第 6 期。

⑤ "及第粥"全称"状元及第粥"，广州西关状元坊一带有店家自认祖传正宗；又一说，今与广州同城的佛山市禅城区黎涌村有明代状元伦文叙，"状元及第粥"是他高中之后为平日光顾的粥铺所改的粥品名。

表 1-1 普通话和广州话声调对照表①

<table>
<tr><th rowspan="2">古调类
例字
调类值</th><th colspan="2">平声</th><th colspan="3">上声</th><th colspan="2">去声</th><th colspan="4">入声</th><th rowspan="2">声调数</th></tr>
<tr><th>天</th><th>平</th><th>古</th><th>老</th><th>近</th><th>放</th><th>大</th><th>急</th><th>各</th><th>六</th><th>杂</th></tr>
<tr><td>普通话</td><td>阴平55</td><td>阳平35</td><td colspan="2">上声 214</td><td colspan="3">去声 51</td><td colspan="4">入声分别归阴阳上去</td><td>4</td></tr>
<tr><td>广州话</td><td>阴平53</td><td>阳平21</td><td>阴上35</td><td colspan="2">阳上13</td><td>阴去33</td><td>阳去22</td><td>上阴入55</td><td>下阴入33</td><td colspan="2">阳入 22</td><td>9</td></tr>
</table>

注：学界对广州话阴平和阳平调或分别标为 55 和 11 的平调，本著从平调标注。

由于这种对应关系十分复杂，为了揭示这种语音上的具体差异，便需要发展出专门标注广州话语音的字典，如詹伯慧主编的《广州话正音字典》②和饶秉才主编的《广州音字典》③等，以便建立和传承汉语词汇的广州话标准读音规范。

广州话和普通话的系统性差异，还广泛表现于基础词汇和语法结构之中。如基础词汇，广州话亲属词“[粤]老豆、老母、大佬、细佬、家姐、细妹”等，与普通话相应的亲属词“[普]父亲、母亲、哥哥、弟弟、姐姐、妹妹”等相比较，明显构成了不同的称谓系统，尽管普通话的亲属称谓系统在广州话的某些正式语境中也可以使用；而广州话的存在动词和介词“[粤]喺”与普通话的存在动词和介词“[普]在”，广州话常用动词“[粤]睇、企、踎”等与普通话动词“[普]看、站、蹲”等，虽然都用汉字来书写，但是在实际使用中却是截然分开的，甚至可以用来判断所记录的话语究竟是广州话还是普通话。

广州话作为现代汉语的一个地方变体，在社会生活的实际使用中，它与普通话的差异和共性是同时存在的。虽然语音有巨大差异，却又有着一定的对应性；虽然存在大量的词汇差异，却又有着许多共同使用的常用词汇(如“人、猫、狗、路、江、河、刀、枪、酸、甜、苦、辣、坐、

① 表 1-1 摘自黄伯荣、廖序东主编：《现代汉语(增订第五版)》上册，北京，高等教育出版社，2011，第 71～72 页。

② 詹伯慧主编：《广州话正音字典》，广州，广东人民出版社，2002。

③ 饶秉才主编：《广州音字典》，广州，广东人民出版社，1983。

笑、煮、焗、蒸、汽车、火车、飞机、手机、抢劫、诈骗"等）；虽然语法中有不同的助词系统，却仍有相似的语法结构。广州话和普通话之间的这种语音对应性、词汇共享性和语法同构性的存在，使广州本地人学习和使用普通话有内在的规律可循，使外地来穗人员学习广州话也有相应的内在规律可循，而在双语双言共存和相互学习的过程中，个人的母语又总是起着潜在的影响作用，使得非母语的学习和使用总不是那么纯粹。于是，在广州话和普通话的双语双方言相互学习和实际使用中，便存在着广州话和普通话的多种使用形态。

如本著附录一所描述的，广州话和普通话在社会实际生活中存在着多种使用形态，包括"标准普通话、非标准普通话、广州话口语、广州话音书面普通话、书面普通话、书面非标准普通话、书面广州话"等，这是广州社会双语双方言存在的语言现实。不过，本著探讨的不是社会语言现实问题，而是广州话的表意范畴，是从这多种存在形态的通行广州话口语中选取例证作为研究对象，用标准普通话来对照、译解，以便认识两个标准语言系统的异同和关联。

"广州话口语"是广州话自然存在的地域方言形态，是广州本土市民（主要是社会中下层民众①）日常交流用的语言。在这方面，《实用广州话分类词典》②记录了大量语汇。正是由于广大市民的日常使用和交流，广州话才能够鲜活地存在、延续和发展。

第二节　广州话的范畴研究指向

广州话的研究，与前述广州话的称名有着某种研究视角的内在联系。"广州粤语"或"广州粤方言"的研究视角，是以粤语为背景，比较广州话与其他地区粤语之间的异同，提示广州在粤方言中的主导性影响因素，目前主要见于研讨会论文。"广州方言"的研究视角，是把广州话作为方言看待的，与全民共同语标准相对待，重点揭示广州话不同于普通话的变体因素，如白宛如的《广州方言词典》和饶秉才等人的《广州话方言词典》，都是以收释不同于普通话的广州话方言词语为目的的；一些以"广州方言"为题的研究著作，也是以揭示广州话不同于民族共同语的因素为

---

① 〔加〕J. K. Chambers、〔瑞士〕Peter Trudgill：*Dialectology*（*second edition*）（影印版），北京，北京大学出版社，2002，第 3 页。
② 麦耘、谭步云：《实用广州话分类词典》，广州，广东人民出版社，1997。

主要内容的，如高华年的《广州方言研究》[1]和李新魁等人的《广州方言研究》[2]都是全面描述广州方言语音、词汇及语法诸方面不同于普通话的特点的；方小燕的《广州方言句末语气助词》则抓住了广州话较有方言特色而且较丰富的语气词方面加以描述。也有一些以"广州话"称名的纯方言视角研究，如彭小川的《广州话助词研究》，只描述广州话不同于普通话的助词"㗎紧、住、咗、晒、过、开、下、翻、嘅、得₁、得₂、到、嘛、咩、啩、咧、喃"，对于其中一些与普通话看上去相似的助词"啱过、得、嘛"等，也主要是揭示它们不同于普通话的方言特点。

　　然而，广州话本身是一个现代汉语变体使用系统。作为一个使用系统，其中既包含不同于普通话的独特的方言变体因素，也包含与普通话共有的汉语因素。单纯的方言变体因素实际上是难以单独存在和单独用来构成自然话语的，因此，要描述和呈现广州话这个汉语变体使用系统，也应该而且需要像研究普通话那样进行全面深入的研究和描写，而不仅仅是研究其中的方言变体因素。正是为了要把握和描述作为一个语言使用系统的广州话，本著从表意范畴入手，以如何能够实现某个范畴的表达为尺度来梳理和归纳广州话的相关语言因素。

　　范畴化（categorization）是"人类将经验组织成各种一般概念及相关语言符号的整体过程"[3]。它的实质是人们认识事物的条理化过程。然而，不同学科研究的对象不同，对范畴的概括有不同的认识对象和内容。亚里士多德（Aristotle）的古典范畴论是对自然事物的抽象认识，概括出"质、量、时、处与动作"等基本范畴[4]；现代的范畴认知观则把事物的范畴分为基本层次范畴（basic level categories，如"狗、猫、椅子、刀、小车"）、上位范畴（superordinate categories，如"动物、家具、刀具、交通工具"）和下位范畴（subordinate categories，如"灵缇犬、波斯猫、扶手椅、铅笔刀、敞篷跑车"），认为人类大部分认识在基本层次上组织起来，而且许多范畴都是围绕某个类典型（prototype）来组织的[5]；认知语义学

①　高华年：《广州方言研究》，香港，商务印书馆，1980 年。
②　李新魁、黄家教、施其生、麦耘、陈定方：《广州方言研究》，广州，广东人民出版社，1995。
③　〔英〕戴维斯·克里斯特尔编：《现代语言学词典》，沈家煊译，北京，商务印书馆，2000，第 4 版，第 51 页。
④　〔古希腊〕亚里士多德：《形而上学》，吴寿彭译，北京，商务印书馆，1995，第 128～129 页。
⑤　〔德〕F. Ungerer and H. J. Schmid：*An Introduction to Cognitive Linguistcs*，北京，外语教学与研究出版社，2001。

进一步把与判断某词语义相关的背景信息视为一个知识网络体系，认为"我们只有将一个词放到与之相关的各个认知结构共同构成的背景中才能理解它的意义"①，从而把范畴研究推进到了词法、句法等领域。21世纪以来，范畴化作为对事物整体认识的条理化，逐渐成了汉语研究新取向，涉及语义②和语法③多个具体方面，并开始延伸到方言研究中④。由于将范畴化的思想引入语言学里是以西方语言为基础的，因此，难免带有西方语言和西方语言学的印记，我们把它引入广州话研究中来，需要对它做适当的改造，以便与广州话的实际相适应。

语言范畴的研究指向，主要有语法范畴（grammatical category）、语义范畴（semantic category）和功能范畴（functional category）。后者指传统语法中的句子成分。前两个范畴，按叶蜚声、徐通锵《语言学纲要》的界定，"语法范畴就是词形变化所表达的语法意义的类。如果说形态是词的变化形式方面的聚合，那么语法范畴就是由词的变化形式所表示的意义方面的聚合。由词形变化表现出来的语法范畴，是有形态变化的语言所具有的"⑤。这里所说的包括"性、数、格、体、态、人称"六种语法范畴。关于语义范畴，则涉及"句子与说话时空的关联，由句子中跟'说话者—说话地—说话时'（也称'我—这里—现在'）相关的某些语义范畴及其表达来实现"⑥。如"人称、时、指示、语气（言语交际作用的范畴）、情态（言语的主观态度范畴）"等语义范畴。其中"人称"兼属语法和语义两类范畴。

然而，汉语主要是靠虚词和词序来表达语法意义和语法关系的，广州话和普通话都基本不用词形变化来表达语法范畴。比如上面举的"性、数、格、体、态、人称"六种语法范畴，广州话并不存在动词语法范畴的"性"和"人称"，"数"则由词汇语义表示，有关"施事、受事、方位"等

---

① 〔新西兰〕R. Taylor：*Linguistic Categorization*：*Prototypes in Linguistic Theory*，北京，外语教学与研究出版社/牛津大学出版社，2001，第F32页。

② 如李宇明的《汉语量范畴研究》（华中师范大学出版社，2000）、刘春卉的《现代汉语属性范畴》（巴蜀书社，2008）、王世凯的《现代汉语时量范畴研究》（中国社会科学出版社，2012）和帅志嵩的《中古汉语"完成"语义范畴研究》（商务印书馆，2014）等。

③ 如周静的《现代汉语递进范畴研究》（中国传媒大学出版社，2007）、李燕的《现代汉语趋向补语范畴研究》（南开大学出版社，2012）和刘叔新的《汉语语法范畴论纲》（南开大学出版社，2013）等。

④ 如邵敬敏等著的《汉语方言疑问范畴比较研究》（暨南大学出版社，2010）、陈淑梅的《鄂东方言量范畴研究》（中国社会科学出版社，2012）等。

⑤ 叶蜚声、徐通锵著，王洪君、李娟修订：《语言学纲要》（修订版），北京，北京大学出版社，2010，第104页。

⑥ 叶蜚声、徐通锵著，王洪君、李娟修订：《语言学纲要》（修订版），北京，北京大学出版社，2010，第145页。

"格"范畴和有关"主动、被动"等"态"范畴则通过词序和介词结构来表达，只有"体"范畴由近似于词尾的助词来表示，其中只有单音节动词的完成体可以通过颇受局限的变调形式来表达。而上述的"人称、时、指示、语气、情态"五种语义范畴，也都主要以词汇方式（包括"名词、副词、指代词、助动词、助词"等）来表达，都不用形态变化的语法形式。语义范畴具有词汇属性这一点，广州话与英语相类似。因此，从广州话的范畴构成情况来看，就不应该单纯以词的形式变化来界定广州话的语法范畴。虽然广州话以动词后加助词构成体范畴，但是体范畴语义的构成还有副词和个别升调音变方式，因此，一定的词汇语义和词序搭配才是广州话范畴的基本构成方式。而语法范畴和语义范畴共同的"表意"目的，正可以用来概括、统辖范畴的多种构成方式，因而本著称之为"表意范畴研究"。

从广州话的实际出发，由词汇的语义及其语法功能分布情况来描述语言范畴，其学术路径与韩礼德提出的词语法（lexicogrammar① or lexicon-grammar）理念相通，即把语法当作措词层次看待，强调语法具有某种解释语义的对策角色，"把语言看成是一个结构系统"，"注重语言结构中各个成分之间的关系"，"重视共时的研究"，"注意语言的特征，强调形式的分析和描写"②，等等。从本著各章对广州话不同表意范畴的分析和描写可以看到，各种体范畴都是围绕动词语义、动词后加助词的方式以及动词前的相关副词展开的，指称范畴是围绕指代词的分析描述展开的，时间和空间范畴是围绕名词、副词与介词结构展开描述的，约量范畴则是围绕数量词的分析展开的，四种语气范畴的分析描写则以句末语气词为主而兼及副词。而能愿范畴和比较范畴，学界又分别有能愿结构和比较结构的指称，本著也以能愿动词为中心结合相关语义的表达方式加以分类概括能愿范畴，选取构成比较语义的形容词、副词、介词以及相关格式加以综合来描述比较范畴，等等，其中也体现出表意范畴是统辖着语义和结构两个方面的。总之，在对广州话做共时分析和描述的过程中，本著贯彻以共同的表意目的来统领构成同一范畴的不同成分的理念，通过形式分析和描写，揭示广州话各个表意范畴的构成特征。

---

① 〔英〕M. A. K. Halliday：《功能语法导论》，北京，外语教学与研究出版社，2000，第15页。

② 郑定欧：《词汇语法理论与汉语句法研究》，北京，北京语言文化大学出版社，1999，第2页。

第二章　起始体表意范畴

提要：从句子的内在时间构成来看，起始体概括反映的是动作开始进行的动态过程。在广州话中，起始体可以由主体起始动词、助词或其他动词加助词来构成。广州话起始体的主体动词由表示开始义的"㊀起首、开手"，以及表示其他某种动态开始的"㊀入手、起筷、起心、开声、开市、开档、开片、开台"等构成。广州话起始体的构成成分比普通话起始体的构成成分要复杂，助词元素多一些，包括"㊀开、开头、起、起嚟、起身、起上嚟、起首"等，它们大多以"开、起"为构成语素，在表意上大体相同而略有区别，但是，广州话这些起始体助词通常与其他动词相配，而与主体起始动词不能够同现。如果把时间副词因素作为表达汉语起始体的主要因素，会构成立足于另一视点的起始体描述框架，这更适合于描述普通话而不是广州话，因为广州话表达起始体语义的副词元素（㊀喘、喘喘）比普通话的副词元素（㊀刚、才、恰，刚才、恰才、方才等）要少得多，这是广州话与普通话表达起始体构成因素的另一个主要差异。以动词轴心来综合考察和比较，广州话起始体构成因素具有后置性倾向。

按照"体"范畴的现代研究来看，句子的所谓"体"，是指句子情景内的某种时间持续方式，它通过时间持续的方式表达出种种状态、事件、过程之间的差异。如伯纳德·科姆里在研究体范畴的专著《体》里说道："作为 aspect 的一般定义，我们可以采用这样的确切表达：'体是审视某个情境的内在时间成分组构。'"[①]D. N. S. 巴特则认为：一方面时态指涉事件的时间位置，与此不同，"另一方面，体则指涉事件的时间结构，即事件在时间上发生的方式（正在进行或已经完成、正在开始、正在继续或

[①]　Bernard Comrie：*Aspect*，北京，北京大学出版社，2005，第 13 页。原文："As the general definition of aspect，we may take the formulation that 'aspects are different ways of viewing the internal temporal constituency of a situation'."

正在结束、反复的或一次性的等等)"①。戴维·克里斯特尔编的《现代语言学词典》对 aspect 的定义更具体：体是"对动词作语法描写的一个范畴（其他范畴有时和语气），主要指语法所标记的由动词表示的时间活动的长短或类型。完成体和未完成体的对立是研究较深入的一种'体'对立，见于许多斯拉夫语言：例如俄语有完成体/未完成体的对立——前者常指动作的完成，后者表示动作持续，不指明完成。英语动词短语有一种形式区别通常分析为体的区别：动作的进行体（或'持续体'）和'非进行体'（或简单体）的对立。……其他语言里还能见到其他的体区别，例如'反复体'或'重复体'（指动作习惯性地反复），'起始体'或'开始体'（指动作的开始）。体对立有时被视为一般的语义对立，但有时又限指那些语言中已经语法化了的对立形式"②。但国内则有学者提出，"aspect 究竟称为'动态'好，还是称为'体'或'体貌'好？总之，一句话，问题成堆，答案暂时没有！所以要研究"③。特别是就汉语方言研究而言，胡明扬认为："现在什么是动态范畴，汉语方言有哪些动态范畴，有哪些语法形式和相应的语法意义都还没有定论，因此方言动态范畴的研究在一开始不妨把尺度放宽一些，不要轻易放过一些似乎像又似乎不像动态范畴的现象。好在通过比较研究还可以进一步修正。如果只描写自己认为有定论的现象，就很可能遗漏了非常有价值的材料。"④据此，对汉语方言体范畴的研究和归纳，似乎应该宜宽不宜窄，也不一定以存在体对立为确定体范畴成立的准则，因为语言规律中还存在着不对称现象。

　　从句子的内在时间构成来看，起始体（inchoative 或 inceptive aspect）概括反映的是动作开始进行的动态过程。在广州话中，能够表达"动作开始进行的动态过程"这一语义的并不限于某种语法助词，起始体可以由主体动词、助词或主体动词加助词来构成。以往对广州话体范畴的研究，大多集中于进行体和完成体，即集中于过程的中后期状态，而对起始状态关注较少，偶有涉及的也未展开深入讨论，为专门探讨留有较大空间。

　　在广州话里，表达起始语意功能的词语表达方式，有动词、助动词、副词和语气词。为了使阐释更有层次性，本著以动词为中心，先区分和

①　D. N. S. Bhat. *The Prominence of Tense, Aspect and Mood*. Amsterdam, John Benjamins B. V. 1999, p. 43.

②　〔英〕戴维·克里斯特尔编：《现代语言学词典（第四版）》，沈家煊译，北京，商务印书馆，2000，第 29 页。

③　胡明扬：《汉语方言体貌论文集·序》，南京，江苏教育出版社，1996。

④　胡明扬：《海盐方言的动态范畴》，见胡明扬主编：《汉语方言体貌论文集》，南京，江苏教育出版社，1996，第 1 页。

探讨动词后的表达方式和动词前的表达方式，然后补充句末语气方式。

第一节 表达起始体的主要动词

广州话的起始体语义，主要通过表示起始义的动词、动词后接助词或动词前加副词来表达。从表达"动作开始进行的动态过程"这个语义的角度来衡量，广州话中的许多动词本身即含有表达主体起始语义的功能。除了和普通话一样用"开始"这个词之外，广州话还使用与"开始"义相近的另一些特有动词，"⑨起首"和"⑨开手"就是其中两个。例如：

(1)⑨由而家起首，大家唔好出声。

⑳从现在开始，大家不要发出声音。

(2)⑨我见佢哋开手做嘞，人到齐就开手喇。

⑳我看见他们开始做咯，人到齐就开始啦。

其中，例(1)的"⑨起首"与前面介词短语相配合，表明主体做某事的起始点；例(2)的前一个"⑨开手"可以用"⑨起首"替代，但是后半句的"⑨开手"不能换成"⑨起首"。可见，两词在搭配使用上有差别："⑨起首"纯粹表示时间开始，"⑨开手"除了表示行为时间开始之外，还表示"做"的行为动作开始，这后一种语义不能用"⑨起首"代替。作为主要动词，两例的"⑨起首"或"⑨开手"都可以用"⑨开始"来替代。但是，如果作为主要动词的辅助词，"⑨起首"和"⑨开手"就不能用"⑨开始"来替代。例如：

(3)⑨跑/做起首/开手就停唔低咯喇。

⑳跑/做起来就停不下来了。

可见，"⑨开手、起首"的位置分布比"⑨开始"更为灵活多变，在例(3)中处于趋向动词的位置。而在语义上，"⑨开手、起首"都表达较为泛化的开始义，所以还可以和腿部动词"跑"搭配。这与广州话另一些不能与腿部动词"跑"搭配而含有开始义的词(如"⑨着手、入手")有所不同。"⑨着手、入手"的开始义，也并不限于手部动作，但是，却大体上是围绕需要用手做来引申扩展的，所以，语义范围较宽泛的动词都可以与之搭配，如"⑨着手做"。

在广州话里，与具体动作相关而含有"⑨开"语素的一些词，如"⑨开口(噏嘢)、开声(要银纸)、(礼拜)开局、(今朝)开身、开市(大吉)、(刚啱)开档、(上昼)开张、(两班细路)开片(开始打架)、开台(食饭)、(就来)开饭"等，相应普通话为"⑳开口(说话)、开口(要钱)、(周日)玩麻将等娱乐、(今早)动身、开市(大吉)、(刚)开始营业、(上午)开始营业、

(两帮小孩)打了起来、摆桌子(吃饭)、(快)开饭”等，都各自表示某种具体动作或动态的开始，特别是置于否定疑问式之中，构成“㊣粤～未呀？开～喇。”的表达方式，它们所表达的开始义就更为清晰可辨。

另外，含有“㊣粤起”语素的一些词，如“㊣粤起口、起筷、起病、起心”等，也各自含有某种具体的起始义，在实际句子中通常充当主要动词独立使用，不带宾语，不作辅助词或连带动词用。例如：

(4)㊣粤 a. 起口食饭喇。

b. 大家起筷喇。

c. 起病到而家先至落床。

㊣普 a. 动口吃饭勒。

b. 大家开吃吧。

c. 得病到现在才下床。

由于它们的词汇身份较突出，含有明显的起始语义，却没有呈现出语法化的特征，它们是否能够被纳入广州话起始范畴，则取决于对起始范畴的界定和认识，取决于论者的范畴语法观念及其体系性。

第二节　表达起始体的助词

在汉语方言研究中，以助词表达的起始体已经有学者关注和论述，但是名称并不统一。胡明扬的《海盐方言的动态范畴》所说的“起始态”，确认海盐方言“起始态的形式是助词‘起来’，意义是动作、行为或状态变化的开始，或者表示假设”；所举例为“动词＋起来”或“形容词＋起来”。(例：㊣海伊笑起来哩！/面孔红起来哩！/讲起来省力做起来难。①)刘丹青的《苏州方言的体范畴系统与半虚化体标记》认为苏州方言也有“开始体”，用“起来”表示，所举例均为“动词＋起来”，其中“起来”可插入宾语成分。(例：㊣苏小毛头哭起来哉。/当时呒拨没有办法做起生意来哉。②)郑懿德的《福州方言时体系统概略》记述福州方言“起始体”用助词“起”，所举例均为“由＋名＋动＋起”。(例：㊣福今哺评话由“空城计”讲起。/由门后角扫起。③)饶长溶的《长汀方言动词的体貌》所记长汀方言“起始体”则兼用“起来”和“起”，

① 胡明扬：《海盐方言的动态范畴》，见胡明扬主编：《汉语方言体貌论文集》，南京，江苏教育出版社，1996，第12页。

② 刘丹青撰、叶祥苓校：《苏州方言的体范畴系统与半虚化体标记》，见胡明扬主编：《汉语方言体貌论文集》，南京，江苏教育出版社，1996，第28页。

③ 郑懿德：《福州方言时体系统概略》，见胡明扬主编：《汉语方言体貌论文集》，南京，江苏教育出版社，1996，第201页。

所举例有"动词＋起来"和"动词＋起"。其中"起来"可插入宾语成分。(例：
⑮大家快滴唱起来，跳起来！/上厅个人都坐起来黎，你们也坐起来。/细猪
子前几日壮起来黎，唔会解瘦咧。/曛，你们做起屋来咧。/做起屋来，无解
好话事。/老张话起事来，神气十足。/你就从第2行写起。好！一切从今朝
做起。①)这些助词用法与普通话起始体助词"晋起来"的用法相似。

李新魁所著的《广东的方言》没有用"起始体"的称名，但是已提到粤
语"表示动作开始，加'起来''起身''起上来'等于动词之后表示"，例如
"粤做起嚟你就知辛苦(晋做起来你就知道辛苦了)""粤痛起上嚟大人都顶
唔住(晋痛起来大人都撑不住)""粤佢唱起身大家就跟住唱(晋他唱起来大
家就跟着唱)"等。② 张洪年则以"开始体"指称"起始体"，提出了香港粤
语"表示开始体貌的'起上嚟'或'起嚟'"，例如"粤佢喊起上来(晋他哭起
来)"，"粤我嬲起上嚟(晋我生起气来)"，"粤嗌起交上嚟(晋吵起架来)"，
"粤生性起上嚟(晋懂起事来)"等。③ 张著与李著相比较，起始体助词的
个数略少，用字不同，但是例证的句式较多样。

考察今天的广州话，起始体的助词比普通话起始体的助词和以上所
记方言起始体(或起始态/开始体)的助词要复杂多样一些，包括"粤开、
开头21/35、起、起嚟、起身、起身嚟、起上嚟、起首(嚟)"等。广州话起
始体助词大多数以"粤开"和"粤起"为构成语素，所构成助词在表达起始
义上大体相同而略有区别。例如：

(5)粤 a. 你哋拍开拖，未好埋落去啰。

　　 b. 佢一讲开就收唔住口咯啦。

　　 c. 个头湿开就洗埋佢啦。

　 晋 a. 你们开始谈恋爱了，不就继续好下去呗。

　　 b. 他一说起来就收不了口了。

　　 c. 脑袋湿了就把它洗了吧。

(6)粤 a. 佢衰开头，我睇佢会收唔到科咯啦。

　　 b. 个市跌开头，无人够胆再入仓，惊佢会冧呀。

　 晋 a. 他倒霉起来，我看他会收不了场的。

　　 b. 股市跌开了头，没人敢再进仓，怕它会垮呀。

---

① 饶长溶：《长汀方言动词的体貌》，见胡明扬主编：《汉语方言体貌论文集》，南京，江
　苏教育出版社，1996，第241~242页。
② 李新魁：《广东的方言》，广州，广东人民出版社，1994，第257页。
③ 张洪年：《香港粤语语法的研究》(增订版)，香港，香港中文大学出版社，2007，第
　162页。

其中，助词"⟨粤⟩开"后可以接宾语，"⟨粤⟩开头"之后不接宾语；"⟨粤⟩开、开头"之前则既可以接形容词又可以接动词，接形容词表示变化已起始，接动词表示动态已开始。然而，含"⟨粤⟩开"语素的助词，更强调起始点（如图 2-1 的 A 点）。

这与含"⟨粤⟩起"语素的助词更强调起始后的状态（即图 2-1 中由 A 开始向 B 持续的态势）略有不同。例如：

A ●————————————→ B

图 2-1

(7) ⟨粤⟩ a. 谂起就伤心；讲起佢就一把火喇。

　　　 b. 用起先知道原嚟个煲是漏水嘅。

　　⟨普⟩ a. 想起来就伤心；说起它就让人生气。

　　　 b. 用起来才知道原来那个锅是漏水的。

(8) ⟨粤⟩ a. 佢哩几年发起嚟，盆满钵满啦；病起身唔会无人理嘅。

　　　 b. 佢发起嬲嚟，边个敢惹佢呀。

　　⟨普⟩ a. 他这几年发起来，收获丰盛啊；病起来不会没人理睬的。

　　　 b. 他生起气来，谁敢惹他呀。

(9) ⟨粤⟩ a. 啲面种发起身啦，过两个钟就可以蒸包咯啦。

　　　 b. 个小妹妹笑起身好似朵花㗎，佢恶起身嚟就唔得掂喇。

　　⟨普⟩ a. 这面发起来了，过两个小时就可以蒸包子了。

　　　 b. 这小姑娘笑起来好像一朵花呀，她凶起来就不得了了。

(10) ⟨粤⟩嗰块板一晒就扢起身嚟。

　　⟨普⟩那块板一晒就翘起来。

(11) ⟨粤⟩ a. 谂起上嚟佢俩个又几啱计个啵。

　　　 b. 讲起上嚟我先至谂起佢叫做阿彬。

　　⟨普⟩ a. 想来他们俩还挺合得来的呢。

　　　 b. 说起来我才想起他叫阿彬。

(12) ⟨粤⟩ a. 啲生意衰起首/嚟无人睬。

　　　 b. 我睇佢哩摊嘢湿起首/嚟几时得干呀。

　　⟨普⟩ a. 这生意差开了头没人光顾。

　　　 b. 我看他这件事插了手什么时候能罢手。

其中，"⟨粤⟩起"是单音节助词，更多用于紧缩句子中；"⟨粤⟩起嚟"是双音节助词，如果有宾语，通常嵌入中间；助词"⟨粤⟩起身"则不能嵌入宾语，但是，接不及物动词或形容词的用法与"⟨粤⟩起嚟"相当；可见，"⟨粤⟩起嚟"的使用范围更广、更灵活一些。助词"⟨粤⟩起身嚟"则是助词"⟨粤⟩起身"的音节加长形式，也不能带宾语。助词"⟨粤⟩起上嚟"在助词"⟨粤⟩起嚟"中间嵌入一个音节"上"构成，常用于句子中的独立成分，如例(11)所示。助词"⑧起首/嚟"的使用范围局限于表达恶劣的起始态势，而且"⑧起首"更常常作为主要动词使用，如例(1)所示。与含有"⑧开—"语素的助词相比较，这些含有"⑧起—"语素的助词都侧重于起始的延续态。

　　广州话的这些起始体助词与上节所述表达起始体的主体动词，通常是不能够同时出现的。这一点可以说明，起始体动词与起始体助词各有其表达起始义的存在价值。同时，它们之间存在细致的语义差异，也使广州话的起始体表达显示出丰富、细致的特色。

第三节　表达起始体的副词

　　广州话在动词前表达起始义的词比较少，只有"⑧啱"或"⑧啱啱"，是以时间副词强调行为、动作或事件的起动时点为刚刚存在的事实，从而表示该行为、动作或事件处于刚刚起始的状态。例如：

(13)⑧ a. 我啱啱走，你就来。

　　　 b. 我哋啱啱讲故仔你就返嚟。

　　⑧ a. 我刚刚走，你就来。

　　　 b. 我们刚刚(开始)讲故事你就回来。

(14)⑧ a. 我啱瞓落床就听见有人叫门。

　　⑧ b. 我刚躺床上就听见有人叫门。

　　以强调起动时间点来表达行为、动作或事件处于刚刚起始的状态，这与强调行为、动作或事件本身动态的起点相对比，强调了相关事物的不同语义侧重点。仍用图 2-1 来说明，前者指涉事物由起始点 A 开始向 B 运动，而后者则指涉事物起始于 A 点的时间；它们共同构成了广州话起始体表意中不同的语义侧面。

　　如果把时间副词因素作为表达汉语起始体的主要因素，我们会构成立足于另一视点的起始体描述框架。高名凯的《汉语语法论》说："表示在某一时刻动作或历程之开始者，谓之起动体(momentary)。口语用'刚、才、恰'等，文言用'方、才'等。有时则'刚才、恰才、方才'合用，甚至有用'却才'的。"[①]然而，这比较适合于描述普通话而不太适合于描述广州话的起始体，因为广州话表达起始体语义的副词(如："⑧啱、啱啱"，而且"⑧啱"可能是"⑧啱啱"的急说形式)比普通话的副词(如：

---

① 高名凯：《汉语语法论》，北京，商务印书馆，1986，第 221 页。

"㈜刚、才、恰，刚才、恰才、方才"等)要少得多，而广州话表达起始体的助词却丰富得多，含起始义的动词也颇丰富。因此，以动词为轴心来综合考察和比较，广州话表达起始体的构成因素具有后置性倾向，这是广州话与普通话表达起始体构成因素的主要差异。

第四节　余论：句末起始义(喇)

广州话起始体语义的表达方式除了主要出现在以上三种位置之外，有时还用句末语气词来实现。例如：

(15)㈜ a. 我哋走喇。

　　　b. 啲人走咯喇，你重唔走？

　　　c. 走喇，走喇，就走喇。

㈜ a. 我们走啦。

　　b. 那些人走了，你还不走？

　　c. 走了，走了，这就走了。

按饶秉才等编的《广州话方言词典》的解析，"喇"含两个义项："①用在陈述句里，相当于'了'：佢来～｜够～｜人哋走晒～。②用在祈使句里表示命令、请求：快啲行～｜记住～!"[1]但是，"㈜喇"在例(15)中表达"走"的起始态，可以包含已起动、正在起动或即将起动的状态，这个语义似乎并不能归属于这两个义项中的任何一个。可能是由于"㈜喇"的这种起始语义比较隐约，而且受语用情境的影响，不易体察，所以不被列入义项之中。

总体来看，广州话的起始体表意分布表现为，有大量的表达起始义的主体动词，包括一般起始义和具体起始义两类；在动词后则有"㈜起一、开一"两个语素所构成的两个系列的助词，分别侧重于动态的起始点和起始的延续状态；动词前仅有副词"㈜啱、啱啱"，表达时间起始的恰适点。句末语气词"㈜喇"的多义性，使它所表达的起始义受特定语境的制约，所表达的起始义较为隐约难辨。个别助词的词性不是很稳定，既能充当助词，也能充当主要动词，同样都表达起始义。这些都共同反映出广州话的起始体的表意分布具有较为灵活多样的特点。

总览构成起始体表意范畴的词语，如表 2-1 所示。

---

[1]　饶秉才、欧阳觉亚、周无忌编：《广州话方言词典》，香港，商务印书馆，1981，第116 页。

表 2-1

起始体	广州话	普通话
动词	开始、起首、开手，入手、起筷、起病、起口、起心、开声、开市、开档、开片、开台	开始、动手、开吃、起心、开口、开市、开饭
助词	开、开头、起、起嚟、起身、起上来、起首	起来
副词	啱、啱啱、刚啱	刚、才、恰、刚才、恰才、方才
语气词	喇	了

第三章　否定表意范畴

提要：对否定范畴的研究包括不同层面，在哲学层面指涉主体与事物存在之间的对立，在逻辑层面指向命题的矛盾关系，在语言层面指涉与肯定语义的对立。就语言层面而言，从表意分布的角度来考察，否定范畴在广州话里通过一些语素表现于句法和词汇两个层面。这些否定语素的否定义可以归纳为四种：表示存在否定的"⁽粤⁾冇"，表示禁止否定的"⁽粤⁾毋、咪（咪自、咪制）"，表示判断否定的"⁽粤⁾唔、唔好、唔使、唔系"，以及表示完成否定的"⁽粤⁾未（未曾）"。通过与普通话的否定范畴表意分布的逐一比较，我们可以看到广州话与普通话的否定范畴之间存在着表意分布上的系统性差异。

人们对否定范畴的研究，因视点不一而获得不同价值的认识。在哲学层面，否定被看作指涉主体与事物存在之间的对立；在形式逻辑中，否定被看作基本真值联结词之一，否定式则是给某个公式加否定词而构成的真值形式，否定式与原式之间构成矛盾关系。①

在语言层面，否定范畴是就语义而言的，指涉肯定语义的对立性。②它在句法和构词层面有种种表现和表达形式。这两个层面的否定有某种联系，因而有学者试图结合起来研究。③ 词法与句法层面之所以可以打通，是因为汉语词汇是由单音节词为主发展起来的。如古代汉语中的否定词"⁽古⁾不、弗、未、莫、匪、蔑、非、无、毋、亡、勿、靡、罔、曼"等，均为单音节词。广州话的否定词"⁽粤⁾冇、毋、咪（咪自、咪制）、唔、唔好、唔使、唔系、未（未曾）"等，已经在单音节否定词"唔、咪、未"的基础上发展出了一些双音节否定词。普通话中的否定词"⁽普⁾不、没（有）、

---

① 杨百顺、李志刚主编：《现代逻辑辞典》，武汉，湖北教育出版社，1995，第246页。

② 戴耀晶：《试论现代汉语的否定范畴》，《语言教学与研究》2000年第3期；甘于恩：《试论现代汉语的肯定式与否定式》，《暨南学报》1985年第3期。

③ 如日本金昌吉《始起点现代汉语语法中的否定因素》一文的提要说道："现代汉语词法平面上否定因素的表现形式是呈多样性特点的，文章通过对合成词内部的结构构造以及否定因素语义的虚化轨迹的全面、系统的考察，力求在词法和句法平面相结合的基础之上，统观整个汉语的否定范畴，认为这对整个汉语语法系统的构建将会具有重要的意义。"

非、不必、不如、不妨、决不、绝不、毫不、并不”，其基本的单音节否定词只有“[普]不、没”以及古代遗留的“非”，后七个都是含“不”的延长形式。而在语义构成上，普通话这些延长形式的语义与构成词的语素义之间存在合成关系：有的构词形式扩展后语义基本不变，如“[普]不必→不必要、绝不→绝对不、毫不→丝毫不”等，这说明它们的词形式与词组形式之间的界线不是很清晰，表现出词汇发展现阶段的过渡性；还有的双音节词(如“[普]不用、没有、休要”)与某个单音节词(如“[普]甭、没、休”)同义，这也反映出相应的双音节否定词还存在于形成的过渡状态中。然而，即使是这些双音节否定词与相应的单音节否定词之间存在同义关系，它们在与其他词语结合的时候，也往往会表现出某些具体搭配功能上的差异，例如：

(1)[普]休要与/和他搭话。

(2)[普]休与他搭话。＊休和他搭话。

这里“休”是古旧否定词，与现代汉语词“和”搭配就显得有点半文不白；而“休”的现代延长形式“休要”则不受这种搭配的选择性限制。这不仅反映了作为古汉语遗迹的单音节否定词和现代双音节否定词之间在句法功能上的差异，而且反映出否定词的功能语义分布不仅和语义有关，而且与具体词的性质有关。所以，描述否定词的功能语义应该逐词进行。

出于后一个原因，本著拟按否定范畴义来分类，逐词描述、比较广州话否定词语的表义分布，以便全面、系统地反映广州话否定范畴语义的表意情况。不过，这里从否定词语来讨论广州话的否定范畴，并不意味着否定范畴按是否使用否定词语便可以和其他范畴截然划分开来。实际上，否定范畴与各种体范畴、语气范畴是存在交叉关系的，结合相关范畴做相应的探讨还可以更深入一层。这里不涉及言语层面的语用否定[1]，而只从否定词语来梳理广州话的否定范畴，这是出于认识否定范畴基本构成的需要。

第一节　存在否定：冇

广州话“[粤]冇”兼含存在否定和是非否定两义，而以和普通话“[普]有”相对立的存在否定义为主要义项。所以，饶秉才等人[2]认为，“[粤]冇”的

---

① 沈家煊：《“语用否定”考察》，《中国语文》1993年第5期。

② 饶秉才、欧阳觉亚、周无忌编：《广州话方言词典》，香港，商务印书馆，1981，第153页。

基本含义有三个：一是动词，义同有无的无（没有），如（粤）冇乜事（（普）没什么事）；二是副词，义为"没有"，如（粤）冇买票（（普）没买票）；三是副词，义为"不"，如（粤）冇紧要（（普）不要紧），（粤）呢一排冇落雨乜滞（（普）这段时间没怎么下雨）。

这后一个义项与"（粤）唔"的基本义"不"相当，所以也可以说："（粤）唔紧要（（普）不要紧）"，"（粤）呢一排唔落雨乜滞（（普）这段时间不怎么下雨）"。但是，"（粤）冇雨落（（普）没下雨）"不能替代"（粤）唔落雨（（普）不下雨）"，因为"（粤）冇"在此是动词；"（粤）冇"的副词义"（粤）不"才与"（粤）唔"相当；"（粤）冇"的否定动词义与"（普）有"相对立，不与"（粤）唔"相当。另外，"（粤）冇"与形容词搭配表达完成义的时候，也不能用"（粤）唔"替代，例如："（粤）佢哋冇好几耐就分手嘞。"或："（粤）佢哋好咗冇几耐就分手嘞。"意思都是"（普）他们没好多久就分手了。"可见，作为副词的"（粤）冇"，修饰形容词时并不等于"（粤）唔"；普通话里的"（普）没"，可以修饰形容词，配合构成完成式，此时也不能用"（普）不"代替；而广州话的"（粤）冇"则兼有"（普）没"和"（普）不"两者的否定功能。

白宛如认为"（粤）冇"的本字为"无"。但是，在今天广州话里其实两者发音有别："（粤）冇"发音为$[\text{mou}_{13}]$，用于句子层面和构词层面；"无"发音为$[\text{mou}_{11}]$，用于构词或固定短语层面。前者构词如："（粤）冇得顶、冇几何、冇度数、冇搭霎"等；后者构词如："（粤）无他、无谓、无端白事、无端端、无厘头"等。[1]"（粤）冇"的构词形式不太稳定，如"（粤）冇搭霎"或可说"（粤）冇离搭霎（（普）大大咧咧）"。饶秉才等人的《广州话方言词典》和白宛如的《广州方言词典》所列的一些词，如"（粤）冇定性、冇符、冇记性、冇料、冇谱、冇心机、冇手尾、冇口齿"等，前面都可以用"（粤）真"来修饰，在"（粤）冇"后均可嵌入相应的语素加以扩展，如"（粤）冇啲定性、冇晒符、冇啲/晒记性、冇乜料、冇乜/晒谱、冇乜/晒心机、冇乜/啲手尾、冇啲口齿"等。这种嵌入只强调"（粤）冇"的程度，并不改变原词的基本含义。可见，"（粤）冇"构成的词还不太稳定，其构词化过程尚未完成。而广州话"（粤）无"所构成的词比较稳定，不能像"（粤）冇"所构词那样被嵌入。"（粤）无"的稳定性是它较为古旧的表现，所以它通常只出现于固定词语或熟语中，如"（粤）多多益善，少少无拘"。而在今天广州话口语层面，它并不充当主要的否定词。"（粤）冇"在句子层面比较活跃，例如：

（3）（粤）屋里边有冇人？冇。

　　（普）屋里有没有人？没有。

---

[1]　白宛如：《广州方言词典》，南京，江苏教育出版社，1998，第224页。

（4）粤冇钱冇得食。

　　普没钱没吃的。

（5）粤我去唔去都冇所谓。

　　普我去不去都无所谓。

（6）粤行咗冇两站路就行唔喐。

　　普走了没两站路就走不动。

（7）粤　a. 佢冇来。

　　　　b. 我（嗰阵）冇坐过海轮船。

　　普　a. 我没来。

　　　　b. 我（那时）没坐过海轮船。

其中"粤冇"，通常被对译成普通话的"普没"，只是例（5）对译成"普无"。例（3）至例（6）的"粤冇"都是否定动词，出现于不同的句子结构中：例（3）为有无问句，"粤冇"可以独立回答问题。例（4）为条件句，后一个"粤冇"与"粤得"结合而置于动词前。饶秉才等人认为，"粤冇得"在动词前，相当于普通话"普没有＋动词＋的"（粤冇得坐＝普没有坐的、粤冇得睇＝普没有看的）。① 例（5）的"粤冇所谓"为惯用语，所以其中的"粤冇"与"无"相当；例（6）的"冇两站路"作"行"的补语；等等。例（7）两个"粤冇"都是副词，用作动词（来、坐）的修饰语，前者简单表达动作没发生的一般事实，可以指现在，也可以指过去；后者与"粤过"配合构成否定的现在（或过去）完成体。②

表达存在否定义的"粤冇"，有两种方式构成否定的完成体。一是与完成体助词"粤咗"或"起、埋、晒"配合构成，如"粤佢冇咗幅画＝普他没了一幅画"，"粤佢冇画起/埋/晒幅画＝普他没画出/好/完一幅画（来）"；二是在句子中通过变调来表示完成，其变调音为[mou_{13-35}]。例如：

（8）粤　a. 你打烂个罂，盐都冇[mou_{13-35}]咯。

　　　　b. 冇[mou_{13-35}]好耐咯。即：冇咗好耐咯。

　　普　a. 你打烂了瓦罐，盐都没了。

　　　　b. 已经没有了好久了。

其中带"粤咗"的表达方式比变调表达方式较为清晰和正式。

---

①　饶秉才、欧觉亚、周无忌编：《广州话方言词典》，香港，商务印书馆，1981，第154页。

②　在我们研究的广州话范畴体系中，否定进行体（参阅陶原珂：《广州话和普通话进行体否定范畴的表意分布》，见陈恩泉主编：《双语双方言（九）》论文集，香港，香港汉学出版社，2007）与否定完成体处于一个层面，同属于否定范畴下位的体范畴，都是否定范畴与体范畴叠加或交叉构成的。为了避免重复，这里只列举完成体变调例，下文只论述完成否定，而不论及进行体否定范畴。

由于“[粤]冇”兼有动词和副词两个词类，前者表达事物的存在否定，后者表达动作的发生否定，覆盖的否定义范围比较宽，因而在广州话中使用的范围也比较广。在构词或固定短语层面，“[粤]冇”与普通话“[普]无”相对应；在句法层面，“[粤]冇”与普通话“[普]没”的用法大体相当，但是，由于普通话双音节语感的作用，有时要对译成“[普]没有”，如例(8)的b句所示。

第二节　禁止否定：毋(唔好)、咪(咪自)

表示否定义的禁止之词，有学者称作“否定命令词”。[①] 本章讨论否定范畴，因此，这个术语以“否定”为中心词，以便与其他几个否定范畴的术语方式相一致。

广州话“[粤]毋”的基本义是“不要、别”，以否定义表示禁止，文读[mou_{11}]，用于文言，如：宁缺毋滥；白读[mou_{35}]，是“唔好”的合音，用于口语，如：“[粤]毋来！[普]不要/别来！”“[粤]毋来住！[普]先别来！”；“[粤]毋住！[普]先别开始、且慢！”这些白读的例子，如果要郑重其言而音节清晰的话，都可以用“[粤]唔好”代替“[粤]毋”(如：“[粤]唔好来、唔好来住、唔好住！”)。饶秉才等的《广州话方言词典》和白宛如的《广州方言词典》都没有列出这个合音义项。

“[粤]咪”的基本含义也是以否定义表示禁止，义同普通话的“[普]别、不要”。广州话“[粤]咪自”也与“[粤]毋住”的语义相当，都是以否定义表示禁止，或译作普通话的“[普]慢着、且慢”[②]。“[粤]咪、毋”不仅可以置于动词前(如：“[粤]毋饮〈咁快/酒〉住，咪饮〈咁快/酒〉自”，即：[普]先别〈那么快〉喝〈酒〉)，构成动词的否定式，或者构成动补结构的否定式，而且还可以置于形容词前，或置于“动词＋形容词”构成的使成式或动补式里，表示“别”或“不要”，例如：

(9)[粤] a. 毋/咪衰畀人睇啊。

　　b. 毋/咪畀啲苹果烂咗。

[普] a. 别做差了让人瞧不起。

　　b. 别让苹果烂掉。

(10)[粤] a. 毋/咪映衰你老母啊。

　　b. 毋/咪使旧支枪啦。

---

① 高名凯：《汉语语法论》，北京，商务印书馆，1986，第565页。

② 白宛如：《广州方言词典》，南京，江苏教育出版社，2003，第113页。

⑫ a. 别让你妈丢面子。

　　b. 别用旧了这支枪。

(11)⑨毋/咪咁(样)啦。

　　⑫别这样嘛。

在这些例子里，"⑨毋"与"⑨咪"的语义基本相同，"⑨毋"略带劝阻语气，"⑨咪"的语气则较为直白，这种语气上的微弱差异往往难以体察。后例用"⑨毋"或"⑨咪"直接否定"⑨咁样"，因为"咁样"是表样态的指代词，可以指代行为、动作的状态。但是，"⑨毋、咪"不能直接置于名词前构成否定的表达式，除非用作否定嵌入的子句前，如："⑨毋/咪客人一来就匿埋先得咯"(⑫别客人一来就躲起来嘛)。此时的"⑨毋/咪"所否定的并不是其后的名词，而是整个句子的主要谓语"……(就)匿埋……"。

在以上释例中，"⑨毋、咪"对其后接的语素"⑨—住、—自"有某种选择性。这种选择取决于"⑨毋、咪"的韵母构成，有前同化倾向。其表现为："⑨毋"含—ou韵，选择"⑨—住"(—u韵)；"⑨咪"含—i韵，一般选择"⑨—自"(也含—i韵)。"⑨毋"的展开式"⑨唔好"也是选择"⑨—住"。但是，"⑨咪"的选择性没有"⑨毋"那么严格的限制，"⑨咪"既可以与"⑨—自"结合，也可以与"⑨—住"结合，表达同样的意思。"⑨咪、毋"之间的差异，较为突出地表现在构词层面。由于"⑨毋"是"⑨唔好"的合音词，构词能力较弱。"⑨咪"却有较强的构词能力，如"⑨咪拘(别拘束)、咪制(不肯)"等。虽然"⑨咪—"在构词层面仍含有禁止否定的语素义，但是这后一个合成词却并不以否定义表示禁止，例如：

(12)⑨如果系咁样，我都咪制嘞。

　　⑫如果是这样，我也不愿意/肯了。

由以上比较可以看到，同样是以否定义表示禁止的"⑨毋、咪"，在句子层面的表现基本相同，在构词层面却表现出各自的独特性：前者没有构词能力的合音性，后者在语素合成方面有语义分化迹象。与普通话的禁止否定词"⑫别"相比较，广州话构词层面的"⑨毋"，含古汉语语义，一般不能用"⑫别"对译；广州话句子层面的"⑨毋、咪"则一般可以用"⑫别"来对译。"⑨毋住"正因为有构词化倾向，而不能像"⑨毋来住"一样用"⑫别"来对译。

第三节　判断否定：唔系、唔

从判断的构成以及判断与事物之间的关系来看，按《现代逻辑辞典》

的概括："任何一个判断都具有两个明显的特征：（1）对事物有所断定，就是指对思维对象的性质、关系、状态、存在等的肯定或否定，这是判断的最基本特征，若无所断定就不是判断。（2）任何判断都有真假之分。判断的真假，决定判断与客观实际情况相符不相符。若一个判断符合思维对象的实际情况，这个判断就是真的；若不符合客观情况，就是假的。"①前一点属于判断的构成问题，据此可以断定一个语句是不是判断。后一点属于认识是否正确的问题，超出了讨论语言结构、语义表达和语言运用的范围，此处不论。

从语法范畴的角度来看，否定判断是肯定判断的否定形式，否定判断词则是肯定判断词的否定形式；不过，肯定判断不一定要有判断词——故有"判断省"之说。② 但是，否定判断必须有否定词，所以，我们探讨广州话的判断否定，既要围绕肯定判断词来确定相应的否定判断词，又要考虑到两者的不对称性。③

第一，"⑧唔系"作为"⑧系（⑧是）"的否定形式，与普通话的"⑧不是"语义相当。例如：

(13)⑧　a. 佢唔系张三丰。

　　　　b. 沙河粉唔系广西嘅熟米粉线，而系广州沙河阔啲嘅熟米粉条。

　　　　c. 门唔系开著嘅，花唔系绿色嘅。

　　⑧　a. 他不是张三丰。

　　　　b. 沙河粉不是广西的熟米粉线，而是广州沙河宽一点ㄦ的熟米粉条。

　　　　c. 门不是开着的，花不是绿色的。

例(13)的 a 句是否定判断（同指、类别）的关系，c 句是否定判断（状态、性质）的属性，b 句则是否定判断对象的内涵。"⑧唔系"还可以用来构成存在的否定判断，例如：

(14)⑧房屋嘅周围唔系山，而系水。

　　⑧房子的周围不是山，而是水。

(15)⑧唔系末唔系啰。

　　⑧不是就不是呗。

---

① 杨百顺、李志刚：《现代逻辑词典》，武汉，湖北教育出版社，1995，第298页。

② 黎锦熙、刘世儒：《汉语语法教材》（第二编），上海，商务印书馆，1962。

③ 石毓智：《肯定和否定的对称与不对称》，北京，北京语言文化大学出版社，2001；沈家煊：《不对称和标记论》，南昌，江西教育出版社，2004。

例(14)的"⟨粤⟩唔系"是对事物存在的否定判断，它与表示事物没有存在的"⟨粤⟩冇"同义。但是，"⟨粤⟩唔系"的存在否定只用于这种存在句式（方位＋唔系＋事物名词），如果离开了这种方位句式，我们就很难确定"⟨粤⟩有情嘅唔系山，唔系水。⟨普⟩有情的不是山，不是水。"是不是存在判断（这实为"类别判断"）。广州话"⟨粤⟩冇"自身含有表达有没有存在的否定义，它所表达存在否定的含义较为明确，相应地，其句式也比较灵活多变一些。

在复合词或贯用语（熟语）的层面上，"⟨粤⟩唔系"也以"不是"的基本语义和别的语素或词语相结合，但是其合成义往往并非语素义的相加，而是含有深一层意思，多为比喻义。例如："⟨粤⟩唔系路（⟨普⟩不对头／路）、唔系噉讲（⟨普⟩不是这么说）、唔系我嘅手脚（⟨普⟩不是我的对手）、唔系人嘅品（⟨普⟩不通人性）"等。另外，"⟨粤⟩唔系"还有不表示否定判断的用法，例如：

　＊⟨粤⟩好在佢来，唔系就弊嘞。

　　⟨普⟩幸亏他来，不然就糟了。

　＊⟨粤⟩佢系走咗→佢唔系走咗，佢系匿埋咗。

　　⟨普⟩他是走了→他不是走了，他是躲起来了。

前例"⟨粤⟩唔系"是用作表达转折语气的连词，后例"⟨粤⟩唔系"用作强调动作的否定副词，它们都不是构成主句的否定判断。

第二，判断事物的属性是怎样的，有时用形容词谓语便能够表达，不一定要用判断词"⟨粤⟩系"。相应地，对所说事物属性的否定判断也可以省略"⟨粤⟩系"，而只用"⟨粤⟩唔"。例如：

(15)⟨粤⟩晚风凉浸浸，一啲都唔热。

　　⟨普⟩晚风凉飕飕，一点都不热。

(16)⟨粤⟩佢唔喺哩度。

　　⟨普⟩他不在这里。

例(15)的前半句是对"晚风"属性的判断，不用判断词"⟨粤⟩系"；后半句则只用"⟨粤⟩唔"来构成否定判断。这种属性否定判断一般只限于"⟨粤⟩（主语＋）唔＋形容词"的表达格式，不用于"⟨粤⟩（主语＋）唔＋名词"的表达格式，这与"⟨粤⟩佢都老八路嘞，好有经验咯。⟨普⟩他都老八路啦，很有经验的。"这样无判断词的肯定判断并不相对称，后者要用"⟨粤⟩唔系"来构成否定判断。不过，"⟨粤⟩唔"（而不是"唔系"）还可以用于例(16)那样的存在句里，构成存在的否定判断。

另外，表达格式"⟨粤⟩（主语＋）唔＋形容词"不仅可以作为句子的主句，而且被大量用于构成句子其他层面的结构，例如：

(17)㊀ a. 唔靓冇人要，有三个萝卜唔熟。

　　　b. 你就唔好学人出嚟跳啦。

　　㊁ a. 不漂亮没人要，有三个萝卜不熟。

　　　b. 你就不要学人家出来闯了吧。

在例(17)里，"㊀唔好"在"不要"或"别"的含义上，其实与"㊀唔靓、唔熟"等的结构层面不同："㊀唔好"是表示禁止义的否定副词，修饰动词"学"；而"㊀唔靓、唔熟"都是表示属性否定判断的词组，"唔靓"构成了条件子句，"唔熟"则充当补语。此外，"㊀唔化(看不破、不懂事)、唔掂(不顺利)、唔得(不行)、唔够(不够)"这些由"㊀唔"构成的词语，甚至作为词目收入词典①，其结构相当于"㊀唔＋形容词"，也可以构成否定判断句。例如：

(18)㊀ a. 佢都唔化嘅。

　　　b. 今晚嘅演出好唔掂。

　　　c. 咁样做唔得。

　　　d. 一篮生菜唔够。

　　　e. 咁嘅态度唔啱。

　　㊁ a. 他都看不开。

　　　b. 今晚的演出很不顺。

　　　c. 这样做不行。

　　　d. 一篮子生菜不够。

　　　e. 这样的态度不对。

例(18)各句都是在词语层面构成否定判断义的。由此看来，由"㊀唔"构成的否定判断，可以在句子不同结构层面上进行，有的已经词汇化了。

第三，关于判断词和否定判断词，还有更宽泛的说法。张静在《汉语语法问题》中认为，"㊁叫、当"也是判断词，如："㊁他叫张三，她当班长"等，"㊁叫"在广州话里用法一样；"㊁当"在广州话中是"㊀做"的一个义项，如后例用广州话是"㊀佢做班长"。不过，广州话"㊀佢每日要做工"在普通话里是"㊁她/他每天要打工/干活"。

还有的学者认为普通话的"㊁能、得、会、可、必、足"等都是"判断

---

　　① 白宛如：《广州方言词典》，南京，江苏教育出版社，1998，第81、83、85～86页。

限制词"①。如此,它们的否定形式自然就是"否定判断限制词"了。在广州话里,"⑧唔使"的基本语义是"不必"或"没有必要";"⑧唔肯"的基本义是"不肯"或"不愿"。"⑧我唔使叫咁大声(⑧我不必叫这么大声)"和"⑧佢唔肯来(⑧他不肯来)"构成了这种"否定能愿动词"的基本句子形式,可以认为是对能愿行为的否定判断。

另外有一些由"⑧唔"构成的词语,如"⑧唔到[dou₃₃]、唔撤、唔到[dou₃₃₋₃₅]"等,它们在句子中用作补语,也表达否定语义,例如:"⑧我谂唔到[dou₃₃]你会来,⑧我想不到你会来","⑧点都来唔撤嘞,⑧怎么都来不及啦","⑧食唔到[dou₃₃₋₃₅],⑧吃不到"。按饶秉才等的解释,"⑧唔到[dou₃₃₋₅₅]"的"⑧一到",是"⑧到[dou₃₃]"与"⑧咗[zo₃₅]"的合音。②这些否定词语只用于补充说明主要动词的语义,而不是否定动词本身,或修饰、限制(或否定)主要动词,没有处于否定判断谓语的位置上,因而所构成的否定表达式不是否定判断。

以上讨论的广州话否定词,"⑧唔、冇"的否定含义较宽,结合能力比较大。尤其是"⑧唔",在广州话构成固定词语的层面也反映出较强的结合能力和灵活性。例如:"⑧话唔埋、话唔定、过唔去、过意唔去、箍唔过(⑧说不定、过不去、过意不去、不够开支)"等,否定词"⑧唔"是在补语位置表示否定的。而广州话里的"⑧唔系、咪、毋、未"等否定词,含义和功能都较为单一。广州话的否定词之间存在这样的差别,甚至反映在否定词与否定词之间的搭配关系中,例如:

(19)⑧ a. 你今晚咪唔记得来呀。

　　　 b. 你今晚毋唔记得呀。

　　　 c. 唔系冇来到,而系冇嘢来。

　　⑧ a. 你今晚别不记得来啊。

　　　 b. 你今晚别不记得啊。

　　　 c. 不是没有来,而是没什么东西(可拿出来)。

这些例句,正好是较单一的否定词与较灵活的否定词之间可以有选择地搭配起来,构成双重否定式。

至于普通话广泛采用的否定词"⑧不",在广州话的句子层面一般不用,只是在构词层面保留在个别词里,如"⑧自不然"(自然而然、理所当然)。可见,广州话的否定系统与普通话的否定系统是存在较大差别的,

---

① 吕叔湘:《中国文法要略》,北京,商务印书馆,1982,第17页。

② 饶秉才、欧阳觉亚、周无忌编:《广州话方言词典》,香港,商务印书馆,1981,第46页。

尽管以上讨论的大部分否定句释例都是逐词对译的。造成这种系统性差异的原因主要有两点，一是广州话的主要否定词（粤冇、毋/唔好、咪/咪自/咪制、唔、唔系、未/未曾）有六个（组），比较普通话的主要否定词（晋没/没有、不、不是、别、不要）五个（组）要多一个，因而分职更细，并且有兼职交叉的差异。

其中，广州话的存在否定与完成否定由"冇"和"未/未曾"分职表达，普通话的存在否定与完成否定都由"晋没/没有"（或前加"还"）包办，表达存在否定的"晋无"一般用于构词或固定语层面（如"晋无理、无公害、人无我有"等）；广州话的禁止否定有"粤毋/唔好"和"粤咪/咪自/咪制"，它们在语音选择上存在细微差别，普通话的禁止否定则由口语的"晋别"和通用范围更大的"晋不要"充当；广州话的判断否定主要由"粤唔系"和"粤唔"来承担，与普通话的"晋不是"和"晋不"大体可以对译，但是，"粤唔"的表意范围更广一些，还兼有与"粤喇"结合起来表达完成体否定意的功能。

总览构成广州话否定范畴的词语，如表 3-1 所示，完成体的否定词的具体分析，则见"完成体表意范畴"一章。

表 3-1 广州话否定范畴词语

否定范畴	广州话	普通话	古汉语
存在	冇	没、没有	蔑、无、亡、靡、罔、曼
禁止	毋、咪、咪自、咪制	别、不要、勿	莫、毋、勿、无、罔、曼
判断	唔、唔好、唔使、唔系	不、不用、不是	不、弗、非、匪、靡、罔

第四章　进行体表意范畴

提要：在广州话和普通话中，可以辅助动词来表达进行体语法范畴义的词，有动词后的助词（住、紧、开、着）和动词前的副词（喺度、正在）等。它们各有一定的表意范围和搭配特点，所表达的语法义和词汇义有细别。通过比较它们分布的情况，我们可以从整体表达格式上发现广州话和普通话进行体的句式及表意范围的差异。在语义上，广州话表示存在否定的"冇"与普通话的"没有"相当，表示禁止否定的"毋、咪"与普通话的"别"相当，表示判断否定的"唔系"与普通话的"不是"相当，表示完成否定的"未、未曾"与普通话的"尚未、未"相当；但是，它们在与进行体辅助词搭配时，有各自的语义特点和结构可能性上的差异。

进行体这一语法概念是随着印欧语法的引入而引进来的，影响较大的有《纳氏英语文法》①。王力的《中国现代语法》谈道："凡表示事情正在进行着，叫作进行貌。此类用词尾'着'字表示。例如：'凤姐正数着钱……'，'袭人却只瞅着他笑'。"②然而，对进行体这一语法概念的理解有宽窄之别。如近年有学者认为，"着"只表示持续，不表示进行③，因而不是进行体助词，这与王力及大多数学者的认识相左，是从狭义来理解的。

《语言学百科词典》则认为，进行体又称"进行时"，是动词"体"的一种。主要表示动作进行，而不是动作发生或状态存在，它所表示的动作具有持续性、暂时性和未完成性。如英语 I was reading a novel last night（昨晚我正在看小说）中的 was reading。We have just been talking about you（我们正说你来着）中的 have been talking。④

"进行态又称'持续态'。汉语动词之后加'着'，表示动作、行为、状态处于进行、持续和发展过程的情势。如：'孩子们坐在院子里数着天上

---

① J. C. Nesfield：*English Grammar Book* Ⅳ，陈徐堃译，上海，世界书局，1939。
② 王力：《中国现代语法》，北京，商务印书馆，2011，第 152 页。
③ 钱乃荣：《体助词"着"不表示"进行"意义》，《汉语学习》2000 年第 4 期。
④ 戚雨村等：《语言学百科词典》，上海，上海辞书出版社，1993，第 238 页。

的星星。'(表示正在进行)'窗子关着，大门开着，柜子锁着，屋里没有人。'(表示持续)'拍着手笑。'(表示伴随)'这对他们有着重要的意义。'(表示一般性)"①

"体"(aspect)与"态"(mood)原本有区别：前者涉及进行、完成等时体，后者涉及被动、虚拟等语态；但是该词典对这两个词条并没有在术语标准化方面加以定形，没能把它们区别开来。不过，两个词条的释例对"进行"义的判断是正确的，"着"可以表达进行义；而且，两个词条的所有释例都可以被纳入"体"(进行体)的范畴。既然进行体是引自印欧语法而在各语言中广泛存在的一个语法范畴，为了使对这个问题的研究更全面深入，我们先厘清它原有的内涵，再来探讨和比较它在广州话和普通话中的表意方式和特点。

按照王宗炎主编的《英汉应用语言学词典》的解释：

"progressive(又作 continuous)进行体，这是动词的语法形式，表示动作没有完成或正在进行。英语的进行体由助动词和现在分词构成。如：She is putting on a red dress. / They were crossing the road when John turned round the corner. 进行体可以分为：(a)现在进行体(present continuous)，如：This year I am working for an MA degree. (b)过去进行体(past continuous)，如：Last year I was working for an MA degree. (c)现在完成进行体(present perfect continuous)，如：I have been working for an MA degree. 但是英语描述状态的动词，如 know、believe 通常不用进行体。"②

其中，进行体动词是否也表达持续进行义，与事件的性质及进行的时间颇有关系，如词条中的例(a)、例(b)和例(c)，由于时间跨度较长，其中就会含有持续进行义；前两例因时间短暂，则只含正在进行义。另外，英语动词的－ing 还可以用来表达伴随义，如：As importing foreign new techniques, the factory has developed greatly.(随着外国技术的引进，该厂得到巨大发展。)如此看来，英语里的进行体形式可以表达或分解为"正在进行、持续进行、伴随进行"这样三个略有区别的语法义。以下讨论的广州话与普通话进行体，也正好在进行、持续和伴随这三个表意维度上使用。

---

① 戚雨村等：《语言学百科词典》，上海，上海辞书出版社，1993，第238页。
② 王宗炎主编：《英汉应用语言学词典》，长沙，湖南教育出版社，1988，第305页。

第一节　广州话"喺度"与普通话"正在(在)"的表意语差

在英语里，表示进行义的形式是动词加后缀 ing；汉语表达进行体范畴义的形式，却不仅限于动词后的助词：广州话用于动词前的"㈠喺度"与普通话用于动词前的"㈡正在、在"，具有辅助后边动词表达正在进行义的功能，而且语义更为明确。例如：

(1)㈠ a. 佢重唔来，究竟喺度做乜嘢呢？

　　b. 间间药店都喺度排长龙，啲板蓝根好快就会卖晒。

　　c. 佢喺度打波，我睇就来唔到嘞。

　　d. 我揾咗佢成晚揾唔到，唔知佢究竟喺度做乜。

㈡ a. 她还不来，究竟在干什么呢？

　　b. 家家药店都在排长队，板蓝根很快就会卖完。

　　c. 他正在打球，我看就来不了了。

　　d. 我找了他一个晚上没找到，不知他究竟在干嘛。

例(1)的"㈠喺度"并不表示"在这儿"或"在那儿"，而是表示"正在"(进行)。广州话的"㈠喺度"和普通话的"㈡正在"(或"在")一样，不仅可以表达现在正在进行的意思，而且可以表达过去某个时候正在进行的意思，如例(1)的 d 句所示。"㈠喺度"与"㈡正在"(或"㈡在")的共同点，在于虚化了它们原来分别含有的"㈠喺边度，㈡在哪里"的处所义，变成表示不再指处所的相关时点，因而能够辅助后面的动词表示进行义。因此，近年有学者认为，普通话的"㈡正在、在"是表示进行体的助动词。① 我们此处并无意认定"㈠喺度"就是助词，只是要指出它可以表达正在(进行)的意思。"㈠喺度"与"㈡正在"(以及"㈡正、在")在表达进行义上的相似性还在于，它们可以和动词后的助词配合起来表达进行义。例如：

(2)㈠ a. 佢嘅手喺度织(紧/住/开)冷衫，梗係唔得闲帮你啦。

　　b. 佢嘅嘴喺度煲(紧/住/开)烟，边度会同你争吖。

　　c. 嗰间课室喺度上(紧/住/开)课，边个都不可以入去。

㈡ a. 她的手正在织(着)毛衣，当然没空帮你啦。

　　b. 他的嘴正/在抽(着)烟，哪里会跟你争啊。

　　c. 那间教室正(在)上(＊着)课，谁都不可以进去。

不过，由于"㈠紧、住、开"助动词的含义略有差异，在实际语句中

---

① 钱乃荣：《体助词"着"不表示"进行"意义》，《汉语学习》2000 年第 4 期。

这种共现是有选择的。受到表意相关性的限制，并不是动词后的进行体助词都能够与之共现，而且，与之共现的助动词的语义特征还因此有所淡化，可有可无，如例（2）的 a 句便是如此；例（2）的 b 句如果普通话对译语加"（粤）着"的话，甚至有点别扭。从比较中可以看出，"（粤）正、正在"都含有语素"（粤）正"，与"（粤）着"共现时的选择性相同，而在语感和搭配上它们的表现与"在"略有区别："（粤）着"可以和"（粤）在"搭配共现，也可以不与"（粤）在、正在、正"搭配而独立接于动词后表示正在进行或伴随义，如："（粤）那间教室上着课呢，谁都不可以进去。"

　　然而，由于"（粤）喺度"的动词义是"在这里、在这儿"，它的"正在"义是比较虚的，词典编纂者往往只注意标示前者，而忽略后者。

第二节　广州话"住、紧、开"的进行体表意分布

　　广州话用来表达进行体的动态助词有三个，每个的含义和用法都不一样。以往研究者的研究各有侧重，如饶秉才等[1]侧重于比较"（粤）开、紧"的差异，周小兵[2]侧重于"（粤）住、紧"的比较，彭小川[3]则在不同的文章里深入探讨"（粤）住"和"（粤）开"。而此前高华年有过兼及三者的论述，认为"动作加词尾'紧、开'或'住'，表示动作正在进行"[4]。但是，对其表意功能的差异还有待细分。饶秉才等人和白宛如的词典对这三个动态助词的含义均已粗略涉及，本著需要做的工作是在进行体范畴层面整合对这三个动态助词表意功能的研究，以求获得更全面、深入的认识。

一、"住"的进行体表意：动作持续

　　与"（粤）喺度"共现时，"（粤）住、紧"的表意特点差异不明显；单用时，"（粤）住、紧"各自的语义差异则明显一些。

　　饶秉才等指出：住，助词。用在动词后，表示动作的持续，相当于"着"：你攞～乜嘢（你拿着什么）？｜等～佢（等着他）。

　　白宛如认为：住，动词词尾。相当于"着"，表示动作的持续：睇～我｜你地食～先喇｜你坐喺处唔好行开，等～我返来｜呢班细路成

①　饶秉才、欧阳觉亚、周无忌编：《广州话方言词典》，香港，商务印书馆，1981。
②　周小兵：《广州话的进行体标志》，见《广州话研究与教学（2 辑）》，中山大学学报编辑部，1995。
③　彭小川：《广州话动态助词"住"》，见胡明扬：《汉语方言体貌论文集》，南京，江苏教育出版社，1996；彭小川：《广州话动态助词"开"》，《方言》2002 年第 2 期。
④　高华年：《广州方言研究》，香港，商务印书馆，1980，第 45 页。

日都嘈～我。(㊿等着我 ｜ 你们先吃着吧 ｜ 你坐在这儿别走开，等着我回来 ｜ 这帮小孩整天嘈着我。)

以上所举诸例，都强调动作的持续状态，这是广州话"㊿住"的基本表意特点。不过，虽然都表示持续义，广州话的"㊿住"与普通话的"㊿着"还是有所不同的："广州话体貌助词'住'可与副词'先'配合，表示暂且先做此事然后再做某事，或先做某事然后再做此事，它呈现出与普通话不同的特色。"①例如：

(3)㊿ a. 你坐住喺度先，我去挂号。

  b. 依家唔买住，等多两年先买。

 ㊿ a. 你先在这儿坐着，我去挂号。(原文译作：你先坐在这里，我去挂号。)

  b. 现在先不买，再等两年才买。(原文译作：现在先不买，等两年再买。)

例(3)的 a 句反映出，广州话"㊿住"的持续义在普通话需要用"㊿着"来表达；但例(3)的 b 句反映出，含否定的持续义，在广州话用"㊿住"来表达，普通话却不能用"㊿着"来表达。这是广州话表示持续义的"㊿住"与普通话表持续义的"㊿着"不同的一点。

关于"㊿住"的句末用法，邓思颖在综合以往讨论的基础上，从框式结构角度进行过分析，认为"粤语句末'住'是句末助词，跟副词'暂时'形成一个框式结构。'住'和'暂时'不光有语义上的'冗余'现象，还有句法上的局部关系，组成一个短语，而作为中心语的'住'在句法上必须选择一个否定词。'住、暂时'和否定词不存在框式结构多重性的问题"②。后一点判断准确；但语义冗余之说，如果从表意角度考虑，或可分清："㊿住"表达的是持续体语义，"㊿暂时"表达的是时间语义。所以有学者体味到，"有'住'的句子往往表示动态，不能表示静态"③。其实，句末"㊿住"的后边还可以加"㊿先"，有时甚至还可以相互替代，这一点学界尚未注意到，这里不妨试做比较分析。例如：

(4)㊿ a. 部手提电脑如果我唔用住，就借畀你。

  → ＊如果我唔用先，就借畀你。

① 张世涛：《广州话的体貌助词"紧"与"住"》，见郑定欧、蔡建华主编：《广州话研究与教学》第三辑，广州，中山大学出版社，1998。

② 邓思颖：《粤语句末"住"和框式虚词结构》，《中国语文》2009 年第 3 期。

③ 林慧莎：《粤语句末"住"的一些特点》，香港理工大学文学硕士论文，2005，引自邓思颖《粤语句末"住"和框式虚词结构》。

　　b. 部手提电脑如果我用，就唔借畀你住。

　　　　→如果我用，就唔借畀你先。

　　c. 部手提电脑如果我用，就唔借畀你住先。

　　d. 银纸问题唔倾住，等老板返嚟先至定倾唔倾。

　　e. 银纸问题唔倾先，等老板返嚟先至定倾唔倾。

　　f. 银纸问题唔倾住先，等老板返嚟先至定倾唔倾。

(普) a. 那部手提电脑如果我暂时不用，就借给你。

　　　　→＊如果我不先用，就借给你。

　　b. 那部手提电脑如果我用，就暂时不借给你。

　　　　→如果我用，就先不借给你。

　　c. 那部手提电脑如果我用，就先不借给你。

　　d. 钱的问题先不谈，等老板回来再定谈不谈。

　　e. 钱的问题先不谈，等老板回来再定谈不谈。

　　f. 钱的问题先不谈，等老板回来再定谈不谈。

　　例（4）的 a 句和 b 句，箭头前取自邓文原例，从箭头后的替换句来看，"(粤)先"在从句里不能替换"(粤)住"（如 a 句所示），否则语意就变成了如译文所示；在主句里则可以替换"(粤)住"（如 b 句所示）。例（4）的 c 句是在 b 句后再接上"(粤)先"，语义同《现代汉语词典》（第 6 版）"先"条的第 3 个义项，即表示"暂且"，为副词，但是这里广州话"(粤)先"的位置与普通话"(普)先"的语法位置不同，这是广州话"(粤)先"的特点，学界已多有论述。例（4）的 d 句、e 句和 f 句的原因从句在后，同样反映出"(粤)住"和"(粤)先"在主句末的表意功能相当，而"(粤)住＋先"也正好表达了"持续体＋时间副词"的语义叠合。

二、"(粤)紧"的进行体表意：动作正在进行

　　广州话的"(粤)紧"用于动词后，表示动作正在进行，这是已经取得广泛共识的。例如：

　　饶秉才等：紧，助词。用在动词后面，说明动作正在进行：佢开～会（他正在开会）。｜呢个问题我哋研究～（这个问题我们正在研究）。

　　白宛如：紧，助词。表示正在进行（多在动词后）：佢食～嘢｜读～书唔好讲嘢｜我来～咯｜我啱啱写～嘢。

　　这里都没有拿广州话的"(粤)紧"与普通话的"(普)着"相比，这是审慎的做法。但是也有学者认为："广州话中表动作进行时用'紧'，它与普通话

表动作正在进行的'着₁'大致相仿。"①其实，这种"相仿"是有制约条件的。该文所有用"⸦普⸧着"对译广州话的"⸦粤⸧紧"的例子，毫无例外地都在动词前加上了"⸦普⸧正、正在"。例如：

（5）⸦粤⸧ a. 妈咪睇紧电视。

　　　　b. 仔仔冲紧凉。

　　　　c. ⸦淡⸧吃紧（[kin₅₅]）饭。

　　　　d. ⸦淡⸧佢倚₃₅到处睇书。②

　⸦普⸧ a. 妈妈正看着电视呢。

　　　　b. 儿子正在洗澡。儿子正洗着澡呢。

　　　　c. 在吃饭。

　　　　d. 他倚靠着那儿看书。

　　例（5）的 a 句和 b 句即引自该文。例（5）的 c 句和 d 句则是台山淡村方言，前者"⸦淡⸧紧"的形式同广州话；后者"⸦淡⸧倚₃₅"以高升调形式表持续，广州话没有这样的用法。例（5）的 a 句和 b 句的普通话对译，如果去掉"⸦普⸧着"仍可以表示进行义，但是，如果去掉"⸦普⸧正、正在"则给人不通或不完整的感觉。"⸦普⸧着"要有"⸦普⸧呢"结尾，句义才完整，不然，"⸦普⸧着"独用时通常表示伴随进行义，须有另外半句才完整，如"⸦普⸧儿子洗着澡呢。→儿子洗着澡，别叫他了。"又如"⸦普⸧大人说着话，别插嘴！"可见，"着"在普通话中并非完全不能表示进行义，但是却受种种制约，因此多与"⸦普⸧正、正在"共现，起着辅助表达进行义的作用，在普通话中真正能独立表达进行体语义的是"⸦普⸧正、正在、在"。

　　由此也可以看出，探讨汉语进行体范畴语义的表达，不应只局限于动词后的助词，因为进行体的语法范畴并不是单独由动词后的助词构成的。

三、"⸦粤⸧开"的进行体表意：以起始表进行

　　广州话"⸦粤⸧开"的基本词汇义与普通话"⸦普⸧开"的基本词汇义比较接近，都有"打开、开始、开启"等义，广州话"⸦粤⸧开"作为助词表示进行体语义时，仍与它的基本词汇义有联系，它放在动词之后，表示某一活动正在进行。例如：

---

① 张世涛：《广州话的体貌助词"紧"与"住"》，见郑定欧、蔡建华主编：《广州话研究与教学》第三辑，广州，中山大学出版社，1998。

② 余霭芹：《台山淡村方言研究》，香港城市大学语言资讯科学研究中心，2005，第 213～214 页。

(6)（粤）a. 佢睇开书，咪嘈佢。

　　　　b. 呢件事我帮你做开咯喇，唔使催我。

　　　　c. （淡）做开生意，卖开该多钱。①

（普）a. 他正在看书，别吵他。

　　　b. 这件事我在帮你做着哪，不必催我。

　　　c. 做开生意，卖开多少钱。

　　例(6)各句的"（粤）开"都是以起始表进行：表示已经开始，而且仍在延续，因此含有正在进行或未完成之义，所以有学者称之为"始续体"②；余霭芹则称例(6)的 c 句表达"持续体"（continuous）或"惯常体"（customary）语意。由于是以强调起始来表示进行，即强调起始后仍在延续，仍有延续的权利、要求或可能，因此所表达的进行体并不限于当下行为，也可以是曾经发生的行为。

　　饶秉才等：[3] 开，助词。用在动词的后面，表示动作正在或曾经进行：呢张凳系我坐～嘅（这个凳子是我坐的）。｜ 呢本书你睇～就畀你睇埋先啦（这本书你正看着就先让你看完吧）。｜ 我用～嘅嗰把锄头去咗边度（我用着的那把锄头哪里去了）？

　　在三个例子中，"（粤）开"都表示因某个时候已经开始而延续进行之义，但是所表达的进行义在具体语境中还是有差别的：前后两个"（粤）开"都有已然进行而应该持续的意思，其时体是"过去进行现在延续"的意思，虽然首例只译了"的"字结构，没有译出"（粤）开"的始续进行义，不够准确；中例则强调正在延续进行的意思，故译文用"正……着"的句式。饶秉才等拿"（粤）开、紧"比较的时候辨析道："'开'和'紧'都是表示动作正在进行，但'开'除了表示动作正在进行外，还表示动作曾经进行过，现在可能仍在进行，也可能暂时停止，但今后还要继续进行，而'紧'只侧重在说话时动作仍在进行。"③这种区别，从该词条的上例能否用"紧"代替"开"也能够看出来：中例可以用"（粤）紧"代替"（粤）开"；前后两例由于是中断后的延续进行，因此不能用只表示正在进行义的"（粤）紧"来代替。

　　如此看来，从"以起始表进行"的基本含义特点，把"（粤）开"的助动义统称为"始续体"，或将它细分为正在延续进行的"开₁"和可以间断延续进

① 余霭芹：《台山淡村方言研究》，香港城市大学语言资讯科学研究中心，2005，第215页。

② 李新魁、黄家教、施其生、麦耘、陈定方：《广州方言研究》，广州，广东人民出版社，1995。

③ 饶秉才、欧阳觉亚、周无忌编：《广州话方言词典》，香港，商务印书馆，1981，第97页。

行的"开₂",都不无理据性,只是概括的侧重点不同,这些论断反映了"⑧开"所含进行体义具有丰富的特点。

综上所述,广州话表示进行体语义的副词有"⑧喺度、喺处",普通话表示进行体义的副词则有"⑧正、正在、在",它们都是由原来表示空间义的"在(某处)"虚化来的,在表示进行体义时都可以独立运用,可以不与表示进行体的助词配合使用;它们的存在可以使与之共现的动词后助词的词汇语义弱化。"⑧正在"包含了"⑧正、在"的意思,它与"⑧正、在"之间是音节差异的关系;但是,由于"⑧正"与"⑧在"的语义重点略有差异,它们的使用语境亦略有差别。

广州话表示进行体义的动词后助词有"⑧住、紧、开",分别以持续进行、正在进行、始续进行等不同语义点表达进行体语义;普通话则只有一个动词后助词的形式"⑧着",在不同的分布场合使用,分别表示进行、持续及伴随进行等进行体语义。

现代汉语与英语在进行体的表达方式上,表现出语言类型的明显差异:英语的进行体是以纯粹的动词形态方式来表达进行体语义的;广州话和普通话则都是以词汇义及其一定的分布方式来表达进行体语义的,广州话和普通话的差异只是表现在词汇的具体载义及其在句子中的具体表意分布状况方面。

以往对广州话进行体的研究,未见有专门探讨其否定式的,本著第三章对否定范畴的讨论,还没有论及进行体在否定层面的表意分布情况。由于不同的否定词会有各自不同的否定附加义,从各自的语义角度进行否定,构成事实否定、存在否定、禁止否定和未始否定等不同的表意结构,因此,这里进一步从否定词表意的角度来观察和概括进行体否定范畴的表意分布情况。

第三节　事实进行否定:唔系

"事实进行否定"是对行为动作事实上是否正在进行做出否定判断,因而,需要使用判断否定词与表达进行的辅助词语相结合来构成。对事实的否定,广州话使用否定判断词"⑧唔系、唔"。例如:

(7)⑧ a. 唔系喺度唱歌,而系喺度唱戏。

　　b. 佢唔喺度练歌,而喺度打牌。

　　c. 佢唔系拎住把伞,而系拎住支拐杖。

　　d. 佢唔拎住把伞,而(系)拎住支拐杖。

　　　　e. 佢唔（帮我）拎住把伞，走去自己着雨衣嚛。

　　粤 a. 不是在唱歌，而是在唱戏。

　　　　b. 他不在练歌，而在打牌。

　　　　c. 他不是拿着把伞，而是拿着一根拐杖。

　　　　d. 他不拿着伞，而（是）拿着一根拐杖。

　　　　e. 他不（帮我）拿着伞，而去自己穿雨衣了。

　　"粤唔"的基本义是"不"，但是，与否定判断词"粤唔系"对事实的进行做出否定判断相比，"粤唔"所含的否定义比所含的判断义更为清晰、稳定一些。这表现在：它与动词前表示进行的辅助词"粤喺度"相配合时，语义与"粤唔系"没有差别，如例（7）前两句所示；但是，"粤唔系"与在动词后表示进行的辅助词"粤住、紧、开"相配合时，如例（7）的 c 句所示"粤唔（系）"与"粤住"相搭配，则主要表达对持续进行的否定性陈述，判断的意味就不是那么明显。这与动词后表示进行的辅助词的词义密切相关。以下例"粤唔"与"粤紧、开"配合，表示对事实进行的否定，则有问题。例如：

　　（8）粤 a. 唔系做紧嘢，而系唱紧歌。

　　　　　b. ＊佢唔做紧嘢，而（系）唱紧歌。

　　　　　c. 佢喺学校唱开歌两个月咯喇。

　　　　　d. 佢唔系唱开歌，而系唱开戏。

　　　　　e. ＊佢唔唱开歌，而（系）唱开戏。

　　　普 a. 不是干着活，而是唱着歌。/不是在干活，而是在唱歌。

　　　　　b. ＊他不干着活，而（是）唱着歌。

　　　　　c. 他在学校开始唱歌两个月了。

　　　　　d. 他不是一直唱歌，而是一直唱戏。

　　　　　e. ＊他不唱开歌，而（是）唱开戏。

　　广州话的否定判断词"粤唔系"与动词后表示正在进行的辅助词"粤紧"相配合，或者与动词后表示"始续进行"[①]的辅助词"粤紧"相配合，可以分别表示事实正在进行的否定判断，或事实始续进行的否定判断，但是，"粤唔"不能与动词后表示正在进行的辅助词"粤紧"相配合来表达否定意（如例（8）的 b 句），也不能与动词后表示始续进行的辅助词"粤开"相配合来表达否定意（如例（8）的 e 句）。可见，广州话否定词"粤唔"在表示进行否定方面，是会受到动词后的进行体辅助词的语义特点制约的。而

───────────

　　① 陶原珂：《广州话和普通话进行体辅助词的表意分布比较》，见陈恩泉主编：《双语双方言（八）》，香港，汉学出版社，2005。

普通话由于没有与广州话始续进行体辅助词相当的词语或表达方式，所以以上例句难以对译出广州话否定判断的始续进行意味。

在广州话里表示持续进行的"⟨粤⟩住"和普通话里表示持续进行的"⟨粤⟩着"都可以用于构成表达主要动词伴随状态的短语。例如：

（9）⟨粤⟩唔担住支烟打牌，佢唔舒服嘅。

⟨普⟩不叼着一根烟打牌，他不舒服的。

而广州话的"⟨粤⟩紧"和"⟨粤⟩开"一般用于辅助主要动词，分别表达正在进行和"始续进行"意。"⟨粤⟩唔"能够与"⟨粤⟩住"配合，而不能与"⟨粤⟩紧"或"⟨粤⟩开"配合表达否定义，"⟨粤⟩唔系"却可以与"⟨粤⟩住、紧、开"任一个辅助词配合来表达否定判断义，这是由于"⟨粤⟩唔系"表达的是对整个进行事实的否定，而"⟨粤⟩唔"则表达局部动词义的否定，因而选择性受到较大的限制。这实质上是否定判断与非否定判断表现出来的差异。

第四节　存在进行否定：冇

"⟨粤⟩冇"，按饶秉才等人的归纳和解释，有三个基本义项：一是动词，义同有无的无（没有）：冇乜事（没什么事）；二是副词，义为"没有"：冇买票（没买票）；三是副词，义为"不"：冇紧要（不要紧），呢一排冇落雨乜滞（这段时间不怎么下雨）。[①] 其中，第三个义项"⟨普⟩不"与上节讨论的广州话否定词"⟨粤⟩唔"的语义相当，互相替代而语义不变，如后两例也可以说"⟨粤⟩唔紧要"和"⟨粤⟩呢一排唔落雨乜滞"。但是，与"⟨粤⟩唔"相当的"⟨粤⟩冇"表达的不是存在否定。

"⟨粤⟩冇"的第二个义项相当于普通话"⟨普⟩没有"的副词用法，它表达动词行为不存在（没发生或没进行），所以，上节例（9）可以说成：

（10）⟨粤⟩（今次）冇担住支烟打牌，佢唔舒服嘅。

⟨普⟩（这次）没叼着一支烟打牌，他不舒服的。

但是，所表达的是"⟨粤⟩担住支烟（⟨普⟩叼着烟）"的动作没有进行（即动作不存在）。同理，凡表示没有发生或没有进行的动作，都可以用"⟨粤⟩冇"来表达。例如：

（11）⟨粤⟩ a. 佢冇行开路好耐喇。

b. 佢冇跑紧步，喺度打网球。

---

① 饶秉才、欧阳觉亚、周无忌编：《广州话方言词典》，香港，商务印书馆，1981，第153 页。

普 a. 他没走路好久了。

　　b. 他没在跑步，在打网球。

由此可见，"粤冇"不但可以否定存在持续进行的动作行为（如例（10）），也可以否定存在始续进行或存在正在进行的动作行为（如例（11））。但是，当它否定存在始续进行的动作行为时，不能用普通话对译出来，因为普通话里没有表达始续进行体的相应辅助词语。

广州话"粤冇"的第一个义项是动词义项，表示后面的宾语不存在。这种存在意义上的"无"，表示否定以始续进行概括了"无"的所有进行方式，因为表达了起始存在，其他"无"的持续和进行方式便可以包含其中，所以，语义同普通话"普无"的广州话"粤冇"只选择与表示始续进行的辅助词"粤开"与它搭配，构成存在进行否定式，而不与"粤住"或"粤紧"相配合。例如：

(12) 粤 a. 佢屋企冇开米好耐喇。→ *佢屋企冇紧/住米好耐喇。

　　b. 出院之后，佢冇开事大半年喇。→ *佢冇开乜事。

普 a. 他家没米好久了。→ *他家没着米好久了。

　　b. 出院以后，他没事大半年了。→ *他没着什么事。

例(12)的广州话 a 句表达"无米"的事实存在始续进行，但是"粤冇"不能与"粤紧"或"粤住"搭配构成存在进行否定（正在进行或持续进行）；例(12)的广州话 b 句表达"无事"的事实存在始续进行，但是否定存在的始续进行不能与不定指事代词"粤乜"相配合（不能同现）。在普通话里，a 句和 b 句都不能够用"普着"对译出否定的始续进行，或者说，普通话里没有否定的始续进行体。

广州话动词前的进行体辅助词"粤喺度"也不能与动词义项的"粤冇"相配合，但是，可以和表示"没有"的副词义项"粤冇"相配合，表达否定存在的始续进行意。例如：

(13) 粤 佢话去球场打球，如果冇喺度打球就叫佢返屋企啦。

　　普 他说去球场打球，如果不在打球就叫他回家吧。

不过，由于"粤喺度"（或它的"乡下音""粤喺处"）另外含有"在这里"或"在那里"的意思，或者可以认为是从处所指事词"粤喺边度"（在哪里）虚化来的，如果"粤喺度"用于动词义项的"粤冇"之前（例："粤喺度冇球（打/乜滞）"），则仍用作处所指事词。

由以上分析来看，广州话的存在否定词"粤冇"用在否定进行体时，它的副词义项和动词义项与进行体辅助词的后搭配都只选择表达始续进行的"粤开"，通过否定始续来表达存在进行体的否定；它的前搭配只有副词义项可以选择"⟨粤⟩喺度",表示存在否定进行意,但是它的动词义项不能与"⟨粤⟩喺度"搭配来表达存在否定进行意。

第五节　禁止进行否定

"禁止进行否定"比上述两种否定形式和语义都更为复杂,是在"禁止进行"的基础上否定"禁止进行"。而"禁止进行"本身,其实也是表达对行为动作进行的一种对立方式,它以禁止语气阻止动作行为继续进行的趋势,或否定其继续进行的理由或合理性等,简言之,是"以否定义表示禁止"[1]。例如:

(14)⟨粤⟩ a. 唔使/唔好看住个门口,留只狗喺呢度就得喇。

　　　b. 今朝唔好食雪条住,下午热先至吃啦。

⟨普⟩ a. 不必/别看着门口,留一只狗在这里就行了。

　　b. 今天早上先别吃冰棍,下午热再吃吧。

其中,例(14)的 a 句以禁止之词"⟨粤⟩唔使"或"⟨粤⟩唔好"与持续进行体助词"⟨粤⟩住"相配合,表达的便是禁止持续进行的意思。但是例(14)的 b 句"⟨粤⟩住"并不表示持续进行,而是"暂且"的意思,这与"⟨粤⟩住"所处的位置在宾语后(而不是动词后宾语前)有关。[2] 禁止否定词与正在进行体辅助词"⟨粤⟩紧"相配合,也能够构成禁止进行的形式。例如:

(15)⟨粤⟩下午姨妈来睇你,到时咪重做紧功课不出嚟呀。

⟨普⟩下午姨妈来看你,到时别还在做功课不出来啊。

但是,始续进行体助词"⟨粤⟩开"不能与禁止否定词配合来构成禁止进行的表意结构,而只能以主要动词的伴随行为出现。例如:

(16)⟨粤⟩ a. 唔好打开牌就唔记得返屋企嘞。

　　　b. 咪拖紧呢个又挂住嗰个先得咯。

⟨普⟩ a. 别打开了牌就忘了回家。

　　b. 别跟这个谈恋爱又记挂着另一个才好。

例(16)中的两个广州话句子,表达禁止的主要动词都不是进行体,而分别是主要动词谓语"⟨粤⟩唔记得……"和"⟨粤⟩又挂住……",例中始续进行体和正在进行体都只是表示主要谓语动词状态的状语成分,都是表示主要动词的伴随态的。从主要动词的角度看,这种伴随状态也属于与主

---

① 陶原珂:《广州话否定范畴的表意分布》,《粤语研究》2010 年第 6、7 期。

② 彭小川:《广州话的动态助词"住"》,见胡明扬:《汉语方言体貌论文集》,南京,江苏教育出版社,1996。

要行为动作相伴随而持续的状态。由此，结合以上禁止之词与持续进行体助词"⑧住"的搭配或禁止之词与正在进行体助词"⑧紧"的搭配来考虑，可以看出，在广州话里，禁止进行所表达的语义点都是禁止行为动作的持续或正在进行的，而不是禁止始续进行。比"禁止进行"深入一层的否定形式"禁止进行否定"，也是在这两个语义点上进行的，例如：

（17）⑧ a. 下午士头婆来，你哋手头咪唔做住/紧嘢呀。

　　　　b. 过马路车多，咪唔跟住爸爸呀。

　　⑧ a. 下午老板娘来，你们手头别不干着活啊。

　　　　b. 过马路车多，别不跟着爸爸啊。

　　例（17）的广州话 a 句用"⑧住"或"⑧紧"，语义相差不大；后一例的广州话句子如果用"⑧紧"置换"住"，进行义就会变得不那么清晰。再比较例（16）的广州话 b 句中的"⑧紧"和"⑧住"，主次也不能置换。可见，在广州话"禁止进行"或"禁止进行否定"中，禁止之词主要与持续进行体助词"⑧住"相搭配，而与正在进行体助词"⑧紧"的搭配则受到较多限制。

　　至于广州话动词前的进行体辅助词"⑧喺度"，由于含有处所义，而禁止否定是发生在特定场合的使令态，使得"⑧喺度"往往难以脱离当前的语境处所义而显露出它的进行体义，所以，"⑧喺度"表达禁止进行的含义总是不太清晰可辨。可见，广州话进行体辅助词与否定词搭配构成禁止进行或禁止进行否定，它们的表意清晰性和可接受性依次为：⑧开→住→紧→喺度。

第六节　未始进行否定

　　广州话里的始续进行体由辅助词"⑧开"表达。表示否定完成的否定词"⑧未"和"⑧未曾"，与始续进行体辅助词"⑧开"搭配时，可以表达进行尚未开始。由于"⑧开"含有始续便要进行的意思，否定了它的开始义也就同时否定了它的进行义，因而也构成了一种进行否定式，即"未始进行否定"。例如：

　　（18）⑧重未（曾）做开就唔好做住喇。

　　　　　⑧还没做起来就先别做了。

A ────────→ B

图 4-1

　　从例（18）可以看到未始点的存在：如图 4-1 所示，假设 A 为"⑧开"的起始点，A 至 B 为"⑧开"的始续进行方向，则"⑧未做开"从 A 点否定了 A 至 B 的进行。"⑧未"或"⑧未曾"的未完成否定义在与进行体结合的时候，所表达的否定义实际上是进行的起始未完成。"⑧未"或"⑧未曾"

与其他进行体辅助词搭配时，所表达的也是指涉未始点。例如：

(19)㊤a. 趁啲黄蜂未（曾）搂住你，快啲用件衫遮住个头啦。

　　b. 趁未畀人揽住，你快啲走嘞。

　　c. 读紧书唔好讲嘢，未（曾）读紧书可以讲嘢。

㊦a. 趁那些黄蜂还没停爬在你身上，快点拿衣服遮住头吧。

　　b. 趁还没被别人搂着，你快点走吧。

　　c. 读着书别讲话，没读着书时可以讲话。

不论是用"㊤住"表达在图 4-1 中的 A 至 B 持续（前一例），还是用"㊤紧"表达在图 4-1 中的 A 至 B 进行（后一例），使用了"㊤未"或"㊤未曾"作为否定词，所表达的都是未开始进行，即从左到右尚未超越图 4-1 中的未始点 A。

但是，广州话的"㊤未"或"㊤未曾"与动词前的进行体辅助词"㊤喺度"配合时，由于"㊤喺度"是由处所词虚化而成的，由空间处所转而指涉时间上的进行，表达"处于正在进行"的语义，即强调图 4-1 中处于 A 至 B 段之间，所以，这种搭配所表达的未始点语义较弱。例如：

(20)㊤只狗吠紧嘅时候你唔好入去，未（曾）喺度吠嘅时候你可以入去。

㊦那只狗正在吠的时候你别进去，还没吠的时候可以进去。

由于"㊤喺度"的语义特点，"㊤未、未曾"与它搭配时，起始点 A 的否定不那么清晰，表达的是图 4-1 中的 A 至 B 整体的否定。

比较例(19)和例(20)各句中的动词前进行体辅助词"㊤喺度"与动词后进行体辅助词"㊤开、紧、住"，可以看到，"㊤未"或"㊤未曾"对广州话辅助词语义的影响，有着动词前辅助词与动词后辅助词的差异，前者构成的是进行义的整体否定，后者则构成起始点的否定。普通话里进行体辅助词都可以与"㊦未"或"㊦未曾"搭配起来构成未始进行否定，但是表达的未始点不大清晰，表达的是持续或进行的整体否定意，这与普通话里没有始续进行体辅助词，而且辅助词"㊦着"的表意较为含糊有关。

总览构成进行体表意范畴的词语，如表 4-1 所示。

表 4-1

进行体	广州话	普通话
助词	紧、住、开	着
副词	喺度	正在、正、在
否定词	唔、唔系、冇、唔使、唔好、咪、未、未曾	不、不是、没、没有、不要、别、还没

第五章 完成体表意范畴

提要：广州话的完成体语意由两种基本方式来表达：一是单音节动词的高升变调，二是动词的辅助词。广州话高升调(35)动词通过变调表示完成义，这在实际运用中受到较明显限制；而表示完成体的动词辅助词以"咗"最为典型；"起、埋、晒"不仅含有完成义，还分别含有附加义，由于受附加义制约而有不同的搭配关系。"喇"则以句末助词身份表达完成义，可以与助词连用而使其附加义更清晰。

十余年来，学界对广州话完成体助词的研究主要以单个字词为单位来进行，取得了不小的进展，但是还缺乏总体认识，研究成果亦有待于吸收进新出的字词典。这里以这些单个字词研究为基础，做进一步辨析、探讨和总括，以求对广州话完成体辅助词的表意分布情况获得整体认识。

第一节 变调完成体的限制条件

对广州话以单音节动词变调来表示完成体，已多有共识。比如，饶秉才等指出："'食'，原为阳去调，在'我食喇'中念原调[xig_{22}]时，不表示动作完成，属'未完成体'；念作高升变调[xig_{35}]则表示动作已完成，成为'完成体'。又如'嚟'原调为阳平，在'我嚟喇'中念原调[lei_{11}]时不表示动作完成，属'未完成体'，念作高升变调[lei_{35}]则表示动作已完成，成为'完成体'。其他动词如'去、读、买、卖'等也有类似情况。"[1]其中所举释例有：原为阳平调的"嚟(本著写作'来')"，和原调分别为阴去、阳入、阳上和阳去的"去、读、买、卖"。它们正好概括反映了学界对广州话以单音节动词变调来表示完成体方面已取得共识的原调类。

对于其他原调类的动词是否也以变调方式来表示完成体，则有不同意见。如《广东方言概要》就指出："广州话表示完成体貌用助词'咗[zo_{35}]'。在口语中，可以不用助词'咗'，动词用35变调的方式表示完

① 饶秉才、欧觉亚、周无忌编：《广州话方言词典》，香港，商务印书馆，1981，第310页。

成。如果动词是阴平调或阴上调，表示完成体貌时，声调比原调音长加长，调值稍再提升。"所举释例不仅有"⑧我食喇、佢来喇、我琴日去广州"，而且还有原调为阴上(35)的"饮"："⑧我饮[jɐm356]咯[lɔ33]。"①

值得注意的是，该著补充了原调为阴平或阴上声调变化的描述："比原调音长加长，调值稍再提升。"而且，释例中的语气词用"咯"，而不是前述各例所用的语气词"喇"。据此，阴平调的动词"分"可以有："苹果分[fɐn556]咯。"

语气词"喇"本身含有完成的语意，"在句中表示时态，说明动作已经完成时，'喇'念[la33]"②。然而，在"喇"与阴上动词结合时，为了突出表现以变调表达完成体的意思，释例变为用"咯"，这在广州人的语感里似乎有点儿"乡下"音，或感觉不太自然。试比较：

(1)⑧我走[zɐu356]咯。（注：临走前表达将要走。）

　　⑬我走啦。

在这种情况下的变调，与其说是表示完成意"已走"，不如说是表示此时想要做（或将要走）的意思。与此相比，"⑧我洗[sɐi356]咯""⑧我睇[tɐi356]咯"等，也可以有已做或将做两义，具体语意需要看具体的语境情景而定。

以变调表示完成意的方式对双音节动词的限制更为明显，一般说来，其中需要含有主要动词语素而且是动宾结构，才可以通过其中的主要动词语素变调来表示完成义，例如：

(2)⑧ a. 帮↗手先走。

　　　 b. 佢转↗性嘞。

　　　 c. ⑳坐烂ə33张凳。③

　　⑬ a. 帮完手才走。

　　　 b. 他转变性情了。

　　　 c. 坐烂了一张凳子。

但是，如果说："⑧咪书先走"（⑬看完书才走）或"⑧猜枚先走"（⑬猜完枚才走），则让人觉得有点牵强了，因为"书"也是个高平调，对比不出前一音节变调的变化来；"枚"则本身就是阴上调35，这样说高升调比较别扭。而这些动宾结构的动词，都是可以插入语气词"⑧咗"来表示完成

① 詹伯慧主编：《广东粤方言概要》，广州，暨南大学出版社，2002，第67页。

② 邓少君：《广州方言常见的语气词》，《方言》1991年第2期。

③ 余霭芹：《台山淡村方言研究》，香港城市大学语言资讯科学研究中心，2005，第213页。

体语义的。例(2)的 c 句反映出台山淡村粤方言用助词[ə₃₃]表示完成体语义。

至于"⑨謑霸、颈渴、滚搅、避忌、记住、挂望、顾住、志在、饱死、焗亲"等非动宾结构的双音节词，就更明显不能用变调来表示完成义了。而前七个动词是可以通过后加"咗"来表示完成体的，后三个含动补结构义的复合动词，则不构成完成体。

由于通过变调来表示完成体有种种限制条件，所以广州话完成体的主要构成因素"⑨咗"及相关助词，才是我们探讨广州话完成体的重点。

第二节 "咗、起"：比较纯粹的助词

助词"咗"表示完成体，学界已经广为接受。比如饶秉才等认为它与普通话表示完成的"了"相当：

咗[zo₃₅]，助词，用在动词后，表示动作已经完成，相当于普通话的"了"；佢嚟～(他来了)｜ 完成～任务 ｜ 洗干净～件衫先(先把衣服洗干净)。①

詹伯慧也认为："表示动作已经完成的'完成体'用'咗'，例如：佢冲咗凉。(他洗了澡。)｜ 老王出咗街。(老王上了街。)｜我做咗一日功课。(我做了一天功课。)"②从翻译的例句来看，这些释例中的"⑨咗"相当于普通话"⑨了₁"。同时，"广州话里的完成体使用'咗'时，可以与语气助词'喇'共现，但有条件，即所表示的事态必须是到说话时间或参照时间为止，已经发生了变化。例如：我搬咗屋。(我已经搬家。)｜ 我搬咗屋喇。(我已经搬家了。)"这里的"喇"相当于普通话"了₂"。③ "咗"所表示的完成体意，是就说话时有所完成而言的，但是"动作的'完成'并不等于动作的'完毕'"④。

"⑨起"附着于动词后也可以构成完成体。白宛如指出："起，好，表完成：做～咯｜ 计～咯 ｜ 做～未？｜ 做得～ ｜ 做唔～。"⑤这个义项的

① 饶秉才、欧阳觉亚、周无忌编：《广州话方言词典》，香港，商务印书馆，1981，第262页。

② 詹伯慧主编：《广东粤方言概要》，广州，暨南大学出版社，2002，第73页。

③ 吕叔湘主编：《现代汉语八百词》(增订本)，北京，商务印书馆，2003，第351～352页。

④ 彭小川：《广州话的动态助词"咗"》，见胡明扬主编：《汉语方言体貌论文集》，南京，江苏教育出版社，1996。

⑤ 白宛如：《广州方言词典》，南京，江苏教育出版社，2003，第152页。

"粤起"可称为"粤起₁"。然而，"粤起₁"与"粤咗"在结构分布及其表达完成语义方面有不同的分工。这种分布上的区别主要表现在以下四个方面。

第一，单音节动词，如及物动词"粤话、谂、煮、整、起（屋）"等（例："粤话起畀我阿妹听先至走。普给我阿妹说了才走。"），都可以后加"起₁"或"咗"表示完成义；不及物动词"粤跑、笑、喊"等，也可以后加"起₁"或"咗"来表示完成义（例："粤听讲佢每日都要跑/笑/喊三次，今日跑/笑/喊起未啊？普听说他每天都要跑/笑/哭三次，今天跑/笑/哭过了没呀？"）。然而，"粤起₁"不能置于"粤来、去、落、出"等不及物动词后来表达完成意；"粤起"若置于"粤坐、企"等动作较为具体而且有方向性的动词之后时，则表示动作的趋向（"粤起₂"），而不是表示完成义；若在"粤起"后再加上"粤喇"，虽然表示完成义，但那是"粤喇"[la₃₃]的作用，属于另一个问题。

第二，并列动词语素构成的动词，如"粤打理、走趯、刮削、拣择、执拾、交带、托赖"等，"粤咗"可以加在整个动词的后边表示完成，例如：

（3）粤 a. 打理咗/起两间店先至得闲食饭。→ ＊打理起半日两间店。
　　　　b. 走趯咗半日。
　　　　c. 刮削/拣择咗/起好多啵。
　　　　d. 执拾咗/起先食饭喇。
　　　　e. 我上次交带咗/起你去搞掂啦。
　　　　f. 呢次真系托赖起你咯。
　　普 a. 料理了两家店才有空吃饭。
　　　　b. 奔走了半天。
　　　　c. 克扣/挑剔了好多啊。
　　　　d. 收拾好才吃饭吧。
　　　　e. 我上次吩咐过你去办妥了。
　　　　f. 这次真是拜托你了。

其中，除了不及物动词"粤走趯"不能后接"粤起"来表示完成义之外，其他都可以后接"粤起"来表示完成义。需要注意的是，"粤起"有整体完成（即"完毕"）之意，指完成了被处置宾语的整体量，因此，不能在"粤起"与宾语之间加上时间量如"半日"等，这是"粤起"在表意上与"粤咗"（表示"动作的'完成'，但并不等于动作的'完毕'"）不同的地方。

第三，动补结构的双音节动词，如"粤帮衬、荡失、帮补、搭通、炒哝、睇衰、睇死、顶冧、揿沉、诈傻、佗衰（普光顾、走丢、补贴、接通、炒糊、看不起、看透、撑垮、压垮、装傻、牵累)"等，无论是否带宾语，一般不后加"⑨起"来表示完成，而是加"⑨咗"来表示完成。如果后加"⑨起"表示完成义，则会给人"乡下"音的语感。这样，结合上述第一点来看，是否能够后加"⑨起"，这与动词的及物不及物无关，而与动词自身的结构及语义有关。

麦耘、谭步云曾指出：

咗，表示动作等完成(放在表示动作等的词语后面)了：佢嚟～两个星期度。(他来了大约两个星期。)｜个樽掉～喇。(那瓶子扔掉了。)你肥～好多嘢。(你胖了许多啊。)①

所引前两例的补语都置于"⑨咗"后。而上述动补结构的双音节动词与"⑨咗"结合时，"⑨咗"并不置于动补结构之中，而是置于整个动补结构之后。反过来，这可以用来检验广州话里一个动补结构是不是词。

第四，动宾结构的双音节动词，如"⑨跳槽、散档、领嘢、埋数、入笯、爆夹(晋跳槽、散伙、上当、结账、陷入(圈套)、盗窃)"等，一般只可以插入"⑨咗"来表示完成义，而不能插入"⑨起"。但是，另有一些动宾结构的双音节动词如"⑨发恶、浮头、拍拖②(发狂、出现、谈恋爱)"等，则都可以插入"⑨起"或"⑨咗"来表示完成义。不过，其中"⑨拍拖"的插入项不能替代：插入"⑨起"之后，所表达的意思是"起始表示完成"，例如：

(4)⑨ a. 无谂到佢都拍起拖嚟喇。

　　　b. 有冇拍起拖吖？

　晋 a. 没想到她都谈起恋爱来了。

　　　b. 有没有交上男/女朋友啊？

例(4)的 a 句和 b 句，"⑨起"都不能用"⑨咗"来代替。而"⑨今日拍咗拖未？(晋今天和男/女朋友逛街了没？)"中的"⑨咗"也不能用"⑨起"来代替。

另外，还有一些广州话动词如"⑨借意、靠害、诈谛(晋不小心、坑人、装蒜)"等，由于自身语义的关系，一般不后加"⑨起"，也不能后加"⑨咗"来表示完成义。这是动词本身的含义决定的。

_____

① 麦耘、谭步云：《实用广州话分类词典》，广州，广东人民出版社，1997，第416页。
② "拍拖"按《实用广州话词典》(广东人民出版社，1996)的解释是："拍：并排；拖：拉手"。其中的"拖"或可以看作"拖友"(恋爱对象)的省略成分，所以这里归入动宾结构之列，"咗"可插入"拍拖"之中表示完成义。

第三节　"埋、晒"：带明显附加语义的助词

　　"埋"和"晒"这两个助词也用于表达完成义，但是所表示的完成义并不完全一样，需要分开来从不同角度深入探讨。

　　"埋"接于动词之后，可以表示多种语义。据饶秉才等的概括，它可以"用在动词后面作补语，表示趋向或成了某种样子"；"用在动词后面，表示扩充范围，有'连……也、连、再、全'等意思"；"用在动词后面，表示原来已具有相当程度了，没有必要再增加的意思"。由于"⁽粵⁾埋"的语义较为博杂，所含完成义并不明显，以致在词典的释义中往往被忽视，《广州话方言词典》就没有"⁽粵⁾埋"表示"完成"的义项。

　　20世纪90年代初，"⁽粵⁾埋"表完成义开始受关注。如罗伟豪指出："广州话的'埋'，可作动词词尾，附在动词后，表示动作的完成。如：'食埋饭'（吃了饭、吃过饭）。'锁埋门'（锁了门、锁好门）。'执埋碗碟'（收拾好饭碗菜盘）。'叠埋心水'（不管他事而打定主意做某一件事）。'好彩沉日买埋'（幸好昨天买好了）。"以上所用的"⁽粵⁾埋"表示动作已经完成。"⁽粵⁾埋""也可以用于动作尚未完成而正在继续完成。如：'食埋呢碗饭'（意指已经吃了许多，还要继续吃完这一碗）。'抄埋呢页纸'（意指已经抄了许多，现正把这一页抄完）。'睇埋呢场戏'（意指已经看了大半场，现正继续看完）。"[①]

　　对以上的分析，白宛如有不同意见，她所编词典给出的义项有："锁埋门去街"里的"埋"相当于"上"或"着"，但"⁽粵⁾洗～衫先至出街｜食～饭至去睇电影｜执～手尾至走｜做～呢两日至去｜你搞掂～佢喇"等例句的"⁽粵⁾埋"则表示"完成"或"完毕"的意思。[②] 其实，从同一个主语的角度来看"⁽粵⁾锁埋门去街"中的两个动词"锁"与"去"之间的关系，尽管句中没有使用"⁽粵⁾（先）至"这样强调时间先后的词，两个动作之间的时间先后关系还是清楚的，所以，这里的"埋"虽然可以译作"上"，但它表示的意思是完成了前者才做后者，与"⁽粵⁾洗埋衫先至出街"等例中的"⁽粵⁾埋"所表达的语义一致。不过，该词典同一义项的另外一些例子如"⁽粵⁾眯～眼养神｜壅～头瞓大觉｜你听日带～行李来喇｜合～嘴唔出声｜皱～眉头想嘢（⁽普⁾闭着眼睛养神｜盖着脑袋睡大觉｜你明天带上行李来吧｜合着嘴不说话｜皱着

---

①　罗伟豪：《广州话的"埋"字》，见詹伯慧主编：《第二届国际粤方言研讨会论文集》，广州，暨南大学出版社，1990，第173～174页。

②　白宛如：《广州方言词典》，南京，江苏教育出版社，1998，第91页。

眉头想事)"等，其中的"⑨埋"都是表示伴随动作或状态的，确实与普通话的"着"相当。

另外，罗著的释例给出的只是一个短语"⑨锁埋门"，表意的立足点并不那么清晰，其语义(而非对译)确实也可以解释作"门锁着"。但是在对"⑨埋"的根本认识上，罗著是清楚的："⑨埋"之所以如此难辨析，是因为"尚未完成而继续完成的'埋'，意义比较明确，不可用他词替代，而表示动作完成的'埋'，词义较隐晦，容易与另一个动词词尾'咗'混用，但仔细辨析还是可以分清。'咗'是孤立的某动作，而'埋'是多动作中的某一动作。"①这里补充一点，"⑨埋"所表示的完成义，还指涉完成某一动词涉及的多个对象中的一个。例如，"⑨连我都打埋(普连我都打)"，"⑨呢个机会都冇埋(普这个机会都没有了)"等，"我"是被"打"之一，"⑨呢个机会"只是机会之一。②

对"⑨晒"附着于动词表意情况的研究也是较晚近的事。饶秉才等的词典列举了它表示完成意的例句"⑨睇晒本书(普看完那本书)"，不过，那是归在含"全、都、完、光、了"诸义的同一义项之中的，尚未把"⑨晒"的复杂含义辨析清楚；李行德则只讨论了"晒"的量化特点③。其实，"晒"附着于动词表意的情况既有一定的复杂性，又是可以辨析清楚的，正如莫华指出的："表示进行体、经历体和回复体的动词结构都可以与'晒'结合，而完成体的动词结构都不可以与'晒'结合。"④可惜该文侧重"晒"与动词结合的种种形式的研究，而对"晒"的具体表意情况较为忽视。

彭小川曾从"晒"的表意方面指出："'晒'还有一重意义，那就是大致对应于普通话的'了₁'，单纯说'晒'相当于'都、全'是不够恰当的。""不能说'晒'相当于'完、光'。能与'完'替换的'晒'强调的仍是'总括'与结果的实现。……另外，'晒'还可与'完'共现，如：'做完晒功课未呀？'"⑤该文以"了₁"对译的例子有：

(5)⑨ a. 我哋(个个)去晒爬山。

①　罗伟豪：《广州话的"埋"字》，见詹伯慧主编：《第二届国际粤方言研讨会论文集》，广州，暨南大学出版社，1990，第174页。

②　例见白宛如的《广州方言词典》，但此处的解释与该词典对释例的理解不同。

③　李行德：《粤语"晒"的逻辑特点》，见单周尧主编：《第一届国际粤方言研讨会论文集》，香港现代研究社，1994。

④　莫华：《粤语范围副词"晒"析》，见郑定欧主编：《广州话研究与教学》第二辑，中山大学学报编辑部，1995。

⑤　彭小川：《广州话"晒"与普通话相关成分的比较研究》，第二届现代汉语语法国际研讨会论文，2003。

　　b. 啲衫唔见晒。

　　c. 件衫湿晒。

　　d. 间间课室都干净晒。

　　e. 我哋知道晒成件事嘅经过。

⑳ a. 我们都去爬山了。

　　b. 那些衣服都不见了。

　　c. 那件衣服全湿了。

　　d. 每间教室都干净了。

　　e. 整件事的经过我们全知道了。①

　　在以上对译中，"⑳晒"的语意被分解译成了"⑳都＋了₁"或"⑳全＋了₁"，即"概括义＋完成义"。而与"⑳完"相比较，"⑳晒"有时可替代"⑳完"，例如：

　　(6)⑳ a. 早就食完啦！

　　　　b. 早就食晒啦。

　　　　c. 你问完未吖？

　　　　d. 你问晒未吖？

⑳ a. 早就吃完啦！

　　b. 早就吃光啦。

　　c. 你问完没有？

　　d. 你全问完了没？

　　(7)⑳ a. 做完功课未？

　　　　b. 做晒功课未？

　　　　c. 啲钱我早就用完啦。

　　　　d. 啲钱我早就用晒啦。

⑳ a. 做完功课没？

　　b. 功课全做了吗？

　　c. 那些钱我早就花完啦。

　　d. 那些钱我早就花光啦。

　　虽然替代之后的"⑳晒"也可以表达"完"的意思，但是，实际上"⑳完"与"⑳晒"涉及的词语对象有所不同："⑳完"侧重于说明动词表达的行为动作本身完成；而"⑳晒"说明的是动词涉及的对象（包括主语和宾语）已经周遍。由于存在表意上的这种差异，因此，在某些语境中，"⑳完"

---

① 例(5)原句中"的"应为"嘅"；又，译句颠倒了原句主语和宾语的位置。

不能为"粤晒"所替代。例如：

(8) 粤 a. 开完会我去揾你。 *粤开晒会我去揾你。

　　 b. 佢重未陪完外宾。 *粤佢重未陪晒外宾。

　 普 a. 开完会我去找你。

　　 b. 他还没陪完外宾。

不过，笔者认为，如果"粤完"和"粤晒"连着说则无妨，如："粤开完晒会我去揾你。普开完了所有的会我去找你。""粤佢重未陪完晒外宾。普她还没陪完全部外宾。"只是，此时的"粤晒"成了一个语义更为虚化的辅助表意音节。

彭文还说："'晒'与'咗'处于相同的句法位置，且决不共现。所不同的是，'晒'要比'咗'多一重含义：表示'总括'。"例如：

(9) 粤 a. 佢嘅态度变咗。

　　 b. 佢嘅态度变晒。

　 普 a. 他的态度变了。

　　 b. 他的态度全变了。

(10) 粤 a. 佢哋瞓着咗。

　　 b. 佢哋瞓着晒。

　　 c. 佢瞓着咗。→ *佢瞓着晒。

　 普 a. 他们睡着了。

　　 b. 他们全睡着了。

　　 c. 他睡着了。

其中，例(9)的 b 句表示的范围程度比 a 句要广一些，指主语的整体。例(10)的 c 句由于主语"粤佢"为单数人称，无所谓周遍，所以不能够用"粤晒"来表达动词涉及的对象已经周遍的完成义。

在辨析词义方面，"粤埋、晒"连用时更有辨义价值。例如：

(11) 粤 a. 畀埋啲嘢嘅嘢我。

　　 b. 畀晒啲嘢嘅嘢我。

　　 c. 畀埋晒啲嘢嘅嘢我。

　　 d. 淡你[məi₃₂]（＝唔系）畀晒佢啰。

　　 e. 淡乃人就好多起晒新村啰。

　　 f. 淡吃埋[kɔŋ₅₁]去嘛。①

_____

① 余霭芹:《台山淡村方言研究》，香港城市大学语言资讯科学研究中心，2005，第215 页。

　　⊠ a. 连这等东西都给我。

　　　b. 尽给我这种东西。

　　　c. 尽给我这等东西。

　　　d. 你不就都给了他呗。

　　　e. 人们许多就盖起了新村呗。

　　　f. 吃完才去嘛。

　　"⊠埋"在例(11)的 a 句表达给了不该给的所有部分；"⊠晒"在 b 句表达给了所给的全部不该给；"⊠埋晒"连用在 c 句表达给了全都不该给的东西。可见，在表达完成意时，"⊠埋"是指涉对象的部分概括，"⊠晒"是指涉对象的总括。它们在句子中的关系作用，则如罗伟豪指出的："'埋'与'晒'连用，附在动词后作补语，组成动补结构。如'做埋晒、食埋晒、学埋晒'，'晒'表示动作的范围，'埋'既表示动作的完成，又具有一定范围的意思，'埋晒'后连带的宾语一般是不受重视或者是被否定的事物。"例如："⊠做埋晒嗰啲唔等驶嘅事。(⊠尽做那些没用的事。)""⊠食埋晒嗰啲煎炒热毒嘢。(⊠老吃那些煎炒热毒的东西。)""⊠学埋晒嗰啲邪门歪道。(⊠尽学些邪门歪道。)"其中的"⊠埋晒"表示"⊠凡……全都做/吃/学了₁"。例(11)的 d 句和 e 句反映了台山淡村方言也用"⊠晒"的周遍义(余霭芹称"包容"，inclusive)表达完成语意；f 句则反映了淡村方言与广州话都在动词后用"埋"，表示动作完成(completive)的语义。

第四节　"喇"表完成体意的作用

　　如本章第一部分提到的，句末语气词"⊠喇"本身含有完成义，念作[la₃₃]。它不仅可以单独表完成或与动词配合来表示完成语义，如：

　　(12)⊠ a. 廿几岁喇。

　　　　b. 焗亲喇，快啲去饮凉茶。

　　　　c. 颈渴喇[la₃₃]，饮汽水喇[la₅₅]。够喇。

　　⊠ a. 二十多岁了。

　　　b. 受暑了，快点去喝凉茶。

　　　c. 口喝了，喝汽水吧。够了。

　　而且，在更多情况下，"⊠喇"还可以与上文所讨论表示完成义的助词一起使用，表示完成的意思。例如：

　　(13)⊠ a. 来咗喇。

　　　　b. 完成咗任务喇。

c. 冲咗凉喇。

d. 做咗一日功课喇。

e. 洗干净咗件衫先喇。

[普] a. 已经来了。

b. 完成了任务了。

c. 洗完澡了。

d. 做了一天功课了。

e. 把那件衣服先洗干净了吧。

例(13)的 e 句“[粤]喇”表示吩咐语气，完成体义由“[粤]咗”承载，其他句里的“[粤]喇”都是与“[粤]咗”配合共同表示完成体义的。彭小川认为：“广州话的‘咗’可以跟句末语气助词‘喇’同现。但这种同现是有条件的，那就是‘喇’所表示的必须是到说话时间或参照时间为止事态已经出现了变化。”[①]再看“[粤]起、喇”搭配的例子：

(14)[粤] a. 行李打起喇。

b. 我打起行李喇。

c. 佢做起喇。(而且：[粤]打起咗行李喇。|佢做起咗喇。)

[普] a. 行李收拾好了。

b. 我收拾好行李了。

c. 他做好了。(而且：[普]收拾完了行李了。|他做完了。)

“[粤]起、喇”连用，使完成义表达得更明朗、清晰。“[粤]起、喇”同现表达完成义时，能够插入“[粤]咗”来强调完成义，表意更明朗。

还有，“[粤]埋、喇”也可以同现，例如：

(15)[粤] a. 佢都做埋/起喇。

b. 佢食埋啲菜喇。

c. 佢做起喇。

[普] a. 他全都做了。

b. 他把菜都吃了。

c. 他做完/好了。

其中，例(15)的 b 句不能用“[粤]起”替换“[粤]埋”。“[粤]喇”与“[粤]埋”连用，表达了动词完成义与动词对象相关义的合成，或表达了动词完成义与相关动作义的合成；但是在非及物动词的句子里，“[粤]埋、咗”不能同现，除非

---

① 彭小川：《广州话的动态助词“咗”》，见胡明扬主编：《汉语方言体貌论文集》，南京，江苏教育出版社，1996，第 237 页。

"⑧埋"做构词语素，如"⑧啲细路匿埋咗喇（⑧那些小孩藏起来了）"。

此外，"⑧晒"也可以与"⑧喇"连用，例如：

(16)⑧ a. 用晒喇。用晒啲钱喇。

　　　b. 人去晒喇，无晒喇。（但是：＊用晒咗喇）

　⑧ a. 用完了。用完那些钱了。

　　　b. 人都去了，没（人）了。

例(16)的 a 句和 b 句的"⑧晒、喇"连用时，它们各自的含义更清楚："⑧晒"表示对象总括，而"⑧喇"表示动词完成。但是，"⑧晒、咗、喇"不能同时连用。

总之，以上助词的连用或同现，使它们各自的含义分别更为清楚可辨了，表意效果因此更加准确、生动。

第五节　"未、未曾"：完成体否定

从以上分析可知，广州话的完成体语义由两种基本方式来表达：一是单音节动词的高升变调，二是动词的辅助词。动词通过变成高升调(35)表示完成义，这在实际运用中受到明显限制；表示完成体的动词辅助词则以"⑧咗"为最典型，"⑧起、埋、晒"不仅含有完成义，还各含某种附加义，并且受到附加义的制约而有不同的搭配关系。"⑧喇"则以句末助词身份表达完成义，可以和上述助词连用而使它们的附加义更加清晰可辨。

然而，广州话完成体的否定，却不一定由否定词与完成体助词搭配来构成，不一定是"否定词＋动词＋完成体助词"的模式，情况比较复杂，但是，我们可以抓住有限的几个否定词来梳理，因为完成体的否定总是需要否定词的。例如：

(15)⑧ a. 够喇→唔够喇。未够。　　　　　A　　B　　C

　　　b. 颈渴喇→唔颈渴喇。未颈渴。　　图 5-1

　　　c. 肚疼喇→肚唔疼喇。肚未疼。

　　　d. 买汽水喇→唔买汽水喇。未买汽水。

　　　e. 二十岁喇→未够二十岁。（＊唔二十岁喇）

　　　f. 焗亲喇→未焗亲。｜焗唔亲嘅/喇。（＊唔焗亲喇。）

　⑧ a. 够了→不够了。还没够。

　　　b. 口渴了→不渴了。还没渴。

　　　c. 肚子疼了→肚子不疼了。肚子还没疼。

　　　d. 买汽水了→不买汽水了。还没买汽水。

　　　e. 二十岁了→还没到二十岁。

　　　f. 受暑了→还没受暑。｜中不了暑的/了。

　　例(15)广州话各句均用"⑨喇"构成完成体；但是，在 a 至 f 各句可以加"⑨唔"构成完成体否定，也可以加"⑨未"构成完成体否定，只是两者所表达的完成否定义有差异，而且"⑨未、喇"不能同现。如图 5-1 所示，假如以 B 为完成点，那么，加"⑨唔"所表达的完成体否定义是"从此（B 点）不再……"，指 BC 这一段而言；而加"⑨未"所表达的完成体否定义则是"到 B 点尚未发生"，指 AB 这一段而言。e 句和 f 句，由于要否定的是 AB 这一段，所以都不能加"⑨唔"构成完成否定，只能加"⑨未（够）"，而且"⑨喇"不能与之同现。如果要表达对 BC 这一段的否定，则需要别的表达方式，如："⑨（以后）冇二十岁咯喇，⑮（以后）没有二十岁的了"；"⑨以后唔会焗亲咯喇，⑮以后不会受暑的了"。其中，对否定词有特定选择，同时，语气词需要在"⑨喇"之前多加一个"⑨咯"。如果"⑨冇"与"⑨咗"搭配（如"⑨冇咗二十岁咯喇，⑮没有了二十岁的了"），则表达以 B 为完成点而对 AB 一段的否定。

　　从以上释例可见，对 BC 段的否定是以 AB 段的完成为潜在语义的，表达的是"未来如何"，所以可以加上时间词"以后"而句意不变。

　　广州话专用于表示完成体否定义的否定词"⑨未、未曾"，它们是单音节词和双音节词的关系，语义上是同义词。例如：

　　(16) ⑨ a. 水（冇）/未饮（晒）。

　　　　　 b. 唔/冇/未做埋/晒/起功课咪去玩。

　　　⑮ a. 水还没喝（完）。

　　　　　 b. 不/没做完功课别去玩。

　　例(16)的 a 句两个否定词选择任一个，可分解为两段：一段是"⑨水冇饮（晒），⑮水没喝（完）"，"⑨冇、晒"配合才表达完成体否定义"水没喝完"，如果不与"⑨晒"搭配，则不含完成体否定义；另一段是"⑨水未（曾）饮（晒），⑮水还没喝（完）"，选用"⑨未曾"或"⑨未"的语义是一样的，只是音节有别。但是，"⑨水未（曾）饮（⑮水还没喝）"与"⑨水未（曾）饮晒（⑮水还没喝完）"两句都表示完成体否定，只是表示不同的否定义：前者否定基本事实已发生；后者否定量的完成，这是由于"⑨晒"兼含全部量及完成义的缘故。

　　例(16)的 b 句两个否定词选择任一个，也可以分解为两段。一段是"⑨唔/冇做埋/晒/起功课咪去玩（⑮不/没做完功课别去玩）"，在此"⑨

唔"或"粵冇"与助词"粵埋、晒"或"粵起"搭配都表示否定全部量的完成，充当条件从句；如果"粵唔、冇"不与这些表示完成的某个助词搭配，则不表示完成否定义，只表示一般否定义。另一段是"粵未做（埋/晒/起）功课咪去玩，晋还没做（完）功课别去玩"，其中"粵未做功课（晋还没做功课）"与"粵未做（埋/晒/起）功课（晋还没做完功课）"之间，也有着否定基本事实已发生与否定量的完成这样的差别。比较例（16）的 a 句和 b 句对否定词及助词的选择性，我们看到，条件从句否定完成体的构成要自由一些（如 b 句），主句否定完成体的构成则受到较严格的选择限制（如 a 句）。

从以上完成体和否定完成体的比较分析可以看到，广州话的完成体加上否定词后，有的要去掉完成体助词，有的对完成体助词有选择性；广州话的完成体加上否定词还可能衍生不同的完成否定义，从完成的时点看，可以分为完成前的否定和完成后的否定。这些现象反映出，广州话完成体与否定完成体的构成具有不对称性的特点。

从以上的讨论我们看到，"粵咗、起、埋、晒、喇"等助词都在各自的语义范围内表达完成义，其中，最典型的完成体助词是"粵咗"。它们不仅在句法上各有一定的序位，而且更突出的是，它们各有一定的表意范围以及同现时的虚实变化。"粵咗"不仅仅是表达完成体的助词，在某些句子语境中，它只表示完毕的意思，而不一定表示完成。例如在祈使句中："粵食～啲苹果喇[la₅₅]。"（把苹果吃掉吧。Or：Finish the apples，please.）我们就不能用英语的完成体来释译。

总览构成广州话完成体表意范畴的词语，如表 5-1 所示。

表 5-1

完成体	广州话	普通话
语调	高升变调	无
助动词	咗；起、埋、晒、到[35]	了；完
语气词	喇	了
否定词	未、未曾	还没、尚未

第六章　趋向表意范畴

提要： 趋向范畴由动词后的助词表达趋向语义。广州话的趋向助词，由"嚟、过嚟、去、过去、起、起嚟、落、落去、住、起身"等动词虚化而成，它们附着于动词之后表达趋向义。其中有多义现象，应从义项来梳理。这些趋向助词所附带的趋向语义有一定的方向性，在空间向度可分为趋近向、趋远向、趋上向、趋下向，还有泛动向、恢复向和趋时向等非空间性的趋向义类。

刘叔新指出："从功能表现形式和意义语法化的情况来观察，可以发现，某些本来表示按一定方向运动的动词及其他个别动词，在一定条件下虚化为表示语法的趋向意义。这语法意义还有多种不同的内涵，由此可以形成一个特殊的语法范畴——趋向范畴。它不是趋向补语的句法意义的概括，更不是'趋向动词'词汇意义的概括。"在普通话里，"能够在一定条件下只表示语法的趋向意义的单位，有'来、去、过来、过去'和'住'五个"①。然而，从趋向范畴语义的角度来看，普通话里并非只有五个范畴语义，这五个趋向意义的单位所能表达的趋向范畴语义，有交叉的现象，也有多义的情况。我们这里按义项单位来探讨趋向范畴，分析广州话趋向范畴的表意分布，拟从广州话范畴语义的类型来进行归类，以便描述出趋向表意范畴的分布情况，按趋向的语义维度来描述语法范畴的类型。

广州话"⑨起嚟、落去、过嚟、出嚟、入嚟、起身"等词都有做动词表示动作的实在语义，这里探讨它们附着在其他动词后表示趋向义的情况。其中，"⑨-嚟[lei₁₁]"的来源与读音同"⑨来₁"②。从趋向的向度来分析，广州话趋向范畴的语义可分为空间向度、时间向度和泛动作向度这样几个大类。具体类别则如以下所论。

---

① 刘叔新：《论趋向范畴》，见《语言学和文学的牵手——刘叔新自选集》，天津，南开大学出版社，2004，第122～133页。

② 按白宛如《广州方言词典》第119、157页，"⑨来"分为"⑨来₁[lɐi₁₁]"、[lei₁₁]"（可单独作动词）和"⑨来₂"[lɔi₁₁]"（用于构词，为旧派读音）。虚语素"⑨嚟"的实际读音同"⑨来₁"。本著广州话[lei₁₁]的动词义作"来"，虚语素作"嚟"。

第一节　趋近向

所谓"趋近向"，是以说话人立场为基点说的，即趋向于说话人。从空间向度看，广州话表示趋近向语义的附助词语有"⑧嚟、过嚟"等。例如：

(1)⑧ a. 报名表交嚟就可以走咖喇。

　　　 b. 张碟喺屋企，我今晚搵/攞嚟给你就系啦。

　⑦ a. 报名表交来就可以走了。

　　　 b. 那张碟在家里，我今晚找/拿来给你就是了。

(2)⑧ a. 碟豉油喺你左便，递过嚟啦。

　　　 b. 递碟豉油过嚟啦。递唔递倒/得过嚟？

　⑦ a. 那碟酱油在你左边，递过来吧。

　　　 b. 递那碟酱油过来吧。能不能递过来呀？

其中，"⑧嚟"的语义比"⑧过嚟"的语义稍稍虚一点，适合表达的语义范围更广泛一些，以上例(2)可以用"⑧嚟"替代"⑧过嚟"，句子仍通，语义相近；但是例(1)中的"⑧嚟"不能用"⑧过嚟"替代，否则语义不通，或者有明显变化。"⑧过嚟"的附加趋向语义是克服一定的困难而趋近，"⑧嚟"的附加趋向语义则较为笼统，不一定指趋向说话时的此地。

"嚟"与动词之间还可以插入其他含趋向义的语素，或与其他含趋向义的复合语素，如"⑧出、入、上、落"等，构成"⑧出嚟、入嚟、上嚟、落嚟"等定向更明确的趋向助动形式。例如：

(3)⑧ a. 搵/攞出嚟就系啦。

　　　 b. 攞入嚟，唔好摆喺外边。

　　　 c. 攞落嚟，唔好摆喺上边。

　⑦ a. 找/拿出来就是了嘛。

　　　 b. 拿进来，别摆在外边。

　　　 c. 拿下来，别摆在上边。

其中，"⑧出嚟"的趋向义比"⑧入嚟、上嚟、落嚟"等较为虚泛一些，方向性较弱，因而，"搵"可以和"⑧出嚟"搭配，却不可以和"⑧入嚟、上嚟、落嚟"搭配。但是，在"⑧搵佢上/落/入嚟"这样的句子里，"⑧上嚟、落嚟、入嚟"用作动词，是连动式中的 V_2，则属于另一种词性语义[①]表达格式。

---

① 陶原珂：《现代汉语词典中词性标注的词位理据》，见甘于恩主编：《南方语言学》第二辑，广州，暨南大学出版社，2010。

另外，在"⑧V嚟V去"的表达格式(如"⑧稔来稔去稔唔出"，⑫想来想去想不出")中，"⑧嚟"和"⑧去"的语义更为虚化，趋向性也更加弱化。

第二节　趋远向

"趋远向"也是以说话人为基点说的，表示随着主要动词所表达的动作发生而远离。在广州话里，表达趋远向义的辅助词有三个："⑧去、开、走"。它们所表达的语义有点差异，虽然都是以说话人为基点说的，但是"⑧去"表达有目标点的趋向，"⑧开、走"表达只有始动点的远离，如图6-1所示。

图 6-1

其中，说话人的视点与行为主体的行为起动点一致。但是，"⑧走"和"⑧开"在语义上略有差异，例如：

(4)⑧ a. 叫你就过去啦。

　　 b. 畀佢入去先啦。

　　 c. 出去先讲畀你听。

　⑫ a. 叫你，你就过去吧。

　　 b. 让他先进去吧。

　　 c. 出去才讲给你听。

(5)⑧ a. 畀佢拎走啦。

　　 b. 畀你踢走个波喇。

　　 c. 佢切走咗三斤肉。

　　 d. 畀人偷走咗荷包。

　⑫ a. 给他拿走吧。

　　 b. 让你把球踢走吧。

　　 c. 他割走了三斤肉。

　　 d. 被人偷走了钱包。

(6)⑧ a. 走开！离开三个月。躝开啲！

　　 b. 叫你行开去喇。请你行开嚟。

　⑫ a. 走开！离开三个月。让开点！

　　 b. 叫你走出去了。请你走出来。

其中，例(4)和例(5)的说话人与行为主体"你"处于同一话语基点来使用趋远向语义"⑲去"或"⑲走"，但是行为主体如果是第三人称"⑲佢"，说话人不一定在场，视点与"⑲佢"的趋远向一致。"⑲开"的趋远向义比"⑲去"的趋远向义较宽泛一些（如例(6)的 a 句）；例(5)"⑲走"的趋远义则是要离开当前，不为所见。"⑲开"要表达较明确的趋向义时还可以附加上"⑲嚟"或"⑲去"，如例(6)的 b 句。这反过来说明，"⑲开"的趋向义更为模糊。"⑲走"的趋向义不能这样附加搭配，如果要与"⑲去"或"⑲嚟"等搭配，则用作动词义。

第三节　趋上向

　　"趋上向"也以说话人的视点为基础，附加表示动词的行为产生向上运动的趋势，有"⑲起、起身、起嚟、上、上去、上嚟"等几个，而以"⑲起"或"⑲上"为基本语素。"⑲起、上"在表示趋向辅助义时有语义差异："⑲起"通常表示从视点以下往上，"⑲上"则表达从视点开始向上，如图 6-2 所示。例如：

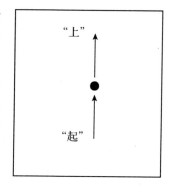

图 6-2

　　(7)⑲ a. 行上三级啦。

　　　　b. 升上三年级。

　　　　c. 将幅画移上/高啲啦。

　　⑫ a. 往上走三级吧。

　　　　b. 升上三年级。

　　　　c. 把那幅画移上/高一点吧。

　　(8)⑲ a. 跐起/高条尾。

　　　　b. 帮我揿起/高条摇摇板啦。

　　　　c. 揿起(身)唔好放手。

　　⑫ a. 翘起/高尾巴。

　　　　b. 帮我把翘翘板按起来/高一点吧。

　　　　c. 按起来别放手。

　　(9)⑲ a. 举起(＊身)个埕。

　　　　b. 企起身唔好坐低。＝企高唔好坐低。

　　　　c. 将旗竖起(身)。

[普] a. 举起坛子。

b. 站起来不要坐下。

c. 将旗子竖起来。

其中，“[粤]上、起、起身”不能够互相替代；“[粤]起”后如果没有带宾语，则可以用“[粤]起身”替代；如果要带宾语，则宾语置于“[粤]起身”之前(如“[粤]举个埕起身”)。“[粤]高”附着于动词后的趋向义没有“[粤]上、起”的趋向义那样分段定向明确，而分布比“[粤]上、起”要广一些。“[粤]高”与身体动作相关的动词搭配时，具有趋向义，与“[粤]起身”相当，如例(9)的b句。另外，“[粤]上、起、高”之后还可以加程度补语“[粤]啲”，“[粤]起身”后则不能加“[粤]啲”。

“[粤]上去、上嚟”比“[粤]起嚟”的趋向义要实一些。“[粤]上去”由于加上了表示趋远向的“[粤]去”，语义中便含有了说话人的立足点与行为主体的立足点一致的意味；“[粤]上嚟”由于加上了表示趋近向的“[粤]嚟”，也就含有了行为趋近说话人的意味。然而，“[粤]起嚟”的趋向义不但与“[粤]起身”相当，在例(9)中替代“[粤]起身”而语义基本不变，而且和“[粤]起身”一样有泛动向的语义倾向。

第四节　趋下向

据饶秉才等的意见[①]，作为表示动词趋向义的辅助词，广州话的“[粤]低”相当于普通话的“[普]下”。因此，广州话趋下向的基本助动词有“[粤]落、低”两个，它们的视点在表示动作行为上，但是后加趋近向的“[粤]嚟”则以“[粤]嚟”为视点，如图6-3所示。例如：

(10)[粤] a. 瞓落未呀？

b. 放落啲。

c. 行落三级啦。

d. 唔小心跌落水塘。

e. 揿佢落水塘。

[普] a. 睡下了没？

b. 放下一点。

c. 往下走三级吧。

d. 不小心跌入水塘。

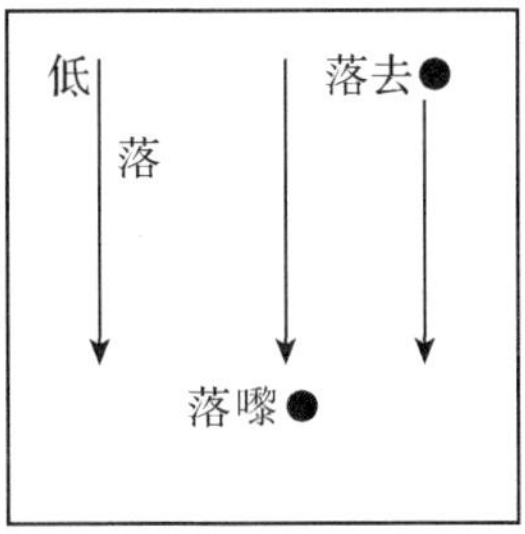

图6-3

① 饶秉才、欧阳觉亚、周无忌编：《广州话方言词典》，香港，商务印书馆，1981，第35页。

　　　　　e. 按它下水塘。

（11）粤 a. 踎低，放低啲。

　　　　　b. 跌低咗。

　　　　　c. 揿低佢。

　　　　　d. ＊行低三级啦。

　　　普 a. 蹲下，放低一点。

　　　　　b. 跌倒了。

　　　　　c. 把它按下去。

　　　　　d. ＊走低三级吧。

（12）粤 a. 揿落去。跌落去。

　　　　　b. 攞落嚟。行落嚟。

　　　普 a. 按下去。跌下去。

　　　　　b. 拿下来。走下来。

　　细辨"粤落、低"的辅助义，虽然都表示由某个空间位置向下运动，但是，语义和功能分布均有微别。例（10）的 a 句和 b 句，"粤落、低"可以互换；但是 c 句和 d 句，"粤落、低"不能替换。"粤落、低"的功能差异表现在后接成分上："粤落"之后可接表示空间的补语，"粤低"后则不能；但是，"粤低"后可接宾语，如例（11）的 c 句。"粤落"在"粤捻佢落水塘"句不作趋向助词，而是连动式动词 V_2。

　　"粤落、低"之间的趋向义用法差异还表现为能否后接"粤嚟、去"，如例（12）所示，"粤落"的结合力比"粤低"大。"粤落"后接"粤嚟、去"时，所表示趋向义的方向性更明确："粤 V 落嚟"表示向下趋近，"V 落去"表示向下趋远。另外，"粤 V 落去"不但表示空间向下趋远的运动，还可以表示时间上的持续进行（continuous doing）。

第五节　泛动向

　　"泛动向"在空间上和时间上都没有明确的方向，但是，在语义上与空间趋向有着某种联系，因趋向的语义较模糊，故称为"泛动向"。例如：

（13）粤 a. 搵咁多银纸嚟做乜嘢？

　　　　　b. 搵银纸去／嚟起屋啰。

　　　　　c. 你话识打波，打嚟睇下。

　　　　　d. 谂出点解未？

　　　　　e. 谂出（嚟）喇。

　　⑮ a. 挣那么多钱来干吗？

　　　　b. 挣钱去/来盖房子呗。

　　　　c. 你说会打球，打来看看。

　　　　d. 想出为什么了没？

　　　　e. 想出（来）了。

（14）⑨ a. 闻起嚟/身好臭。

　　　　b. 佢兴起嚟就同你几多嘢讲嘅。

　　　　c. 热起身佢唔理咁多咯喇。

　　⑯ a. 闻起来好臭。

　　　　b. 他高兴起来就跟你多说点的。

　　　　c. 热起来他就不管那么多的啦。

（15）⑨ a. 谂起就想笑。

　　　　b. 谂落都过得去。

　　　　c. 你老母交带落咁做嘅。

　　　　d. 摸落去/上去好冻/热。

　　　　e. 睇落去/上去有啲似。

　　⑯ a. 想起来就想笑。

　　　　b. 想来还过得去。

　　　　c. 你老妈吩咐这样做的。

　　　　d. 摸上去好冷/热。

　　　　e. 看上去有点像。

　　从以上几例可以看到，广州话含泛动向语义的趋向助词较多，主要有"⑨嚟、起嚟、起身、起、落、落去、到、出"等。其中，例（13）的b句"⑨去"还多少带有趋远向的意味，表示叙说的是远离说话人发生的行为；例（13）的d句和e句"⑨出"，虽然有趋外向意味，但是所出之处并不明确，所以也属于泛动向。不过，例（13）的"⑨嚟"则可以包含或远或近发生的行为的。例（15）的d句和e句"⑨落去、上去"的趋动向未必就是"下去、上去"的方向，所以也是泛动向。例（13）、（14）和（15）的其余几个趋向助词，在例中都表示无明确空间方向而处于行为动作状态，有即时态（instantive）意味。

　　由于这种泛动向有着把空间趋向转为即时态时间向的趋势，含泛动向的动词短语在句子中往往并不充当谓语，而是充当主要动词谓语的状语（如例（14）和例（15）各句）。

　　另外，在"⑨打到死为止。｜笑到肚都渌喇。（⑯打到死为止。｜笑到肚子都痛了。)”这样的句子里，“[粤]到”表示前边动词行为的程度趋向，即趋向于后边补语所描述的程度，而后边所带的补语是可以变化多端的，所以“[粤]到”也属于泛动向的助动词。

第六节 恢复向

余霭芹教授在研究台山淡村方言[1]的著作中指出了该方言有恢复体(resumative)[2]的语言现象，如“[淡]好翻啰，吃翻饭啰。([普]恢复健康了，又吃饭了。)”它从时间上表示恢复以往状态。此处把它纳入趋向动词的范畴来略加讨论，因为“恢复”本身也是一种动态变化，含动词义。

恢复向在广州话里既可以指时间向度的恢复，也可以指空间向度返回原初状态。例如：

(16)[粤] a. 搵翻本书喇，畀翻你。

b. 找翻五文畀佢。

c. 佢嘅样好/难睇翻啲喇。

d. 今次分数又差/高翻喇。

[普] a. 找回那本书了，还给你。

b. 找回他五块钱。

c. 她的样子又好/难看一点了。

d. 这次分数又差/高了。

(17)[粤] a. 返(出/入/上/落/过)嚟先有得讲。

b. 将球踢翻(入/出/上/落)去啦。

[普] a. 返回(出/进/上/下/过)来才有得说。

b. 把球踢回(进/出/上/下)去吧。

其中，如例(16)所示，表恢复向的助词“[粤]翻”，可接形容词之后(如 d 句)，也可接动词之后(如 a 句、b 句和 c 句)，表达恢复/回到原初状态(如 c 句和 d 句)，或返还原拥有者(如例(17)的 a 句和 b 句)。从例(16)的 d 句还可以看到，“[粤]翻”所表达的恢复向并没有优劣的定向，也属于泛动向。这一点在例(17)的 a 句“[粤]返”后加趋向助词时表现更清楚。随着“[粤]返”后接不同指向的趋向助词，构成的动词短语便有了相应明确的恢复方向，其结构通式为“V＋返＋出/入/上/落/过＋嚟(趋近向)”；或“V＋返＋出/

① 甘于恩主编的《粤语与文化研究参考书目》(广东科技出版社，2007)将淡村方言归属四邑片粤语。

② 余霭芹：《台山淡村方言研究》，香港城市大学语言资讯科学研究中心，2005，第 215 页。

入/上/落/过+去（趋远向）"。其中，"出/入/上/落/过"以说话人视点为判断基点，每次选用其中一个趋向助词。

第七节 趋时向

对泛动向的分析已经显示，表示空间趋向的趋向动词由于虚化，出现了从空间泛动向转到即时向度的倾向。从空间向度转而表达时间向度的趋向助动语义，这里概括为"趋时向"。在广州话中，趋时向主要有两个向度：一是表示完成语义的，二是表示延续语义的。

第一，表示完成。表示完成义的趋向动词有"⑧起、到"。例如：

(18)⑧ a. 功课做起咯。

　　 b. 佢揾起好多钱喇。

　　 c. 条题做唔做到[dou₃₅]？做出嚟/到[dou₃₅]喇。

　　 d. 执到[dou₃₅]支笔。

　　 e. 做到[dou₃₃]天黑啦。

　　 f. 执野执到[dou₃₃]瘤。

　　⑧ a. 功课做完了。

　　 b. 她挣了好多钱了。

　　 c. 这道题做不了吗？做出来了。

　　 d. 捡到了一支笔。

　　 e. 做到天黑了。

　　 f. 收拾东西收拾到累。

"⑧起"作为广州话表示完成体的助词已有不少论述。① 这里从泛动向到趋时向的角度说，"⑧起"的语义是已趋抵完成点。"⑧到"表示完成义时有两种读音，所表达的助动义与"⑧起"略有差别。"⑧到[dou₃₅]"被认为是"⑧到[dou₃₃]"和"⑧咗"的合音。② 它的完成义表示可趋抵完成点（如例(18)的 c 句），此义与"⑧起"的已趋完成点有别，如图 6-4 所示；或者表示完成的结果，如例(18)的 e 句和 f 句。"⑧到[dou₃₃]"表示完

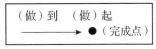

图 6-4

---

① 参阅陶原珂：《广州话完成体助词的表意分布》，香港"第十届国际粤方言学术研讨会"论文，2005 年 12 月；彭小川：《广州话"晒"与普通话相关成分的比较研究》，《学术研究》2004 年第 12 期。

② 饶秉才、欧阳觉亚、周无忌编：《广州话方言词典》，香港，商务印书馆，1981，第 46 页。

成义，只是在它的泛动义程度趋向与时间词搭配时产生的，如例(18)的 e
句和 f 句所示。

第二，表示延续。广州话表延续的趋向动词有"(粤)落去"和"(粤)下"。
例如：

(19)(粤) a. 做落去就会掂咯嘞。

　　　 b. 等落去未必会有好结果。

　　　 c. 做得落去。

　(晋) a. 做下去就会行的了。

　　　 b. 等下去未必会有好结果。

　　　 c. 干得下去。

(20)(粤) a. 行行下唔知行咗去边度。

　　　 b. 睇下睇下，唔知行咗去边度。

　(晋) a. 走着走着不知走到哪儿。

　　　 b. 看着看着，不知走去哪儿了。

这一点与余霭芹研究台山淡村方言"(淡)做落去唔系好啰((晋)干下去不
就好了呗)"①时所指的延续体(continuative)相似。比较例(19)的 a 句和 b
句也可见出，"(粤)落去"的泛动向义与趋时向义有交叉关系。只是，"(粤)落
去"的趋时向语义，不像"(粤)到[dou$_{33}$]"的趋时向语义那样需要与时间词
搭配才显露出来。

"(粤)下"的延续向是伴随态的延续义，不用于句子的主要谓语，而用
作表示主要谓语的伴随行为状语，如例(20)各句所示，它往往出现在特
定的重叠表达式之中。

综合以上分析可见，广州话的趋向范畴以趋近向和趋远向具有最大
的结合力和使用范围，而以趋上向和趋下向的方向性最为明确；由这四
个空间趋向的虚化、泛化，更产生泛动趋向，与时点相关便转而泛化产
生时间向。此外，还有表示"(粤)出/入"的向度。"(粤)入"一般不单用，必须
与其他向度的助词(如后接"(粤)嚟/去")连用，否则必须后接地点补语(如：
(粤)出/入间屋)。"(粤)出"的趋向义除了表示由里向外(如：(粤)行出啲、搬出
间屋)之外，还有泛动向的用法(表示向外显露："(粤)讲出、睇出、做出、
听出、想出、摆出"等②)，而且可以和表示趋近向/趋远向的"(粤)嚟/去"
结合起来，表达更清晰的说话人视点，甚至表达完成义，如例(13)的 d

---

① 余霭芹：《台山淡村方言研究》，香港城市大学语言资讯科学研究中心，2005，第
215 页。

② 白宛如：《广州方言词典》，南京，江苏教育出版社，2003，第 454 页。

句和 e 句所示。可见，实际上表示趋向的"⑨出"宽而"⑨入"窄，这两个向度的使用范围是很不平衡的。

总览构成广州话趋向表意范畴的词语，如表 6-1 所示。

表 6-1

趋向范畴	广州话	普通话
趋近向	嚟、过嚟；出嚟、上嚟、落嚟、入嚟	来、过来；出来、上来、下来、进来
趋远向	走、开、去；开去	走、开、去；出、出去
趋上向	起、起身、起嚟、上、上去、上嚟；高	起、起来、上；高
趋下向	落、低、落去、落嚟	下、入
泛动向	嚟、去、出、起、落、起嚟、起身、上去、落去	来、去、出、起来、上去
恢复向	翻；翻去、翻嚟	回；回去、回来
趋时向	到$_{33}$、落去、下$_{13}$、下$_{35}$	到、着

第七章　三个时体范畴的表意分布

提要：广州话的起始体、进行体和完成体的构成，有的是表示起始、进行或完成义的主体动词，有的是主体动词前表示起始、进行或完成的副词，有的是主体动词后表示起始、进行或完成的助词。通过语音变调表达时体，只是个别现象。广州话表示起始体、进行体或完成体的主体动词，可以分为表达一般时体语义的主体动词和表达某种动态时体的主体动词，这表现出语法功能和语义功能既有分工又有重叠的现象；表示起始体、进行体或完成体的助词和副词，除了含有时体义之外，通常还含有某种词汇语义，呈现出词汇语法化的痕迹。广州话表示起始体、进行体或完成体的副词通常出现在动词前；表示起始体、进行体或完成体的助词则有的附在动词后，有的出现在动词宾语之后，表现出助词搭配方式的差异。广州话的起始体、进行体和完成体的否定形式使用不同的否定词，表现出时体否定方式丰富性的特点。

　　对时体的考察可以有不同的视点。从体范畴的现代研究来看，句子的所谓"体"，是指句子情景内的某种时间持续方式，它通过时间持续方式来表达出种种状态、事件、过程之间的差异。如伯纳德·科姆里在研究体范畴的专著里说道："作为体（aspect）的一般定义，我们可以采用这样的确切表达：'体是审视某个情境的内在时间成分组构。'"[①]D. N. S. 巴特则认为：一方面时态指涉事件的时间位置，与此不同，"另一方面，体则指涉事件的时间结构，即事件在时间上的发生方式（正在进行或已经完成、正在开始、正在继续或正在结束、反复的或一次性的等等）"[②]。在这里，"情境的内在时间成分组构"与"事件在时间上的发生方式"，在表达事件与时间的关系上有不同的侧重方面，前者侧重于情境的时间组构，

---

① Bernard Comrie：*Aspect*，北京，北京大学出版社，2005，第 13 页。原文："As the general definition of aspect，we may take the formulation that 'aspects are different ways of viewing the internal temporal constituency of a situation'."

② D. N. S. Bhat. *The Prominence of Tense，Aspect and Mood*. Amsterdam，John Benjamins B. V. 1999，p. 43.

后者侧重于事件的发生方式。

就汉语方言研究而言，国内学者对时体范畴持有不拘成见的探索视点。胡明扬认为："现在什么是动态范畴，汉语方言有哪些动态范畴，有哪些语法形式和相应的语法意义都还没有定论，因此方言动态范畴的研究在一开始不妨把尺度放宽一些，不要轻易放过一些似乎像又似乎不像动态范畴的现象。好在通过比较研究还可以进一步修正。如果只描写自己认为有定论的现象，就很可能遗漏了非常有价值的材料。"①据此，对汉语方言体范畴的研究和归纳，似乎宜宽不宜窄，也不一定以是否存在体对立作为确定体范畴成立与否的准则，因为，语言规律中还存在着不对称现象。②

为了减少在考察广州话时体表意分布上的疏漏，并使研究更具有层次性，这里以动词为轴心来进行考察，分析广州话时体表意分布在主要动词、动词前和动词后的情况。我们可以看到，广州话的起始体、进行体和完成体的构成，有的是表示起始、进行或完成义的主体动词，有的是在主体动词前表示起始、进行或完成的副词，有的则是在主体动词后表示起始、进行或完成的助词。通过语音变调表达时体的现象，由于较受局限③，而且已经在相关体的专章论析，本章拟不探讨。

第一节　动词自身的时体表达

关于广州话时体的表达，以往的研究大多关注助词的语义表达功能，对时体的描述不够完整。其实，动词自身表达时体语义，这种现象在广州话三个时体的语义表达上的分布是很不一样的。广州话表达起始语义的动词比较多，除了表达一般起始义的"⑧开手、起首、开始"等之外，还有"⑧开口、开声、开局、开身（⑧动身）、开市（⑧开始营业）、开档（⑧摆开摊档）、开张、开片（⑧开始打架）、开台（⑧摆桌子吃饭）、开位（⑧茶馆开茶位）"等表达具体行为动作或事件的起始义动词，原因是语素"⑧开"在广州话既可以充当表示起始体的辅助词，也可以充当构词成分，两职都含有开始义。例如：

（1）⑧讲话要有礼貌，咪开口/开声就得失人先得咯。

① 胡明扬：《海盐方言的动态范畴》，见胡明扬主编：《汉语方言体貌论文集》，南京，江苏教育出版社，1996，第1页。
② 沈家煊：《不对称和标记论》，南昌，江西教育出版社，1999。
③ 陶原珂：《广州话完成体助词的表意分布》，第九届国际粤方言研讨会论文，澳门大学，2003。

㊝说话要有礼貌，别一张嘴就得罪人才是。

(2)㊁守门员唔在意，一开局就输咗两粒。

　　㊝守门员不在意，一开始就输了两个球。

　　两例都是用词语（而不是句法）来表达起始义的。然而，广州话里表达进行体语义的动词却比较少。动词"㊁进行"却并不一定表示正在进行之义，例如：

(3)㊁㊝进行（打）比赛，就要先报名。

(4)㊁ a. 进行/打紧比赛，唔好骚扰佢哋。

　　　 b. 比紧赛，唔好骚扰佢哋。→比赛紧，唔好骚扰佢哋。

　 ㊝ a. 比赛正在进行，别打扰他们。

　　　 b. 比着赛呢，别打扰他们。→在比赛呢，别打扰他们。

　　其中，例(3)的"进行"在普通话和广州话中都不表示正在进行；例(4)广州话的 a 句"㊁进行"表示正在进行是因为有助词"㊁紧"的辅助，b 句反映出"㊁紧"表示进行义时的位置可以嵌入动词，也可以置于动词后。

　　此外，一些含有"㊁在－"语素的动词，本身就带有正在进行的语义，如"㊁在生、在世"等，与普通话"㊝在编、在岗、在场、在读、在即、在建、在聘、在逃、在望、在位、在押、在业、在学"等相比，广州话的方言词本身表示进行义的上述这些动词①要少得多。其原因可能与普通话里的"㊝在"语素本身既可以充当表示进行体的副词，又是构词语素有关；而广州话里表示进行体的副词"㊁喺度"并不是构词语素，其他表示进行体的助词"㊁紧、住"等，又并不以"进行"义参与构词。

　　同理，广州话里表示完成义的动词，除了也使用普通话的"㊝完"或"㊝完成"来表达完成义之外，只有"㊁了[liu₁₃]"（如"㊁你件事几时了？㊝你那件事什么时候了结？"）和极少数以"㊁完"为构词语素的词（如"㊁玩完"等）能够表示完成义。而且，广州话里表示完成义的辅助词"㊁咗、起、埋、晒"等，也都恰好不以完成义来充当构词语素。

　　如此看来，在广州话里表示起始体、进行体或完成体的主体动词是否大量存在，与相应的时体副词或相应的时体助词能否充当构词语素相关联。而在广州话起始动词中，可以区分出表达一般时体语义的动词和表达某种动态时体的动词，这其中表现出语法功能和语义功能既有分工又有重叠的现象。表示起始体、进行体或完成体的部分助词和副词，除

----

　① 它们是普通话与广州话共享的"广州音普通话词"，并非广州话特有方言词。

了含有时体义之外，有的还以时体词汇义充当构词语素，构成具有某种时体义的动词，这其中体现着词汇语法化的痕迹。

第二节　动词前的时体表达

广州话表示时体的副词数量不多，通常出现在动词前。如第二章所讨论表示起始义的"⑧喺、喺喺"，第四章所讨论表示进行义的"⑧喺度"等。而表示完成义的副词则阙如。

不过，广州话的时体否定形式使用不同的否定副词，表现出广州话时体否定方式具有丰富性的特点，而且，否定词与肯定形式并不一一对应于每一种时体。例如，"⑧冇"以陈述事实来否定进行体：

(5)⑧ a. 佢而家冇喺度玩，而系喺度睇书。

　　b. 佢而家唔系喺度玩，而系喺度睇书。

⑧ a. 他现在没在玩，而是在看书。

　　b. 他现在不是在玩，而是在看书。

例(5)的 a 句和 b 句的语义相当。但是，广州话用"⑧冇"否定起始体，只是表达起始的事实并不存在，不表达时间态的未起始。如果是未起始，则等于起始未成为事实，因此，与未完成所用的否定词"⑧未"或"⑧未曾"是一样的。例如：

(6)⑧冇开桌，冇开始(事实不存在)。

⑧没有开饭，没有开始。

(7)⑧未开台，未开始(未起始)。

⑧未开饭，未开始。

另外，广州话的禁止否定之词"⑧毋、咪/咪自"，以禁止的语气否定起始体、进行体和完成体，分别表示禁止起始、禁止进行和禁止完成。例如：

(8)⑧咪开台，咪开始。＝唔好开台，唔好开始。

⑧别开饭，别开始。＝不要开饭，不要开始。

(9)⑧ a. 咪喺度傻笑喇，咪笑住。＝唔好喺度傻笑喇，唔好笑住。

　　b. ＊咪笑紧。＊唔好笑紧。

⑧ a. 别在这儿傻笑了，先别笑。＝不要在这儿傻笑了，先不要笑。

　　b. ＊别笑着。＊不要笑着。

(10)⑧ a. 咪做完住/先。

　　b. 咪饮晒。

㊦ a. 先别做完。

　　b. 别都喝了。

　　广州话的例(8)是禁止开始。例(9)是禁止进行，但是禁止之词"㊧咪、唔好"只能与表示进行时的副词"㊧喺度"或助词"㊧住"相搭配，而不能与进行体助词"㊧紧"相搭配。例(10)是以禁止否定词与完成体助词搭配而构成的否定完成式。

　　表示完成否定义的否定词"㊧未、未曾"除了可以否定起始体之外，还可以直接与动词结合，构成否定完成式。例如：

　　(11)㊧ a. 未笑先弯腰。

　　　　 b. 佢重未曾来。

　　　　 c. 笑咗先弯腰。

　　　　 d. 佢来咗喇。

　　 ㊦ a. 还没笑，(就)先弯腰。

　　　　 b. 他还没来。

　　　　 c. 笑了才弯腰。

　　　　 d. 他已经来了。

　　从例(11)可以看到，完成否定词"㊧未、未曾"构成否定式时，无需完成体助词的配合，它们本身叠合着"否定＋完成"两层语义。

　　广州话表示肯定义的时体副词与表示否定义的时体副词在数量上的反差，构成了广州话时体副词存量的一个鲜明特点。

第三节　动词后的时体表达

　　广州话的时体范畴主要靠动词后的助词构成。把助词的词汇语义与动词宾语的位置联系起来看，表示起始体、进行体或完成体的助词各具独特性，有的附在动词后，有的出现在动词宾语之后，表现出助词搭配方式的差异，而且这些时体辅助词除了表达时体语法义之外，还含有相应的独特词汇义。

　　广州话起始体助词主要有"㊧起－"和"㊧开－"两组。广州话起始体助词的基本构成语素"㊧起－、开－"与普通话的"㊦起来"及广州话周围方言如连平话的"㊣起嚟、开"[①]相当。不过，广州话的起始体助词有其

---

① 傅雨贤：《连平话谓词的体貌研究》，见傅雨贤：《语法·方言探微》论文集，广州，广东高等教育出版社，2006。

丰富得多的具体形式，包括"⑨开、开头[tou₂₁/₃₅]、起、起嚟、起身、起身嚟、起上嚟、起首(来)"等。其中，"⑨开、起"之后可以加宾语。"⑨开头、起身、起身嚟、起首(嚟)"等，是"⑨开－、起－"语素的"动＋宾"复合构词式，通常不再带宾语。"⑨起嚟、起上嚟"等，则是"起＋嚟"或"起＋上嚟"，即"V＋趋向"的构词式，如果有宾语，则要加嵌在中间。

广州话的进行体助词以"⑨紧、住"最为典型，它们的词义略有区别。在句子中，作为主要动词的辅助词，它们的基本表意差别是："⑨紧"表示动作在进行中，"⑨住"表示动作持续进行。例如：

(12)⑨　a. 佢跑紧步。

　　　　b. 佢担住把遮。

　　　　c. 食紧/住嘢唔好讲话。

　　⑰　a. 他在跑步。

　　　　b. 她打着一把雨伞。

　　　　c. 吃着东西不要说话。

其中，前两例在表示动作进行和动作持续这两个基本义上"⑨紧"和"⑨住"不能够互换。但是，在例(12)的 c 句的紧缩从句中使用助词"⑨紧/住"，表示主句动作的伴随进行态，这两个助词互换并不引起句子产生明显的语义变化。

广州话的完成体助词最典型的是"⑨咗"，研究比较多，这里不重复。需要说明的是"⑨开、起"。它们都可以用于表达起始义，但是它们还有别的时体助词义："⑨开"还可以含有因起始而延续的进行体义，"⑨起"还可以含有起始即完成的意思。例如：

(13)⑨　a. 我用开嘅嗰把刀去咗边度？

　　　　b. 佢拍起拖喇，你拍起拖冇吖？

　　⑰　a. 我向来用的那把刀去哪儿了？

　　　　b. 他开始拍拖了，你拍拖了没？

其中，广州话例(13)的 a 句表达的是"⑨用开"(已经用过)便有了延续使用的权利；例(13)的 b 句表达的则是，拍拖的起始过程已经起始，或者说，这个起始过程已经完成。

另一个要点是，从辅助词构词层面来看，"⑨开、起"的本义来源于空间的位移，在形成辅助词的过程中，发生时空转换，从空间义变成了时体义。

综合以上分析，从主体动词和从句的时体表达情况来看，时体范畴义既存在于构词义之中，也存在于子句关系之中。以主句的动词为支点来进行考察，伴随态和持续态也都可以纳入进行体里来，而且，辅助词在从句中的表意情况与主句中的表意情况之间还存在一些差异。

从表意的清晰程度来看，语音层面变化的表意最不清晰，构词层面的语法义最为稳定而古老，词汇在搭配中显示的语法义最为清晰，助词由于附带有独特的词汇义而在语用中可以相应地产生具有特色的修辞选择效用。

总览构成广州话起始、进行、完成三个时体范畴所用相关词语，列示为表 7-1，以便检视。

表 7-1

时体范畴	广州话	普通话
起始体	开、开手、起首、开始、开口、开声、开局、开身、开市、开档、开张、开片、开台(布置饭桌)、开位、开场	开始、开口、张嘴、开局、动身、开市、开张、开演、开台(戏曲开演)
进行体	紧、住、喺度；在生、在世	在、正、正在；在编、在岗、在场、在读、在即、在建、在聘、在逃、在望、在位、在押、在业、在学
完成体	咗、起、埋、晒；完、完成、了、玩完	了

第八章　其他体表意范畴

提要： 相对于本著专章论述的起始体、进行体、完成体和趋向范畴而言，其他体还有"持续体、实现体、经历体、近经历体、回复体、始续体、继续体、将行体、短时体、结果体、即时体"等，也已经有学者关注，但是研究的深入程度不一，更远未能定论。这里主要说解"尝试体、短时体、继续体、经历体、回复体、结果体、即时体"，而将"短时完成体"附于"短时体"后阐释，"近经历体"附于经历体后探讨，"始续体"附于"继续体"后解析，建议搁置"实现体、将行体、起动体、加强体"等与前述诸体形式不相类的四种体范畴。

关于体貌范畴，王力在《中国现代语法》中说："人们对于事情和时间的关系，第一，着重在事情是何时发生的，不甚问其所经过时间的远近，或长短；第二，着重在事情所经过时间的长短，及是否开始或完成，不甚追究其在何时发生。"①张洪年称"前者叫做时制（tense），后者叫作体貌（aspect）"②。关于前者，本著归入时间表意范畴一章论述；关于后者，王力称作"情貌"，或简称"貌"，分为"普通貌、进行貌、完成貌、近过去貌、开始貌、继续貌、短时貌"七种。张洪年的《香港粤语语法的研究》则简称"体貌"为"体"，认为粤语的体貌也有七个，即"普通体、完成体、经历体、进行体、持续体、存续体、开始体"，其中"普通体、进行体（用助动词'紧'）、完成体（用助动词'咗'）、开始体（用助动词'起/上、持续体（用助动词'起/上嚟'）"与王力所说普通话的"普通貌（无助动词）、进行貌（以'着'为助动词）、完成貌（以'了'为助动词）、开始貌（以'起来'为助动词）、继续貌（以'下去'为助动词）"相一致，而张著所说的其他两个香港粤语的体"经历体（以'过'为助动词）、存续体（以'住'为助动词）"，则与王力所说的另外两个普通话体貌"近过去貌（以'来着'为助动词）、短时貌（以重叠式表达）"的称名差别较大。

而按近年学者的梳理，汉语的体貌研究有更宽泛的面向。"纵观对

①　王力：《中国现代语法》，北京，商务印书馆，2011，第151页。
②　张洪年：《香港粤语语法的研究》（增订版），香港，香港中文大学出版社，2007，第150页。

'体'的历时研究，我们发现，虽然各家对'体'作为语法范畴没有异议，但他们对'体'的划分却存在较大的差别，几乎一家一个样。如王力（1943）分为七种（普通貌、进行貌、完成貌、近过去貌、开始貌、继续貌、短时貌），高名凯（1948）分为六种（进行体或绵延体、完成体或完全体、结果体、起动体、叠动体、加强体），吕叔湘（1942）分为十二种（方事相、既事相、起事相、继事相、先事相、后事相、一事相、多事相、短时相、尝试相、屡发相、反复相）；还有些学者将'体'看作一个分层级的系统，如戴耀晶（1997）把'体'分为两大类（完整体、非完整体）六小类（现实体、经历体、短时体、持续体、起始体、继续体），陈前瑞（2002）把汉语的体貌分为四个层级（核心视点体、边缘视点体、阶段体和情状体）。"①如此看来，对于汉语体貌范畴的涵盖范围、分类和体貌的形式标志等，学界的认识还很不统一，有待于进一步探讨。

本著前面已分设专章探讨了广州话的起始体、进行体、完成体和趋向范畴。按刘叔新的观点，"趋向范畴"也属于体范畴，因为"'体'范畴能凭借动词后的'了、着、过、起来、下去'等建立起来，已没有人不承认；那么同类型的单位来₂、去₂、过来₂、过去₂、住₂等可以形成趋向范畴，正是谐和的现象，不应加以怀疑"②。本著置"趋向表意范畴"一章于几个"体"范畴和其他范畴之间，便有把它纳于体范畴的意思，却不称"趋向体表意范畴"而称"趋向表意范畴"，这是袭用了"趋向范畴"的通称。

本章讨论的其他体，则包括"尝试体、短时体③、短时完成体、继续体、持续体、经历体、近经历体、结果体、加强体、即时体"等，亦逐一描述这些体的用法，与本书探讨广州话表意范畴的旨趣相一致，以便于读者了解广州话其他体范畴表意分布的情况。

近年暨南大学汉语方言研究中心制定的《粤方言语法调查表》也列有丰富的体貌样式，包括"起始体、进行体、持续体、完成体、实现体、经历体、近经历体、回复体、始续体、继续体、将行体、短暂体（即短时体）"④等。本著这里主要说解"尝试体、短时体、继续体、经历体、回复体、结果体、即时体"，而将其中的"短时完成体"附于"短时体"后阐释，"近经历体"

---

① 郑路：《汉语时间范畴研究综述》，《兰州学刊》2008年第2期。

② 刘叔新：《试论趋向范畴》，见刘叔新：《语法学探微》，天津，南开大学出版社，1996，第117页。

③ "短时体"或"短时完成体"的称名，后者表意似更完整，但是前者较简洁，与其他体的术语长度相当，故用"短时体"。

④ 暨南大学汉语方言研究中心：《粤方言语法调查表》（简明编码本），2010，第6～7页。

附于经历体后探讨，“始续体”附于“继续体”后解析；至于“实现体、将行体、起动体、加强体”等，由于形式有待确定，则置于章末说明。

第一节　尝试体

尝试体，又称“试行体、尝试态”，指用动词表示尝试性的动态行为。在广州话里，尝试体有几种构成方式。一是以动词“[粤]试”构成的。例如：

(1)[粤] a. 一试就知道喇。

b. 试试啲水有几深先。

c. 不如试下佢有冇准备啦。

d. 试过未知啰。

e. 试度下身至得。

[普] a. 一试就知道了。

b. 先试试这水有多深吧。

c. 要不试一下他有没有准备吧。

d. 试过不就知道了嘛。

e. 试量一下身看看。

例(1)中各句的动词“[粤]试”都体现着该动词的实质性词义，但是语义略有差别。动词“[粤]试”在 a 句、c 句和 d 句的语义是“试探”；在 b 句和 e 句的语义是“尝试”，它们体现着其他动词在构成尝试体时的“尝试”义或“试行”义。如果把“试”换成别的动词(如“[粤]攞起[普]拿起)，则 a 句、c 句、d 句和 e 句都没有尝试义或试行义。

二是动词构成尝试体时，除了像例(1)的 e 句那样与动词“[粤]试”连用之外，广州话通常还用动词后加助词“[粤]下、一下”构成，就像例(1)的 c 和 e 句那样。又如：

(2)[粤] a. 你睇(一)下先买喇。

b. 同佢搭(一)下档就知佢系点嘅人嘞。

c. 畀我摸(一)下就知系乜嘢喇。

d. 你有冇谂过请(一)下枪啊？

e. 同佢辩驳(一)下就知其实系佢有理嘅。

f. 度(一)下身先买啦。

[普] a. 你先看一下再买吧。

b. 和他搭档一下就知道他是什么样的人了。

c. 给我摸一下就知道是什么了。

  d. 你有没有想过请人代一下考试呢？

  e. 跟他辩解一下就知道其实是他有理的。

  f. 先量一下身再买吧。

  例(2)的各句反映出，广州话可以在单音节动词后加助词"⁽粤⁾下"或动量词"⁽粤⁾一下"构成尝试体，普通话在单音节动词后则加上动量词"⁽普⁾一下"构成尝试体，如 a 句和 c 句所示。双音节动词构成尝试体则有两种情况，"V＋名"结构的复合动词，广州话通常在中间插入"⁽粤⁾下、一下"构成尝试体，普通话则在中间插入"⁽普⁾一下"构成尝试体，如 b 句的"⁽粤⁾搭档"和 f 句的"⁽粤⁾度身"；而"V＋V"结构的复合动词，广州话在动词后加"⁽粤⁾下"或"⁽粤⁾一下"构成尝试体，普通话则在动词后加"⁽普⁾一下"构成尝试体，如 e 句的"⁽粤⁾辩驳⁽普⁾辩解"。

  三是广州话和普通话都用动词重叠的方式构成尝试体，但是，单音节动词和双音节动词的重叠方式有所不同。例如：

  (3)⁽粤⁾ a. 你咬咬佢↗①，甜嘅啫。

    b. 你叫叫佢↗，睇佢应唔应你。

    c. 你转转行，或者会好啲咧。

    d. 你转转性啦，唔好同老豆嘈喇。

    e. 我同你输输赌吖嗱。

    f. 你够胆驳驳嘴↗，我就炒咗你！

   ⁽普⁾ a. 你咬咬它看，甜的呢。

    b. 你叫叫他，看他答不答应你。

    c. 你转转行(试试)，或许会好些呢。

    d. 你改改脾气吧，别跟爸吵了。

    e. 我跟你赌赌/赌一下吧。

    f. 你敢辩驳一下，我就解雇了你！

  例(3)的 a 句和 b 句都是单音节动词重叠构成尝试体；c 句和 d 句则是重叠双音节动词的第一个音节来构成尝试体，即"⁽粤⁾转行→转转行"，"⁽粤⁾转性→转转性"(对应的普通话是"⁽普⁾改脾气→改改脾气")；e 句和 f 句则反映出广州话有的双音节动词构成尝试体的方式与普通话双音节动词构成尝试体的方式有所不同，即广州话的"⁽粤⁾输赌→输输赌"在普通话是"⁽普⁾赌→赌赌、赌一下"，广州话的"⁽粤⁾驳嘴→驳驳嘴"在普通话是"⁽普⁾辩驳→辩驳一下"。其中，普通话的"⁽普⁾赌赌"和"⁽普⁾赌一下"是单音节动词构

---

  ① 本著用↗表示(小)句末升调，用↘表示降调。

成尝试体的两个基本形式，"㊗辩驳一下"则反映了普通话"V_1+V_2"复合结构的动词构成尝试体的方式。

第二节 短时体

短时体，又称"短时态、短时貌"，是用动词表示短时间里发生的动态行为。短时体有"尝试体"的意味，形式上也与尝试体相似，但是，仔细体察还是可以感觉到两者是有差异的。比如，广州话"㊊冇事嗰阵你可以过去倾倾计嘅。（㊗没事ᵣ的时候你可以过去聊聊天的。）"其中，"㊊倾倾计（㊗聊聊天）"就是重叠复合式动词中的第一个动词语素构成的动词短时体，没有尝试的意思，而是表示短时间聊天。由于重叠前一动词语素，故又称"叠动体"。又如，广州话"㊊试味、试工、试身"等复合词，由于是含有"㊊试─"语素的复合词，本身不必插入尝试体助词"㊊下"或动量词"㊊一下"就已经有"尝试"的意思，如果中间插入"㊊下"或"㊊一下"，则表示短时动态行为。例如：

（4）㊊ a. 试下／一下身就畀翻佢喇，冇着坏嘅。

b. 试下／一下味就冚翻个盖，唔好冻咗煲粥。

c. 试下／一下工唔使几耐嘛。

㊗ a. 试一下身就还给他了，没穿坏的。

b. 试一下味就把盖盖回去，别冷了一锅粥。

c. 试一下工不用多久嘛。

例（4）各句中的动词本身都含有表示尝试义的语素"㊊试"，所以，不加助词"㊊下"或动量词"㊊一下㊗一下"时，已经有尝试体的语义了，现在插入了助词"㊊下"或动量词"㊊一下（㊗一下）"，便加上了短时动态的语义。事实上，另一些复合结构为动补式的复合动词，如"㊊话定、话实、话落、作贱、企定"等，以及例（1）的 d 句表示"已尝试"意的动词"试过"，都是不能够在中间插入"㊊下、一下"来表示短时动态的。"㊊话落、作贱"之后如果加上"㊊下、一下"，则表示假设性的尝试，如"㊊话落下／一下畀屋企人知，就唔使咁踢脚。（㊗交代一下家里人，就不用这么狼狈。）""㊊你敢作贱下／一下自己，我话你老母知。（㊗你敢糟蹋一下自己，我告诉你妈。）"这与例（3）f 句"㊊驳嘴→驳驳嘴㊗辩驳→辩驳一下"的尝试体构成情况相比较可以看到，广州话动补式复合动词后加"㊊下、一下"所构成的语义，与动宾式复合动词重叠动词性语素所构成的尝试体语义相当。可见，广州话助词"㊊下"及动量词"㊊一下"与复合动词结合时，后加式构成尝试体，中间嵌入式则构成短时体。例如：

(5)[粤] a. 佢每次来都想索下/一下油先走嘅。

b. 冲下/一下凉先至食饭啦。

c. 为咗帮补家用，有时佢都会去执下/一下地咖。

[普] a. 他每次来都想占一下便宜才走的。

b. 洗一下澡再吃饭吧。

c. 为了帮补家用，有时他也会去捡捡破烂的。

例(5)各句的广州话复合动词都以中间嵌入“[粤]下、一下”构成短时体，表达短时动态；a句和b句的普通话复合动词也插入“[普]一下”构成短时体，c句没有与“[粤]执地”相应的普通话复合动词，要用重叠单音节动词加宾语的短语形式“[普]捡捡破烂”来对译广州话的短时体形式“[粤]执下/一下地”。不过，其中反映出动词重叠形式也可以用来表达短时动态，这一点在广州话里也适用。例如：

(6)[粤] a. 得闲炒炒更都可以揾翻啲咖。

b. 礼拜日过嚟车车大炮啦。

c. 你掏掏佢，啲度数未落去啰。

[普] a. 有空干干零活也可以挣回一些的。

b. 星期天过来吹吹牛吧。

c. 你甩甩它，度数不就下去啦。

例(6)的a句和b句都是以重叠复合动词的第一个语素构成短时体，“[粤]车车大炮([普]吹吹牛)”也可以说成“[粤]车下/一下大炮[普]吹一下牛”，可见这两种构成短时体的方式具有同等作用。c句则用单音节动词重叠来构成短时体，表达短时动态。比较例(6)和例(3)可以看到，短时体的这两种构成方式与例(3)尝试体的构成方式相同，所表达语义的差异需要由语境来决定和判断。这正是尝试体与短时体交叉难辨的地方。

短时体与完成体如果搭配在一起使用，则构成短时完成体，表达行为动态在短暂持续后完成。广州话的短时完成体通常由动词与完成体标记“[粤]咗”加上“[粤]下、一下”构成。例如：

(7)[粤] a. 讲咗下/一下笑嘛，唔好当真就得嘞。

b. 用手响佢脉度摸(一)摸，就知道佢有病喇。

→用手响佢脉度摸咗(一)摸，就知道佢有病喇。

c. 用手响佢脉度摸咗下/一下，就知道佢有病喇。

d. 弹(一)弹件衫，啲尘未冇咗啰。

→弹咗(一)弹件衫，啲尘未冇咗啰。

[普] a. 说一下笑耍了，别当真就行了。

b. 用手向他脉上摸了(一)摸，就知道他有病了。

c. 用手在他脉上摸了一下，就知道他有病了。

d. 弹(一)弹衣服，尘土不就没了么。

例(7)广州话各句都是在短时体中加入了完成体助词而表达短时完成的动态，其中，a 句是在复合动词中插入完成体助词“[粤]咗([普]了)”和短时体助词“[粤]下/一下([普]一下)”；b 句和 d 句则是在单音节动词的短时体重叠形式(“摸摸”或“摸一摸”、“弹弹”或“弹一弹”)中嵌入了完成体助词“[粤]咗([普]了)”。

从短时完成体由短时体和完成体叠用的构成方式之中，我们可以更清楚地看到广州话短时体的构成形式，除了简单重叠、加助词“[粤]下”或动量词“[粤]一下”之外，还可以在单音节动词的重叠中嵌入“[粤]一”，这是除了“[粤]试”及其复合词之外的动词构成尝试体时所不适用的。

第三节　继续体

继续体又称“继续态”，用动词与辅助词配合来表示行为动态延续下去的状态。

广州话的继续体通常是由动词后加趋向动词“[粤]落去”构成，普通话则相应地用趋向动词“[普]下去”接在动词后构成。例如：

(8)[粤] a. 叫你收手咖啦，你重扰落去喎。

b. 睇嚟呢场雨重要落落去几个钟咖。

c. 唔理有冇人听，你都唔停噉讲落去。

d. 佢一谂起个老母就讲唔落去喇。

e. 叫你咪/唔好唱落去啰喎。

f. [淡]做落去 mai_{32}(＝唔系)好啰。[1]

[普] a. 叫你收手的了，你还投下去嘛。

b. 看来这场雨还要接着下几个小时的。

c. 不管有没有人听，你都不停地讲下去。

d. 他一想起他的老母亲就讲不下去了。

e. 叫你别唱下去了呀。

---

① 余霭芹：《台山淡村方言研究》，香港城市大学语言资讯科学研究中心，2005，第215页。

f. 干下去不就好了呗。

例(8)广州话的 a 句、b 句和 c 句分别表述过去、现在和将来时段进行的继续体语义，可见继续体可以用于不同时段。d 句则是继续体一般否定形式，结构是“[粤] V＋唔＋落去”，普通话的结构是“[普] V＋不＋下去”。e 句则为表示禁止的继续体否定形式，它的广州话结构是“[粤]咪/唔好＋V＋落去”，普通话的结构是“[普]别＋V＋下去”。例(8)的 f 句反映出台山淡村方言也在动词后用“[淡]落去”构成继续体。

继续体的继续动态语义，除了以趋向动词后接动词的方式构成之外，在广州话和普通话里还都可以通过动词“继续”或“接续”与另一个动词连用来表达。例如：

(9)[粤] a. 佢哋重想继续/接续讲。

b. 叫紧你，你重继续/接续走嘅。

c. 呢场台风睇嚟要继续/接续打两个钟咧。

d. 喇叭唔响你都继续/接续讲喇。

e. 冇电唔(会)继续/接续演咖啦。

f. 你咪继续/接续唱喇。

g. 唔好继续/接续喊咖啦。

[普] a. 他们还想继续/接续说。

b. 喊着你，你还继续/接续跑的。

c. 这场台风看来要继续/接续刮两小时呢。

d. 喇叭不响你就继续/接续讲吧。

e. 没电不(会)继续/接续演了。

f. 你别继续/接续唱了。

g. 不要继续/接续哭了。

例(9)各句的继续动态与例(8)各句所表达的继续动态相仿，但是，例(9)各句的继续体形式以“继续/接续”和另一个动词连用构成，广州话和普通话的模式都是“继续/接续＋V”。其中 e 句、f 句和 g 句反映出，连动式继续体的否定形式是否定表示继续义的动词。“继续/接续”除了充当后边动词的状语表继续体义之外，还能独用表示继续义，如：“[粤]佢走佢嘅，我哋继续([普]他走他的，我们继续)”。

与继续体所表达“继续/接续”语义较为接近的体貌是“持续体”，但是，持续体通常表达的是过去持续的动态，这种持续动态本身是可以断断续续的。例如：

(10)[粤] a. 边个做开嘅，未边个跟翻手尾啰。

　　b. 我哋去开嗰间餐厅唔错呀！

　　c. 佢（一向）着开件红色衫。

　　d. 一直系佢教开啲细路嘅。

　　e. 明年佢哋学开乜嘢就继续学（翻）乜嘢啦。

　　⑲ a. 谁一直做的，就谁跟完尾巴活。

　　b. 我们常去的那家餐厅不错呀！

　　c. 他一向穿那件红色衣服。

　　d. 一直是他教那些小孩的。

　　e. 明年他们原来学什么就继续学什么吧。

　　例（10）广州话各句所说的动态情况都是指在以往某段时间中持续的动态，虽然 e 句说的是"明年"如何，但是也指的是从明年看的"以往"所学。这种持续性是可以间歇的，如 b 句和 c 句所说的"⑲去开嗰间餐厅"和"⑲着开件红色衫"，并不意味着以往只去这家餐厅和不换别的衣服。持续体表示的实际上是"以往开始而作为常态看待要继续下去的动态倾向或意愿"。比较例（10）的广州话持续体构成方式和它们的普通话对译形式，可以看到，广州话持续体的构成形式有助动词"⑲开"作为体标记，而普通话则要用"⑲一直、常、一向、原来"等不同的副词来间接表达以往的动态情况，实则是没有持续体助词标记的。

第四节　经历体

　　经历体又称"经验体"或"经验态"，表示行为动态发生过或者经历过。笼统说来是有过某种经历，但是细分起来，做过某事与有过什么的经历，却有不一样的表达形式。

　　广州话和普通话都用助动词"过"接于动词后表示经历体。例如表示做过什么：

　　（11）⑲ a. 你饮过茶未呀？→你饮过茶吗？

　　b. 你有冇饮过/到[dou$_{33}$]茶吖？

　　c. 我未饮过茶。

　　d. 我（有）饮过/到茶。

　　e. 我冇饮过/到茶。

　　f. 我今日饮过茶喇。

　　g. 我今日未饮过茶。

　　h. 我今日冇饮过/到茶，饮过汽水。

⊗ a. 你喝过茶没有？

b. 你有没有喝过茶？

c. 我没喝过茶。

d. 我（有）喝过茶。

e. 我没有喝过茶。

f. 我今天喝过茶了。

g. 我今天没喝过茶。

h. 我今天没有喝过茶，喝过汽水。

例（11）广州话各句反映出，由助动词"⊗过"接于动词后而构成的经历体含有两种不同的动态语义，一种是拟发生过，另一种是发生过，这从问句和否定句可以看出来。如 a 句问的是拟发生过（即理应发生）的情况，c 句和 g 句否定的是拟发生过（即理应发生）的情况；而 b 句问的是有没有发生过的情况，e 句和 h 句否定曾经发生的情况。d 句的肯定形式"⊗我饮过茶"则既可以表达拟发生过的情况，也可以表达曾经发生的情况；"⊗我有饮过/到茶"则含有强调曾经发生过的意味。其中，"⊗到[dou₃₃]"要与"⊗有"或"⊗冇"搭配使用，才构成经历体（肯定或否定式），如 b 句、d 句、e 句和 h 句所示。含有时间词的 f 句、g 句和 h 句表明，经历体表达的是到话语时间为止的过去某时段的经历。

经历体所表达的曾经发生的动态行为，并不涉及现在的情况如何。"⊗佢来过呢度（⊗他来过这里）"，并不意味着"⊗佢（⊗他）"现在仍在这里或不在这里。无论"⊗佢（⊗他）"现在在什么地方，只要"⊗佢（⊗他）"来过这里，这句话就表达了事实。

"有过什么"的经历体还有别的表达形式，表明"⊗有"动词与其他动词在构成经历体时有着不同的构成。例如：

（12）⊗ a. 我有过一部电单车。

b. 我冇过一个荷包。

c. 我未曾有过电单车。

d. 我从嚟都冇过一部电单车。

e. ⊗佢以前当过兵。

f. ⊗去等过台城 mieŋ（未曾）啊？

译 Have (you) ever been to the city of Taishan?[①]

---

① 余霭芹：《台山淡村方言研究》，香港城市大学语言资讯科学研究中心，2005，第214页。

㊉ a. 我有过一部电动自行车。

　　b. 我没(有)过一个钱包。

　　c. 我未曾有过电动自行车。

　　d. 我从来都没有过一部电动自行车。

　　e. 他以前当过兵。

　　f. (你)去过台城没有啊?

　　从例(12)广州话的 a 句、b 句、c 句和 d 句可以看到,虽然动词"有"的否定形式是"㊀冇(㊉没有)",但是,它的经历体"㊀有过"的否定形式不是"㊀冇过(㊉没过)";因为"㊀冇过(㊉没过)"的意思是"丢失过"。广州话"㊀有过"的否定形式应是"㊀未曾有过"或"㊀从嚟(都)冇过",相应的普通话否定形式是"㊉未曾有过"或"㊉从来没有过"。例(12)的 e 句和 f 句,反映出台山淡村方言的助词"㊁过"构成经历体与广州话的构成相同。

　　与经历体密切相关的体貌是"近经历体",它表示最近发生的行为动态。广州话的近经历体通常由动词后或者动词宾语之后加上助词"㊀嚟"来表示,普通话则是在动词后或者动词宾语后加上助词"来着"来表示。例如:

(13)㊀ a. 我头先冇去打波嚟。

　　　 b. 我头先去游水嚟。

　　　 c. 你个头梗系扰亲嚟。

　　　 d. 啲菜洗过嚟。

　　　 e. 啲番茄未洗过嚟。

　　　 f. 你条裤咁揦鲊,实系啱先仆过嚟。

　㊉ a. 我刚才没去打球来着。

　　 b. 我刚才去游泳来着。

　　 c. 你的头肯定是碰伤来着。

　　 d. 那些菜洗过来着。

　　 e. 那些番茄还没洗过来着。

　　 f. 你的裤子那么脏,肯定是刚才摔跤来着。

　　例(13)广州话的各句反映出,近经历体助词"㊀嚟(㊉来着)"可以单独用在句末表达近经历体语义,如 a 句、b 句和 c 句;也可以与构成经历体的趋向动词"㊀过"连用,如 e 句和 f 句。在近经历体助词"㊀嚟(㊉来着)"与经历体标记"㊀过"连用时,如果前边是复合动词,则"㊀过"会有不同位置。如 b 句也可以说成"㊀我头先游过水嚟",意思不变;如果说成"㊀我头先游水过嚟(㊉我刚才游泳过来)",则意思全变了。但是,"㊀

佢先头匿埋过嚟（普他刚才藏匿过来着）"不能说成"＊粤佢先头匿过埋嚟（普他刚才藏过匿来着）"；"粤佢个头偷薄过嚟（普他的头发削薄过来着）"不能说成"＊粤佢个头偷过薄嚟（普他的头发削过薄来着）"。即，动补结构的复合动词构成近经历体和经历体连用时，"过"必须置于动词后，而不是嵌于复合词中；其他结构的复合动词构成近经历体和经历体连用时，"过"嵌入复合动词中。这一点，广州话和普通话是一致的。

第五节　回复体

回复体又称"回复态"，表示行为动作的动态回复或转移到某种状态，按张洪年的说法，即"动作或情态回复本有的，或应有的状态"[1]。广州话通常用助词"粤翻"接于动词后构成回复体，普通话没有与"粤翻"对应的助词。

广州话助词"粤翻"的语义来源，一般认为是"粤返"[2]，但是，有的论者不作区分[3]，有的则写作"番"[4]。本著从《广东粤方言概要》的做法，以"粤返"标记"回复"义的动词，以"粤翻"标记回复体助词的用法。作为回复体助词的"粤翻"，詹伯慧早年指出过其语义的复杂性[5]，本著把"粤翻"分开三种表义用法，分别记为"粤翻$_1$、翻$_2$、翻$_3$"。

"粤翻$_1$"的用法表示回复某种动态。例如：

(14)粤 a. 佢（嘅病）好翻$_1$喇，食翻$_1$饭喇。

　　　 b. 佢闹你，你未话翻$_1$佢两句啰。

　　　 c. 你重未睇翻$_1$你嘅书呀。

　　　 d. 你重唔（快啲）闩翻$_1$度门。

　　　 e. 我着翻（多啲/几件）衫/救生衣先。

　　普 a. 他（的病）好了，已经（恢复）吃饭了。

　　　 b. 他骂你，你不就回他两句呗。

　　　 c. 你还没重新看你的书啊。

　　　 d. 你还不快点把那扇门关回去。

　　　 e. 我先（多）穿上/回（点/几件）衣服/救生衣吧。

---

①　张洪年：《香港粤语语法的研究》（增订版），香港，香港中文大学出版社，2007，第131页。

②　詹伯慧主编：《广东粤方言概要》，广州，暨南大学出版社，2002，第74页。

③　彭小川：《广州话助词研究》，广州，暨南大学出版社，2010，第101页。

④　饶秉才等：《广州话词典》，广州，广东人民出版社，1997，第307页。

⑤　詹伯慧：《粤方言中的虚词"亲、住、翻、埋、添"》，《中国语文》1958年第3期。

例(14)广州话的 a 句的"^粤翻$_1$"表示谓词的动态是复原性变化；b 句的"^粤翻$_1$"表示的谓词返回性动态可带宾语；c 句和 d 句的"^粤翻$_1$"所结合的谓词有两种否定形式，都是否定词在动词前的。例(14)以上几句表示回复或恢复某种状态的意思都比较明确。但是，e 句的情况则比较复杂，嵌套着好几层结构和语义，展开来则有：

(14)^粤 a. 着翻$_1$件衫先。

　　　　 b. 我(都)着翻$_1$件救生衣先。

　　　　 c. 我着翻$_1$多啲衫先。

　　　　 d. 我着翻$_1$几件衫先。

　　　　 e. 我着翻$_2$多几件衫先。

　　　　 f. 我着翻$_2$多几件救生衣先。

　　 ^晋 a. 先把衣服穿上。

　　　　 b. 我(也)先穿上救生衣吧。

　　　　 c. 我先多穿点衣服。

　　　　 d. 我先穿回几件衣服。

　　　　 e. 我先多穿上几件衣服。

　　　　 f. 我先多穿上几件救生衣。

我们从常见的情形来设想、比较例(14)广州话的 a～f 各句语境及其表达的语义。a 句说的是"(此前脱了衣服，)现在要穿上(衣服)"，"^粤着翻$_1$"表达的是"恢复"义；b 句说的是"(别人穿了救生衣，)我也(应该)要穿上救生衣"，"^粤着翻$_2$"表达的是"理应如此做"。c 句和 d 句只是分别表述"(想按原先的情形)多穿点衣服"和"(想按原先的情形)穿几件衣服"，"^粤着翻$_1$"表达的是"按原先的情形做"。e 句表述"(原来穿得不够，有意愿)想多穿几件衣服"，"^粤着翻$_2$"表达的是"按意愿做"；f 句表述"(按理多穿救生衣保险些，)想要多穿救生衣"，"^粤着翻$_2$"表达的也是"按意愿做"。其中，a 句、c 句和 d 句的"^粤着翻$_1$"都是"穿着恢复原先状态"的意思，b 句、e 句和 f 句的"^粤着翻$_2$"则都是"想按某种意愿穿着"的意思。"^粤翻$_2$"所表示"达到某种意愿状态"的意思，也即《广东粤方言概要》所说"想重复或体验相似的行为或状态"[1]，或如《广州话助词研究》所说的"表述意念上回复本有的"或"表示意念上回复应有的"[2]。又如：

①　詹伯慧主编：《广东粤方言概要》，广州，暨南大学出版社，2002，第 74 页。

②　彭小川：《广州话助词研究》，广州，暨南大学出版社，2010，第 98 页。

(15)粵 a. 叹翻₂下冷气先。

　　　b. 睇翻₂场戏先得。

　　　c. 去翻₂次西藏。

　　　d. 佢几时出翻₂本书呀？

　　　e. 啲旧书卖翻₂几文（都好）咖。

　　　f. 噉先似翻₂啲样。

　　　g. 噉做悭翻₂唔少钱啵。

　普 a. 享受一下空调吧。

　　　b.（我）想看场电影。

　　　c. 想去一次西藏。

　　　d. 他什么时候出一本书啊？

　　　e. 这些旧书卖回几块钱（也好）嘛。

　　　f. 这样才像个样。

　　　g. 这样做可以省下不少钱哪。

比较例（15）广州话各句可以看到，前三句的"粵V＋翻₂"都是表达行为的意愿要达至某种情景；d句和e句的"粵V＋翻₂"则伴随着理应如此的价值判断；f句和g句的"粵V＋翻₂"本身被融入价值判断的意念中，如果这两句省略"粵翻"，语义不变。以往较多讨论的例句"粵呢条裤长翻一寸就啱喇。（普这条裤子加长一寸就合适了。）"中的"粵翻₂"，正是表示意愿中"性状应有的"①的意思。

此外，"粵翻"还有语义更为虚化的用法，这里标为"翻₃"以示区别。例如：

（16）粵 a. 高行健嘅《灵山》系颠覆翻传统小说嘅定义②（嘅）。

　　　b. 佢有翻两度散手咖。

　　　c. 叹翻杯先。

　　　d. 佢就得翻几文鸡。

　普 a. 高行健的《灵山》是颠覆了传统小说的定义（的）。

　　　b. 她有两下子的。

　　　c. 喝它一杯。

　　　d. 他就剩了几块钱。

例（16）广州话的a句来源于香港课堂话语，b句、c句和d句则来源于

---

① 张洪年：《香港粤语语法的研究》，香港，香港中文大学出版社，2007，第131页。

② 方秀莹：《香港粤语"翻"的用法》，载林亦、余瑾主编：《第11届国际粤方言研讨会论文集》，南宁，广西人民出版社，2007，第287页。

广州日常话语，这三例如果要用上述的"⟨粤⟩翻₁"或"⟨粤⟩翻₂"的义项来解释，则十分牵强。至于它在话语中的语用特点，按香港语料的判断，则是多用于转换话题，这与饶秉才等人编《广州话方言词典》解释"番"的第二个义项近似，即"表示动作的转换、新动作的开始"。但是，这对于 b 句和 d 句仍难以解释妥贴。有鉴于此，本著倾向于"⟨粤⟩翻₃"的语义"更为虚化"的说法。

综合以上分析，广州话回复体主要由述语加助词"⟨粤⟩翻"构成，普通话里虽然有"回"可以与"回复"或"恢复"义的"⟨粤⟩翻₁"相近，如例（14）的 b 句、d 句和 e 句所示，但是，并非所有的"⟨粤⟩翻₁"都与普通话的"⟨普⟩回"相当，而且，"⟨粤⟩翻₂、翻₃"更不容普通话以词对译，这正体现着广州话回复体的特独性。而"⟨粤⟩翻₃"语义的进一步虚化，则似乎体现着广州话回复体的一个发展倾向，需要进一步关注、探讨和把握。

第六节　结果体

结果体又称"结果态"，表示行为动作的动态结果如何，在普通话里通常由结果补语构成。这个体范畴是高名凯《汉语语法论》[①]提出的概念，并未得到学界广泛认同，这里置于"其他体"来讨论，以备申说。

结果体在广州话里也由某些动词或个别助词接于动词之后充当结果补语而构成，这些充当结果补语的动词或助词便是结果体的形式标记。广州话的结果体形式标记有"⟨粤⟩到［dou₃₅］、住、中、得"等，普通话的结果体形式有"⟨普⟩着、到、住、中、得"等。

广州话的结果体形式标记"⟨粤⟩到［dou₃₅］"，可以置于动词后表示行为动态的结果，语义为"得手"或"到手"等。例如：

(17)⟨粤⟩ a. 个窿足之畀我揾到喇。

　　　b. 佢话睇到喇喎。

　　　c. 佢执到个卡，冇执到银纸。

　　　d. 戒指就实执唔到嘅，边会执到戒指咖，唔会执到戒指嘅。

　　　e. 呢个系实必达到嘅一个目的。

　　　f. ⟨淡⟩ mieŋ₂₂（未曾）吃到。[②]

　　⟨普⟩ a. 那个洞终于被我找着了。

　　　b. 他说看到了呢。

① 高名凯：《汉语语法论》，北京，商务印书馆，1986，第 217 页。
② 余霭芹：《台山淡村方言研究》，香港城市大学语言资讯科学研究中心，2005，第 214 页。

  c. 他捡到一个卡，没捡着钱。

  d. 戒指就肯定捡不到的，哪会捡到戒指的呢，不会捡到戒指的。

  e. 这是必然达到的一个目的。

  f. 还没吃到。

  例(17)反映出，广州话构成结果体的补语助词"⑧到"与普通话的"⑯着、到"对应，可以单独附着于动词后构成结果体，如 a 句和 b 句所示；所构成的动补结构后边还可以带宾语，如 c 句、d 句和 e 句所示。广州话结果体的否定形式有三种，按 c 句和 d 句可以概括为"⑧冇＋V＋到(宾)""⑧ V＋唔＋到(宾)"和"⑧唔会＋V＋到(宾)"。例(17)的 f 句反映出，台山淡村方言也在动词后加"⑧到"表示结果义，而用"⑧[miɛŋ₂₂](未曾)"否定结果已发生。

  广州话的结果体形式标记"⑧住"，置于另一动词后作补语，表示行为动态"稳当"，普通话有语义相同的用法"⑯住"。例如：

(18)⑧ a. 个柜锁住咗㗎。

  b. 要记住老师嘅话呀。

  c. 佢用手揿住自己个钱袋，冇捉住个贼。

  d. 你把唔住个门，啲狗就入嚟嘞。

  e. 佢依凭住个老豆先有咁牙擦嘛。

 ⑯ a. 柜子锁住了呢。

  b. 要记住老师的话啊。

  c. 他拿手揿住自己的钱袋子，没捉住那个贼。

  d. 你把不住门，那些狗就进来啦。

  e. 他依靠着老爸才会这样狂妄吧。

  例(18)各句反映出，"住"在广州话和普通话里都可以单独做另一个动词的补语，构成表示"稳当"义的结果体，如 a 句和 e 句所示；其中的动补结构还可以带宾语，如 b 句和 c 句所示。广州话结果体以"⑧住"做补语的否定形式和普通话结果体以"⑯住"做补语的否定形式都各有两种，一种是"⑧冇＋V＋住(宾)"→"⑯没/没有＋V＋住(宾)"；另一种是"⑧V＋唔＋住(宾)"→"⑯V＋不＋住(宾)"。

  广州话结果体形式标记"⑧中[zung₃₃]"置于动词后，表示恰好对上、恰好合适；普通话也有语义、用法与之相应的"⑯中"。例如：

(19)⑧ a. 畀佢打中一粒石。

  b. 结果佢估中咗。

    c. 你睇咗成日都睇唔中一个咩？

    d. 今次冇剔中到[dou₃₅]（你）。

    e. 大家都指拟（唔）中你喎。

⑰ a. 被他打中一石子。

    b. 结果他猜中了。

    c. 你看了一整天都看不中一个吗？

    d. 这次没（有）勾中（你）。

    e. 大家都指望（不）中你呀。

    例(19)的各句反映出，广州话结果体形式标记"粤中"与普通话结果体形式标记"普中"的语义和用法基本一致，都可以单独置于动词后做补语（如 b 句和 d 句），与动词构成的动补结构都可以带宾语（如 a 句、c 句和 e 句）。广州话结果体以"粤中"做补语的否定式和普通话结果体以"普中"做补语的否定式都有相应的两种，一种是"粤 V＋唔＋中（宾）"→"普 V＋不＋中（宾）"；另一种是"粤冇＋V＋中＋到（宾）"→"普没/没有＋V＋中（宾）"。其中，第二式的"粤到"是广州话经历体助词，普通话没有相应的词可以对译，语句中不必出现。

    广州话结果体形式标记"粤得"置于动词后，引导结果补语，即在"粤得"之后，是"粤得"之前的动词行为的结果。例如：

(20)粤 a. 咁样搬运法赚得嚟气嘛。

    b. 唔/冇学得一身好本事点揾食呀。

    c. 做得辛苦，食得自在。

    普 a. 这样搬运的方式落得白费劲。

    b. 不/没（有）学得一身好本领怎么谋生啊。

    c. 干得辛苦，吃得自在。

    从例(20)广州话各句可以看到，广州话的结果体形式标记"粤得"本身不能像上述几个结果体补语助词那样独立充当前边动词的补语，而是带出后边的补语。这种结果体的结构为"粤 V＋得＋补"，否定式则是"粤唔/冇＋V＋得＋补"。

    尽管以"粤得"为形式标记的结果体构成形式与前述三种形式标记的结果体构成形式不同，但是，从范畴表义分布的角度看，结果体的不同成分构造有着共同的表意功能和虚化倾向，与前述其他体的构成标记都给人相似的功能语感，只是要从其他补语类型中独立出来，显得身份较特殊，因此，结果体范畴成立与否，关键在于是从体范畴看待它，还是从补语类型看待它，这属于研究归类的问题。由于本著探讨广州话的体范畴，所以把它置于此处分说。

广州话"实现体"的构成标记"⑧到[dou₃₅]"，与经历体的"⑧到[dou₃₃]"发音调值不同，属于不同体范畴的构成标记，但是，与上述结果体的"⑧到[dou₃₅]"发音调值一致，而且"实现"也是一种结果，《粤方言语法调查表》给出的例句是"⑧寻日我有去到买票咖，之不过买唔到。（普昨天我已经去买票了，但没买到。①）"其中，前一个"⑧到"是经历体标记，后一个"⑧到"是实现体标记，与上述结果体标记相同，因此，从本著论述框架考虑，不妨把实现体归并入结果体。

第七节　即时体

广州话还有表示即时体的助词"⑧亲"，构成"⑧V＋亲＋就"的格式，表示前一动词行为一发生便即时出现某种情况。这种表达格式在台山淡村方言也使用，余霭芹称之为 instantive。例如：

⑧ a. 你逢初一、十五就食斋呀？

　　b. 佢逢亲礼拜日就返屋企略啫。

　　c. 呢度翻亲风就落雨咯。

　　d. 食亲就呕 ＝ 一食就呕→淡吃亲就呕。

普 a. 你每逢初一、十五就吃斋吗？

　　b. 他每逢周日就回家的呢。

　　c. 这里一刮风就下雨的。

　　d. 一吃就呕吐。

比较上例的 a 句和 b 句可知，广州话表示周期性或规律性的即时体，通常可以用动词"⑧逢"＋"⑧就"表示，或者用"⑧逢＋亲＋就"的格式表达。其中，动词"⑧逢"本身便是指周期性或规律性发生的动态，可以独自与"⑧就"搭配表达即时体语义；也可以加上助词"⑧亲"，使即时体语义更为突出。其他动词通常不含有周期性或规律性发生的语义，如上例的 c 句和 d 句所示，要加助词"⑧亲"来构成即时体。上例的 d 句反映出，广州话还有"⑧一 V＋就"的表达式，与"⑧V＋亲＋就"的表达式相当，也表达即时体语义。后者与普通话的表达式一致，但是余霭芹的《台山淡村方言研究》只给出了"淡吃亲就呕"这一个例子，不知是否还有别的表达式。

---

① 暨南大学汉语方言研究中心：《粤方言语法调查表》，2010，第 16 页。

从广州话并存的两种表达即时体格式来看，即时体的构成很像紧缩结构，或可当作构式来看待。

另外，高名凯的《汉语语法论》还提出了起动体和加强体，前者以副词"⟨普⟩刚、才、恰、刚才、恰才、方才"①等标示，这与广州话将行体以副词"⟨粤⟩就快、就嚟、就要"等为标示的判断视角一致，本著纳入时间范畴来探讨；而该著说的加强体以"观看、呼唤"等动词语素并列的复合词来标示，应当属于复合构词层面的话题，此处不展开讨论。

总览构成上述广州话其他体范畴的相关词语，如表 8-1 所示。

表 8-1

其他体	广州话	普通话
尝试体	试、试试；下、一下（接复合动词后）	试、试；一下
短时体	VV、VVN；下、一下（嵌入复合动词）；咗（一）下、V咗（一）V	VV、VVN；一下；V 了（一）V
继续体/持续体	落去；继续、接续/开	下去；继续、接续/（阙）
经历体	过；嚟、过嚟	过；来着
回复体	翻₁、翻₂、翻₃	回
结果体	到［dou₃₅］、住、中、得	着、到、住、中、得
即时体	V＋亲＋就、一＋动＋就	一 V＋就

---

① 高名凯：《汉语语法论》，北京，商务印书馆，2011，第 221～222 页。

第九章　指称表意范畴

提要： 指示词是个外来的词类范畴概念，通常包含指地点、时间和指人两种。广州话人称的复数语素用"⟨粤⟩—哋"，单数第三人称用"⟨粤⟩佢"，而没有与普通话"⟨晋⟩咱、咱们"相当的词语。以往有关广州话指示词语的研究多探讨单个词语的语义及用法，未及整体表意分布的研究，缺乏范畴表达的整体观照。从表意分布的角度来考察，广州话的指示范畴表意以指示词为依托，其指示表意分为近指、远指、不定指和疑指范畴，涉及人、事物、时空、数量、方式和程度等，指示词所用基本语素有"⟨粤⟩嗰、呢、嗷、咁、啲、边、点、乜"等，在各种语义类别中的分布广窄不一，而存在一定的相互联系和互补性。在与普通话指示词语的比较中，可以见出广州话指示范畴表意分布的特点。

指示词（deixis），作为一个外来的词类概念，是"用来指出时间、地点或人的词"，英语分为两种：（1）以说话人为基点或以说话时间为基点，用 here 和 there，now 和 then，指出地点和时间；（2）指人的指示词，即人称代词，其中人称代词 I 指说话者或作者本人，you 指听者或读者，he，she，they 指除 I 和 you 以外的人。[①]

在汉语里，指示词又称为代词，指"有代替、指示作用的词"，"代替人或事物名称的叫人称代词，表示疑问的叫疑问代词，指称或区别人、物、情况的叫指示代词"。[②] 本著探讨的指示词，其所指范围与 deixis 大体相当，但是以"指示代词"为讨论的重点，兼及疑问代词和人称代词。

所谓指称范畴，是以指示词为依托而表示指示与人称的词汇语法类别。指示与人称在英语、法语等西方语言里都与数范畴相关联，但是广州话和普通话都以构词形式表示单数或复数形式，没有句法数形态的范畴。据笔者翻检的材料看，以往的粤语指示词研究，大多数是探讨单个

---

① 王宗炎：《英汉应用语言学词典》，长沙，湖南教育出版社，1988，第 96 页。
② 黄伯荣、廖序东主编：《现代汉语（修订本）》下册，兰州，甘肃人民出版社，1983，第 327～328 页。

词语(如"⑧嗰①、咁②、噉③、呢④、点"⑤)的语义及用法的，其中张洵《粤方言的指示代词》比较了前四个词语的语义和基本用法，但是对"⑧点、边、乜、啲"等较少人注意的指示词尚未论及；人称代词也是就某个现象的研究为主，如甘于恩《广东粤方言人称代词的单复数形式》⑥和周小兵《普通话和广州话的人称疑问代词》⑦，未见综合性的、整体表意分布的研究成果。因此，这里试图在人称、近指与远指、定指与不定指、以及疑指等基本语义范畴下，循着指示词所指涉的人、时空、数量、事物、方式和程度等语义指向来检视广州话指称范畴的表意分布情况，以期对广州话指称范畴有一个整体认识和把握。

第一节　人称方式

广州话的人称方式，不分主格和宾格等，但是区分复数和单数。单数形式有第一人称"⑧我"，第二人称"⑧你"，第三人称"⑧佢"，分别与普通话的单数形式第一人称"⑧我"、第二人称"⑧你/您"，第三人称"⑧他/她/它"相当；复数形式则有第一人称"⑧我哋"，第二人称"⑧你哋"，第三人称"⑧佢哋"，分别与普通话的复数形式第一人称"⑧我们/咱(们)"，第二人称"⑧你们"，第三人称"⑧他们/她们/它们"，以及泛指的第三人称"⑧人们"大致相当，只是个别人称略有差别。例如：

(1)⑧ a. 我哋点都要跟你去睇戏咖嘞。

　　　 b. 我哋一齐去睇戏吓。

　　　 c. 佢踎喺张凳度食嘢。

　　⑧ a. 我们怎么都要跟你去看剧的了。

---

① 香坂顺一：《以广州话"个"为中心谈语法的稳定性》，《大阪市立大学人文研究》1953 年第 4 期；竹越美奈子：《广州话远指代词"嗰"的历史演变》，《中国语文研究》2005 年第 2 期。

② 邓大荣等：《广州话的"咁"》，《广州研究》1988 年第 10 期；宗福邦：《广州话指示代词"咁"的两个读音[提要]》，《广东省中国语言学会通讯》1990 年第 3 期。

③ 陈慧英：《广州话的"噉"和"咁"》，《方言》1985 年第 4 期；张瑞文：《谈"噉(咁)"字的三个念法》，《语文建设通讯》1990 年第 28 期。

④ 张洵：《粤方言的指示代词》，见《广州话研究与教学(3 辑)》，广州，中山大学出版社，1998。

⑤ 郭必之：《香港粤语疑问代词"点"的来源》，见《语言学论丛(27 辑)》，北京，商务印书馆，2003。

⑥ 甘于恩：《广东粤方言人称代词的单复数形式》，《中国语文》1997 年第 5 期。

⑦ 周小兵：《普通话和广州话的人称疑问代词》，见《双语双方言(五)》，香港，汉学出版社，1996。

　　b. 咱（们）一块去看剧吧。

　　c. 他／她／它蹲在凳子上吃呐。

　　其中，例（1）的 a 句，广州话"⟨粤⟩我哋"不包括谈话中的对方，只包括以说话人自己为代表的一方；b 句"⟨粤⟩我哋"则包括谈话中的己方和对方；而普通话"⟨普⟩我们"和"⟨普⟩咱们"正好承载这两句人称代词的分职。例（1）的 c 句，广州话"⟨粤⟩佢"在文字上没有区别普通话"⟨普⟩他、她、它"所指的不同文字形式。

　　广州话语素"⟨粤⟩－哋"在第一、第二、第三人称中构成复数形式，但是，"⟨粤⟩－哋"和语素"⟨粤⟩人－"相结合，却构成既可以指单数，又可以指第二人称以外的复数不定指人称"⟨粤⟩人哋"，相当于普通话的"⟨普⟩人家"。例如：

（2）⟨粤⟩a. 我知你叫我来，咁啱人哋嗰日考车，未冇来到啰。

　　　b. 我叫咗佢（哋）咖啦，人哋唔来我都冇计嘅啵。

　　　c. 人哋去晒爬山，得你一个留喺度，好冇意思嘅。

　　⟨粤⟩a. 我知道你叫我来，碰巧人家那天考车，不就没来呗。

　　　b. 我叫了他（们）的了，人家不来我也没办法的吧。

　　　c. 人家都去爬山，剩你一个留在这儿，好没意思的嘛。

　　例（2）广州话的 a 句的"⟨粤⟩人哋"，是说话人委婉地指自己；b 句的"⟨粤⟩人哋"是指第三人称，即前边称述的"⟨粤⟩佢（哋）"；c 句的"⟨粤⟩人哋"则指不在场的复数第三人称。c 句的"⟨粤⟩人哋"与广州话另一个也表示不定指的复合词"⟨粤⟩啲人"相当。又如：

（3）⟨粤⟩a. 你去睇下啲人喺度做乜嘢。

　　　b. 个岛啲人重几讲礼貌咖。

　　　c. 重有啲人去咗边呀，就得你哋两个咩？

　　　d. 嗰／呢啲人点解重唔走嘅？

　　　e. 啲人话嗰度会地震喎。

　　⟨普⟩a. 你去看一下那些人在干吗。

　　　b. 那个岛的人还挺讲礼貌呐。

　　　c. 还有些人去哪儿了呀，就只有你们俩吗？

　　　d. 那些人怎么还不走的呢？

　　　e. 人们说那里会地震呐。

　　其中，从例（3）广州话的 d 句"⟨粤⟩嗰啲人"可以看到，"⟨粤⟩啲人"前边可以加指示词"⟨粤⟩嗰／呢"，可见"⟨粤⟩啲人"本身不是指示词。广州话的语素"⟨粤⟩啲"有二个义项，一是复数不定指，近似于"⟨普⟩（那／这）些"，但是有不定指称的功能，如例（3）的 a 句和 b 句；二是表示"若干"，相当于"⟨普⟩

些", 如例 (3) 的 c 句。"⑧啲人"的不定指称义在 e 句的表现最为清晰。

然而, "⑧啲人"虽然与"⑧我、你、佢、我哋、你哋、佢哋"等人称词一样都不能前加数量词, 但是从"⑧嗰啲人(普那些人)"的词组结构来看, "⑧啲人"的语法功能还是与第一、第二、第三人称的人称词略有不同的, 宜作"类人称词"看待。

另外, 广州话的反身代词"⑧自己"与普通话的"普自己、自身"相当, 而通常不用普通话"普自身"的说法。

第二节 近指与远指

广州话"⑧呢、嗰"分别与普通话的"普这、那"的指示义大体相当, 分别表示近指和远指, 但是用法与"普这、那"有所不同, 不能够像"普这、那"那样独立使用做主语, 而且与名词相搭配时, 中间需要嵌入数词或量词, 搭配不太整齐。

第一, 指空间处所的。例如:

(4)⑧ a. 呢一(个)村得五家人。

　　 b. 呢(三)条田基太窄。

　　 c. 呢/嗰度装修紧。

　　 d. 呢/嗰两度重要补。

　　 e. 呢/嗰一边唔通。

普 a. 这(个)村只有五户人家。

　 b. 这(三)道/条田埂太窄。

　 c. 这里/那里在装修。

　 d. 这/那两个地方还要补。

　 e. 这/那一边不通。

从例 (4) 可以看到, 广州话的近指词"⑧呢"与方位名词相结合, 需要嵌入数词或量词, a 句嵌入"一", 可以不加量词"个", 但是只嵌入数词的用法只限于数词"一"与若干单音节名词(如村、家、户、桶等)搭配, 但是普通话不说"普这个户", 而且"普这个家"与"⑧这一家"有不同的含义; b 句表明, 广州话的近指代词与名词搭配而中间嵌入量词时, 可以不加数词, 但是, 如果该词需要计量, 则应加数词; c 句和 d 句表明"⑧呢"还是构词语素, 构成表示空间处所的指示词"⑧呢度、呢处", 可以独用, 也可以嵌入数词表示数量, 但是普通话"普这里、那里"不能嵌入数量词, 指示加名词语素的表达则需要同时嵌入数词、量词, 如 d 句所示。

e 句则表明，“[粤]呢边([普]这边)”与“[粤]呢度、呢处”的语义有别。

第二，指时间的。例如：

(5)[粤] a. 呢阵(时)重未开饭喎。

b. 呢(一)牌唔见有客来。

c. 呢(一)日去咗边啫?

d. 呢几个月/礼拜放假。

[普] a. 这时(候)还没开饭呐。

b. 这(一)段时间不见有客来。

c. 这(一)天去哪儿了?

d. 这几个月/星期放假。

例(5)反映出，广州话的近指代词“[粤]呢”指时间的时候，可以直接接非计量的时间名词，但是后接计量时间单位名词时要嵌入数词。其中，a 句“[粤]呢阵”之后加不加“[粤]时”，语义不变，与普通话“[普]这时、这时候”相当；广州话在“[粤]阵”前加“[粤]一”时，语义也不变(普通话没有相应用法)，不过，此时“[粤]阵”后不能加“[粤]时”(即“[粤]一、时”不能前后同现)，可见“[粤]阵”本身表示整体时间量。b 句和 c 句，前者“[粤]呢(一)排”([普]这(一)段时间)是模糊量，后者“[粤]呢(一)日”([普]这(一)天)的时间量较为具体，但是这两例加不加“一”，语义都相同，不加“一”时显得更随意些，普通话与广州话的例相对应。d 句反映了广州话和普通话近指代词都可以接不定量，但是，不定数词“几”之后，有的计量单位前不能嵌入量词“个”，如“秒、分(钟)、日、周、年”。另外，广州话“[粤]呢匀”([普]这回、这次)表示事件、动作当前轮次，可以在中间嵌入数词表示量，构成“[粤]呢一匀([普]这一回/次)。

第三，指人与事物的。例如：

(6)[粤] a. 呢(一)条/兜友仔识做假。

b. 呢三队波有得戟。

c. 呢几棵树生得快。

d. (呢)只鸡驰未生蛋。

e. 呢啲唔食得。

[普] a. 这(个)家伙会做假。

b. 这三支球队有得比。

c. 这几棵树长得快。

d. 这(只)母鸡还没下蛋。

e. 这些不能吃。

指人的方式，因量词不同而有不同的褒贬色彩，例(6)广州话的 a 句用"⟨粤⟩条、兜"都含贬义，通常用"⟨粤⟩个"与"⟨粤⟩呢"搭配表示中性色彩，如果用量词"⟨粤⟩位"与"⟨粤⟩呢"搭配，则较为客气，如"⟨粤⟩呢位道友"(⟨普⟩这位道友)。普通话"⟨普⟩这"后可以不接量词"个"而直接接名词，但是广州话"⟨粤⟩呢"后则要有量词才能够接表人的名词，如例(6)的各句所示。广州话 b 句的指示搭配关系同前一句，只是"⟨粤⟩队波"(⟨普⟩球队)的构词方式较为特别，是后修饰复合结构。c 句表明，广州话不定数词嵌入的位置与数词的位置相同。需要特别指出的是，d 句表明广州话"⟨粤⟩呢"可以不用，而直接用量词(如例中"⟨粤⟩只")表示指示，而没有远指/近指的语义分别，这是广州话指示表意方式的一大特点。e 句"⟨粤⟩呢啲"表示复数，与"⟨普⟩这些"对应。

另外，广州话"⟨粤⟩呢样、呢样嘢"的语义对应于"⟨普⟩这样、这样东西"，但是在实际应用中，"⟨粤⟩呢样嘢唔系咁讲嘅(⟨普⟩这话不能这么说的)"中的"⟨粤⟩呢样嘢"不能对译为"⟨普⟩这样东西"。然而，广州话的远指代词"⟨粤⟩嗰"相当于普通话"⟨普⟩那"，表示相应的远指义，却可以在以上各例替换"⟨粤⟩呢"，语义上与近指代词"⟨粤⟩呢"相对立。在实际话语中，远指词语更多出现在叙述非眼前的、过去的事物，而近指词语更多用于叙述眼前的、当时的事物。

第三节　定指与不定指

关于粤语的定指，梁仲森有过国粤语的比较研究。[①] 此处讨论广州话的不定指表意情况。

近指代词和远指代词，都表示较为明确的时间、空间或事物的指示关系，可以统称为"定指代词"(definite pronoun)。广州话里还有三个表示不太明确指定关系的代词"⟨粤⟩啲、咁[gɐm_{33}]、噉[gɐm_{35}]"，可称为"不定指代词"(indefinite pronoun)。这里的"不定指"是不确定远近的意思，是相对于近指和远指而言的。

例(6)广州话 e 句的语素"⟨粤⟩啲"表示复数，它另外还有表示不定指的用法，修饰限定后面的名词，如"⟨粤⟩啲客、啲嘢、啲和尚"等，分别相当于普通话的"⟨普⟩这些/那些人、这些/那些东西、这些/那些和尚"等。而"⟨粤⟩啲"本身独用时的语义是"一些"或"一点儿"，被定指代词修饰时的语义是复数义"些"，只有当它前面没有指示词而且后边接名词的时候，才

---

① 　梁仲森：《定指指示词(国粤语比较语法札记)》，《中英语文学研究》1980 年第 1 期。

表示不定指的复数语义。例如：

(7)㊀ a. 知啲唔知啲。

　　 b. 呢啲柑好甜吖。

　　 c. 啲人客重唔来嘅。

　　 d. 今日啲水有啲冻。

　㊁ a. 知一点不知一点（一知半解）。

　　 b. 这些柑很甜呐。

　　 c. 怎么这些/那些客人还没来呢。

　　 d. 今天的水有点儿冷。

例(7)广州话的 a 句"㊀啲"是独用，作宾语，语义为"一点儿"；b 句的"㊀啲"与近指代词结合，表示复数，语义同"㊁些"；c 句"㊀啲"为不定指用法，直接修饰限定后面的名词，语义为"这些/那些"；最后一例出现了两种功能的"㊀啲"，前者是它的不定指用法，后者"㊀啲"作量词，语义是"一点儿"。

"㊀噉[gem₃₅]"和"㊀咁[gem₃₃]"读音相近（只是声调不同）而语义、功能有别，陈慧英的《广州话的"噉"和"咁"》做过较详细的比较分析，只是读来感觉较繁复。这里以它们的基本语义来梳理，以求简化一些。"㊀噉"的语义与"㊁这样/那样"相当，指代方式，而"㊀咁"的语义与"㊁这么/那么"相当，指代程度；因为它们都不区别远近，所以也归到不定指示词来讨论。

广州话"㊀噉"通常用于动词之前，表达动作行为的方式，或可以看作"㊀噉样嘅（㊁这/那样的）"的紧缩形式，用于名词前，与前面的词语共同构成后面名词的修饰语。例如：

(8)㊀ a. 噉冇结果嘅。

　　 b. 噉样唔似样嘅。

　　 c. 噉等实迟喇。

　　 d. 猫噉声叫。

　　 e. 瘦到马骝仔噉（样）。

　　 f. 噉样嘅山爬唔上去。

　㊁ a. 这/那样没结果的。

　　 b. 这/那样不像样。

　　 c. 这/那样等肯定晚。

　　 d. 像猫这/那样的声音叫。

　　 e. 瘦到猴子这/那样。

　　 f. 这/那样的山爬不上去。

例(8)广州话的 a 句和 b 句表明，“[粤]噉”和“[粤]噉样”相当，指代方式，可以独立充当主语①；c 句“[粤]噉”指代方式，可以修饰动词；d 句“[粤]噉”可以和前边的名词(或动词如“[粤]喊”)共同构成指代方式的词语，修饰名词；e 句“[粤]噉、噉样”可以置于比况结构之后，构成比况句；f 句“[粤]噉样嘅”如果不是在比似结构(如 d 句)中，不能紧缩为“[粤]噉”来直接修饰名词。另外，“[粤]噉”还可以置于状语后，修饰动词，如“[粤]偷偷噉笑([普]偷偷地笑)”、“[粤]静静鸡噉走([普]静悄悄地溜走)”等，此时“[粤]噉”相当于普通话的状语标记“[普]地”。

“[粤]咁”用于形容词前，表示后面的形容词所描述状貌的程度，语义与“这么/那么”相当；可以和不定数词“[粤]几”结合成“[粤]几咁”，程度有所加强，语义与“多么”相当。例如：

(9)[粤] a. 咁骑咧嘅。

b. 咁靓女呀。

c. 你个女咁轻嘅。

d. 走得咁快呀。

e. 只猫几咁舒服呀。

f. 唔使咁怕。

[普] a. 这/那么怪异的。

b. 这/那么漂亮女孩啊。

c. 你女儿这/那么轻的。

d. 跑得这/那么快呀。

e. 这猫多舒服啊。

f. 不必这/那么害怕。

例(9)广州话的 a 句“[粤]咁”可以修饰作为中心词的形容词；b 句“[粤]咁”修饰作为修饰语的形容词([粤]靓)；c 句“[粤]咁”修饰作为谓语的形容词([粤]轻)；d 句表明，“[粤]咁”还可以修饰作为程度补语的形容词([粤]快)；e 句“[粤]几＋咁”＝“[粤]几”，比单用“[粤]咁”所表达的程度略强些；f 句“[粤]咁”可以在“[粤]唔使”构成的否定式中修饰心理动词([粤]怕)或形容词(如：[粤]唔使咁靓、唔使咁快)。但是，前面几例含有“[粤]咁”修饰的形容词结构，不能用否定词“[粤]唔”来否定，但是例中“[粤]唔使”([普]不必)可以换成“[粤]咪”([普]不必)或“[粤]唔好”([普]不要)等。

---

① 陆镜光：《粤语的句首话语标记“噉”》，见《第九届国际粤方言研讨会论文集》，澳门中国语文学会，2005，第 297～301 页。

从以上分析可以看到，广州话不定指示代词“[粤]啲、嘅、咁”各有不同的语义，各有不同的搭配分布，它们不分远近的不定指性，是普通话词汇里所没有的方言词特色。

第四节 疑 指

疑指代词用来指代有疑问的事物、方式、程度，在广州话中有“[粤]边、点、乜”等单音节语素，还有它们的复合构词形式，如“[粤]边度、点样、乜谁([普]哪里、怎样、谁)”等。

“[粤]边”作为疑问代词，与“[普]哪”的语义相当，通常置于名词前，可以用于指空间，如“[粤]边度、边处、边间([普]哪里、哪所/家)”等；也可以用于指时间，如“[粤]边时边日、边年、边个礼拜([普]何时何日、哪年、哪个星期)”等；或用于指人或事物，如“[粤]边个、边只、边件([普]哪个、哪只、哪件)”等。例如：

(10)[粤] a. 边有咁迟咖。
b. 边(度)迟啫。
c. 边间学校好啲？
d. 边只鸡肥呀？
e. 边个(月)系闰月？
f. 边几个(人)去呀？
g. 边有筷子呀？
[普] a. 哪儿有这么迟的。
b. 哪儿迟了呀。
c. 哪所学校好些？
d. 哪只鸡肥呀？
e. 哪个月是闰月？
f. 哪几个(人)去呀？
g. 哪儿有筷子呀？

例(10)广州话的 a 句和 g 句表明，“[粤]边”作为疑问代词，可以充当主语，语义有时比较虚(如 a 句)，有时较实(如 g 句)；b 句表明，“[粤]边(度)”可以做形容词修饰语；c 句和 d 句表明，“[粤]边”要接量词才可以做名词的修饰语；e 句表明，“[粤]边”指涉时间的时候，有时要先接个量词，并非都像“边时边日”那样直接连接名词；f 句表明，“[粤]边”后可以先接不定数词“[粤]几”再接量词(如“[粤]个”)，作为中心词的名词(人)却可以省去。

广州话疑问代词"粤点"的语义相当于"晋怎样、怎么"，可以复合构词，也可以独用；除了构成疑问式之外，也表示任指。例如：

(11) 粤 a. 点都得。

　　　b. 点(样)会好啲呀。

　　　c. 点(解)会离婚呀。

　　　d. 点知系你啫。

　　　e. 点讲点好。

　　　f. 你来会点啫。

　晋 a. 怎么都行。

　　　b. 怎样会好一点。

　　　c. 怎么会离婚呢。

　　　d. 怎么知道是你呢。

　　　e. 怎么说怎么好。

　　　f. 你来会怎么样。

例(11)广州话的 a 句表明，"粤点"作为任指代词可充当主语；b 句和 c 句"粤点"可以修饰情态动词(会)，用以询问方式、缘由；d 句"粤点"修饰一般动词，语义为"如何"，表示方式；e 句"粤点"修饰形容词，表示任指；f 句"粤点"充当谓语。以上各句相互比较可见，"粤点"的指代语义较灵活。不过，b 句"粤点样"虽然与普通话"晋怎么样"的语义相当，但是在"晋他的字不怎么样"中的"晋怎么样"，却不能用广州话"粤点样"来对译。

广州话"粤乜"的语义相当于普通话"晋什么"，如"粤乜人乜说话、乜嘢(晋什么人什么话、什么)"，可以表达疑指，也可以表达任指。例如：

(12) 粤 a. 乜都得。

　　　b. 乜(嘢)都食得。

　　　c. 做乜(嘢)啫？

　　　d. 唔乜讲话滞。

　　　e. 唔讲话乜滞。

　　　f. 乜人来咗啫，乜你都来咩？

　晋 a. 怎么都行。

　　　b. 什么都能吃。

　　　c. 做什么呢？

　　　d. 不怎么讲话。

　　　e. 不怎么讲话。

　　　f. 谁来了呢，怎么你也来吗？

例(12)广州话的 a 句表明,"粤乜"任指的时候可以充当主语;b 句表明,"粤乜"为任指时与"粤乜嘢"含义相同;c 句"粤乜(嘢)"充当宾语,语义为"什么",表示疑问;d 句和 e 句,"粤乜"前接否定词而后接动词时,构成不定指形式,或者以"粤乜滞"做补语,语义不变,普通话却没有"怎么"做补语的用法;f 句"粤乜"修饰名词,这是疑问代词用法;g 句表明,"粤乜"可以在句首领起疑问句,语义为"怎么"。

从以上析例可见,广州话疑问代词"粤点、乜"都有表示疑问的用法,也都有任指的用法,但是,表示任指的时候,它们所代指的对象不同:"粤点"表示任指时是指"什么";"粤乜"表示任指时是指"怎么样"。

综合以上分析、梳理可以看到,广州话指示词"粤嗰、呢、嗽、咁、啲、边、点、乜"等,是广州话特有的方言指示语素,都可以在句子中单独充当一定的句子成分,它们在普通话里都没有可以完全对译的指示词。除了"粤嗽、咁"之外,其他大多数都可以作为构词语素复合成双音节指示词,如构成"粤嗰度、嗰阵、嗰笪、嗰排、呢处、呢便、呢阵、呢度、呢排、呢啲、嗰啲、边啲、边度、边阵、边笪、点解、点样、乜谁、乜嘢、啲嘢"等,所构成的这些复合指示词也是广州话特有的,都不与普通话共用,其中用来构成广州话双音节指示词的其他语素(如"粤-度、-阵、-笪、-排、-处、-便、-解"等),也大多数是广州话指示词特有的构成语素。可见,广州话指示词与普通话指示词的系统差异性十分突出,指示词是构成广州话与普通话系统差异的一个典型词汇类别。

总览构成广州话指示表意范畴的词语,如表 9-1 所示。

表 9-1

指示范畴	广州话	普通话
人称	我、你、佢,我哋、你哋、佢哋,人哋,啲人,自己	我、你、他/她/它,我们/咱们、你们、他/她/它们,人家,自己、自身
近指/远指	呢、嗰、呢啲、嗰啲;空间:呢度、嗰处、嗰边、嗰笪;时间:呢阵、呢排、嗰阵时、呢个月;人/物:呢条友、嗰只鸡	这、那、这些、那些;空间:这里、那里、那边、那一片;时间:这时、这阵子、那时候、这个月;人/物:这家伙、那只鸡
定/不定指	嗽、嗽样、啲	这/那样、这/那么、这/那些
疑指	边、点、点样、点解、边啲、乜、乜嘢、乜谁、乜人	哪、怎么、怎样、怎么样、哪些、什么、什么东西、谁、什么人

第十章　疑问语气表意范畴

提要：疑问语气是按表达功能区分出来的语气类型。广州话和普通话疑问语气范畴，在疑问句式类型上基本一致，可以按同样的分类方式来概括基本的细类，分为是非句、特指句、选择句、正反句、猜度句、反诘句。反诘句是以前四种句式为基础表达反诘义的，可以借助表示反诘义的副词，也可以不用副词。广州话和普通话疑问语气范畴之间的差异，突出地表现在语气词上，广州话可用于表达疑问语气的句末语气词比普通话丰富得多。广州话各类疑问句所要求的语气词有较明显的选择性，所表达的语义有细致的相互差异，只有猜度疑问句所要求的句末疑问词较为单一。另外，广州话和普通话疑问句的句末声调有差异，普通话通常都用升调，广州话疑问句的句末声调还取决于句末语气词，大部分用升调，但有用降调语气词的情况。

　　在语言使用中，说话人为了达到某种言语目的，对所说事物会持有某种情绪或态度，通过一定的语调形式和语气词、语气副词等语法形式表现出来，从而形成话语的类型特征，统称为"语气"。

　　学界对语气范畴有不同的分类角度或依据，邵敬敏等人编著的《汉语语法专题研究》对此有所梳理。[①] 其中，由于语气包含一定的言语目的和一定的情绪态度两个方面，因而可以从这两个维度对语气进行分类。有学者从言语目的的维度分出功能语气，包括汉语语法教材大多数认可的陈述语气、疑问语气、祈使语气和感叹语气；并且根据情绪态度维度分出意志语气，包括可能语气、能愿语气、允许语气和料悟语气。这样所得到的语气分类并不是在同一个划分标准下分出的两个基本类别，因而，"功能语气和意志语气不是对立的，而是包含的和交叉的。所谓包含，是说功能语气涵盖所有的句子，意志语气只是所有句子中和说话人对说话内容的态度与情感有关的那一部分；所谓交叉，是指一个句子既可属功

---

① 邵敬敏、任芝锳、李家树：《汉语语法专题研究》，桂林，广西师范大学出版社，2003，第七章。

能的语气类别，也可属意志的语气类别"①。这样分出来的两大类别，即语气的功能类别和语气的意志类别，与以往论者大多倾向于按表达功能分类相比较，这一分类见解对陈述语气的细类有所拓展，但是，其功能分类与以往论者的功能分类大体相同。本著是围绕广州话的表意范畴展开论述的，探讨表达行为中的语言形式和语义关系，揭示为了实现语义表达目的的相关形式要素的分布状况，因而倾向于采用语法学界习用的功能语气分类系统，按陈述、疑问、祈使和感叹的基本句子类型来探讨广州话的语气表达。

本著所论疑问语气，是按表达功能分出来的语气类型，是构成疑问句的语法范畴，它的表达功能是"问所疑惑"。

不同的语言构成疑问语气的方式有所不同。英语疑问句由三种方式构成。(1)颠倒词序，如 Are you coming? (2)使用专门的助词，如 Do you know him? (3)使用专门的疑问词 what、where、when、who、whom 或 how 加上上述的(1)或(2)来构成。与陈述句语调相比较，上述(1)和(2)还伴有相应的句末语调升高，这是英语疑问语气的构成方式。

在现代汉语里，邢福义认为，"从基干构造和提问要求看，疑问句可以分为三类：(一)是非问。基干构造与陈述句相同。是提出一个问题，要求做出肯定或否定的回答。如：他走了。他不再来了。(陈述句)→他走了？他不再来了？(是非问句)(二)选择问。以'是 X 还是 Y'和'X 不 X'的形式构成基干。是用分项列举方式或正反并用方式提出问题，要求有选择地做出回答。用分项列举方式提出问题的，是列项选择问。如：'你们是喝茶还是喝咖啡？'用正反并用方式提出问题的，是正反选择句。如：'你们喝不喝咖啡？'(三)特指问。基干构造中包含有疑问代词'谁、什么'之类。是用疑问代词代替未知内容，要求对求知内容作出回答。如：你找谁？ | 你是什么人？"②这是就疑问句的句式而言的。

而从汉语疑问句的构成方式来看，张静认为，"疑问句的语法形式特点主要是高升语调(句子末尾语调上扬，书面上用问号)，有时也兼用副词或动词、形容词的正反重迭形式"③。其中指出，现代汉语疑问句的构成因素不仅仅限于句式，还强调了语调在构成疑问句中的作用。而事实上，现代汉语方言的疑问语气并不仅仅限于用"高升语调"，因此本著在

①　齐沪扬：《语气词与语气系统》，合肥，安徽教育出版社，2002，第 21、31 页。

②　邢福义：《现代汉语三百问》，北京，商务印书馆，2002，第 13～14 页。

③　张静：《汉语语法问题》，北京，中国社会科学出版社，1987。

黄伯荣、廖序东主编的《现代汉语》①对疑问句的概括认识的基础上，进一步明确分类进行探讨，特别是利用广州话语气词较丰富的特点，把语气分类和语气词分类结合起来，比较广州话疑问句和普通话疑问句的异同以及各自的特点。

第一节　是非问句

广州话是非问句是要求用"⑳系(普是)"或"⑳唔系(普不是)""⑳冇(普没有、没)"回答的问句。从语序结构特点看，是非问句与陈述句没有区别，但是，是非问句用陈述语序的结构通过句末语调高扬来表达疑问语气。例如：

(1)⑳ a.(就)系呢条友↗(呀↘/咩↗)？

　　　b.佢系你条女↗(呀↘/咩↗/咖啦₁₁↘)？

　普 a.就是这个家伙↗(吗)？

　　　b.她是你女朋友↗(吗)？

(2)⑳ a.佢跌咗↗(呀↘/咩↗/咖啦₁₁↘)？

　　　b.又派你去↗(呀↘/咩↗)？

　　　c.佢哋唔来↗(啦嘛/咖啦₁₁↘)？

　普 a.他丢了↗(吗)？

　　　b.又派你去吗/呀？

　　　c.他们不来了↗(吗)？

在以上例句中，不用括号里的语气词，只用箭头表示的上升语调，便可以表达疑问语气。例(1)广州话的 b 句使用语气词"⑳呀"的话，则略带不满或嫌弃的意味，并不是纯粹的是非问句。例(2)的 b 句普通话如果单纯以念去声的"普去"结尾难以上扬，通常要加语气词。可见，在是非问句中，疑问语气词的运用可以使疑问语气的表达更为清晰、自然，使要附带的意味更加丰富、明确。

比较上述例句中广州话和普通话语气词的使用情况，可以看到，普通话的是非问句语气词比较单一，通常只适用"普吗"；广州话的是非问句语气词较为丰富，可有四种。其中"⑳呀、咖啦"用降调，"⑳咩"用升调，"⑳啦嘛"则以轻声结束。在表意上，广州话语气词"⑳咖啦"还含有

---

① 黄伯荣、廖序东主编：《现代汉语(修订本)》，兰州，甘肃人民出版社，1983。

询问已然如此的意味；"⟨粤⟩啦嘛"则含有要求证实的意味；"⟨粤⟩呀、咩"则没有明显的语气差异，而且更常用。

第二节　特指问句

特指问句是要求回答提问者所问具体未知部分的问句。广州话的特指问句由于使用了特指疑问代词，所问明确而具体，因此，句末音节的语调显得不那么重要，不起决定作用，实际上可升可降，如果用语气词，语调也较为灵活多变。例如：

(3) ⟨粤⟩ a. 佢喺边/边度（呀↘/咖↘/呢/啫）？

　　　　b. 你有几多个老师（呀↘/咖↘/呢/啫$_{55}$）？

　⟨普⟩ a. 他在哪儿/里（呀/呢）？

　　　　b. 你有几个老师（呀/呢）？

(4) ⟨粤⟩ a. 你搵边个（呀↘/咖↘/呢/啫）？

　　　　b. 佢系边度人（呀↘/咖↘/呢/啫）？

　⟨普⟩ a. 你找谁（呀/呢）？

　　　　b. 她是哪里人（呐/呢）？

(5) ⟨粤⟩呢本书系几时借嘅/（咖↘/嘅呢/嘅啫$_{55}$）？

　⟨普⟩这本书是什么时候借的（呀/呢）？

从以上括号前的例句部分看来，广州话的特指问句不必使用语气词，也不必升高句末语调，只要有特指疑问代词，句末升调或降调都可以构成特指疑问句。其中，例(4)的 b 句结尾的"人$_{11}$"是阳平调，例(3)的 a 句结尾的"边度$_{22}$"是阳去，都不便升高，在特指问句中通常便按原来的降调发音即可；广州话"⟨粤⟩系……嘅"相当于普通话"⟨普⟩是……的"，广州话语气词除了"⟨粤⟩嘅"在句末用轻声之外，其他单用时则可以上扬，也可以用语句降调；但是和语气词连用时，如例(5)所示，末尾音节的语调通常是上扬的。

在以上广州话无语气词的特指问句基础上，如果加上括弧中的疑问语气词，在语气上有所加重，但是加重的程度不一。其中"⟨粤⟩呢"比较平和，其他则接近于加上充当状语的语气副词"⟨粤⟩究竟、到底"。如果既用语气副词"⟨粤⟩究竟、到底"作状语，句末再加上语气词"⟨粤⟩呀↘/咖↘/啫"，就会达到特指问句的最强疑问语气。

既适用于广州话又适用于普通话的特指问句语气词，有"呀"和"呢"，但是它们用在广州话句末和普通话句末的语调不一样。在广州话里，"⟨粤⟩

呀"是降调，"⑨呢"是轻声；在普通话里，"⑯呀、呢"都是轻声。普通话的"⑯呐"是"⑯呀"接鼻韵尾－n的变音，也是轻声。此外，广州话的特指问句还有降调的"⑨↘咖"和升调的"⑨↗啫"，意味略有不同，前者给疑问句加上怀疑的意味，后者给疑问句附加上催促的意味。这是前两个语气词所没有的附加意味，也是普通话语气词里没有的广州话语气词意味。

第三节　选择问句

选择问句是要求就给出的两个或两个以上选择项中做出选择回答的疑问句。所提供选择项的次序有先后，但是语义没有轻重之别。通常用两个分句或紧缩复句形式提出选择项给对方选择。例如：

(6)⑨ a. 你想食田螺定月饼(呀/呢/啫/咖)？

　　　b. 佢去深圳定系(去)珠海(呀/呢/咖/啫)？

　　⑯ a. 你想吃田螺还是月饼(啊/呢)？

　　　b. 他去深圳还是(去)珠海(呀/呢)？

(7)⑨ a. 中午求其食，定系去食大餐(呢/呀/啫/咖)？

　　　b. 听日你来呀↗，我去↘呀，定系佢来(呀/啫/咖)？

　　　c. 你要红子抑或黑子(呀/呢/咖/嘅$_{33}$啫$_{55}$)？

　　⑯ a. 中午随便吃，还是去吃大餐(呐/呢？)

　　　b. 明天是你来呀↗，我去呀，还是他来(呀/呢)？

　　　c. 你要红子还是黑子(呀/呢)？

选择问句由于提供了选择项，句末语调也显得不那么重要，括弧前的部分用字本调结尾便可以构成选择问句，用升调也行，如例(7)广州话的a句和b句，有了可选择项，便可以表达选择问的基本疑问语义。虽然选择问句通常只提供两个选择项，但是实际上，按预设语义分析①，其实与是非问句都一样属于开放性选择问句，这是广州话和普通话的共同点。

无论是广州话还是普通话，通常不需要用副词来修饰或强化选择，而与选择问句适配的语气词则正好与适配特指问句的语气词相同。选择问句语气词的发音也与特指问句语气词的发音相同。而且，这些选择问

---

① 戴耀晶：《汉语疑问句的预设及其语义分析》，《广播电视大学学报(哲学社会科学版)》2001年第2期。

句语气词所附带的意味也与特指问句语气词所附带的意味相同，其中，广州话“[粤]呀、呢”与普通话“[普]呀、呢”相当，都没有什么附加意味；广州话的“[粤]咖、啫、嘅啫$_{55}$”则含有催问或问究竟的意味。这种催问或问究竟的意味，在普通话里要用副词（如“[普]究竟、到底”等）充当状语来表达。

第四节　正反问句

正反问句是要求对同一事项的正反面做出选择回答的问句，可以看作选择问句的特殊模式，但是通常以紧缩句形式出现。例如：

(8)[粤] a. 佢系咪你大佬呀（啫/嚟$_{11}$咖$_{33}$）？

b. 你嗰个后底乸对你好唔好呀（咖/啫/嘅啫）？

c. 啲学生听唔听你话呀（咖/啫/嘅啫）？

d. 我可唔可以入去呀（咖/啫/嘅啫）？

e. 佢两个系孖仔系嘛/咪呀？

f. 你系咪去睇电影呀（咖/啫/嘅啫）？

[普] a. 他是不是你哥（呀/呢）？

b. 你后妈对你好不好（呀/呢）？

c. 那些学生听不听你的（呀/呢）？

d. 我可（以）不可以进去（呀/呢）？

e. 他俩是双胞胎是不是（呀）？

f. 你是不是去看电影（呀/的呢）？

例（8）各句的广州话以“[粤]系”为谓语动词的正反问句和普通话以“[普]是”为谓语动词的正反问句（如 a 句、e 句和 f 句），比其他谓语动词构成的正反问句（如 b 句、c 句和 d 句）较为复杂多变一些，广州话“[粤]咪”等于“[粤]唔系”，“[粤]系咪”等于“[粤]系唔系”；“[粤]嘛”则是“[粤]咪呀”的合音，“[粤]系嘛”等于“[粤]系咪呀”。广州话以“[粤]系”字句为基础的正反问句，句末不单独接语气词“[粤]咖”（如 a 句）；“[粤]嘛”后不另接任何语气词（如 e 句），因为“[粤]嘛”本身已经是复合语气词；“[粤]系咪”后却可以再接语气词“[粤]嘅啫”（如 f 句），附加上催问的意味。如果“[粤]系咪”本身构成主要的谓语动词，则句末可加“[粤]嚟$_{11}$咖$_{33}$”（如 a 句）或加“[粤]咖”（如 f 句），附加怀疑的意味。语气词“[粤]啫”和“[粤]嘅啫”则附带要求确认的意味，如 b 句、c 句、d 句和 f 句。

相比较而言，普通话的否定词不同于广州话的否定词，没有否定词和语气词的合音，也没有"是"动词与否定词的合音，但是，正反问句的语序结构却与广州话基本相同。差异较为突出的是语气词部分，普通话"㊉呀、呢"的表意较为单一，在句末只表示疑问，并不附加别的意味。但是，普通话"㊉呀"与广州话"㊉呀"作为疑问语气词的作用相当，以上例(8)的广州话和普通话都可以使用"呀"来构成疑问句，其中广州话"㊉嘛"＝"㊉咪＋呀"。

第五节　猜度问句

猜度问句是用揣测语气提出疑问，或者是陈述所知却有疑惑要求证实的问句。猜度句的构成，通常是在陈述句基础上加语气词。其中的陈述部分表达所要猜度的内容；而猜度语气则主要依靠语气词来表达，广州话里通常用"㊉啩"，普通话则通常用"㊉吧、罢"。这是与前述几种问句的语气词不同的疑问语气词。例如：

(9)㊉ a. 图书馆未关门啩？

　　　 b. 啲先生(恐怕)唔识来啩？

　　　 c. 佢两个(大概)系孖仔啩？

　　　 d. 我谂怕/断估佢哋唔来喇啩？

　　㊉ a. 图书馆还没关门吧？

　　　 b. 老师们(恐怕)不知道怎么来吧？

　　　 c. 他俩(大概)是双胞胎吧？

　　　 d. 我想/估计他们不来了吧？

例(9)如果分别去掉广州话和普通话的语气词"㊉啩"和"㊉吧"，余下部分只要用降调便构成陈述句(陈述事实或判断)，可见这两个语气词在广州话和普通话中分别起着构成猜度问句的关键作用。

广州话和普通话的猜度问句都可以加副词"㊉大概、恐怕"等，表达大致的判断，不过，只是起到加强猜度语气的作用，并不影响句子是否具有猜度语气。如例(9)的 b 句和 c 句，如果去掉"恐怕、大概"，句子的基本猜度语气并没有变，只是减少了些不确定性意味而已。使用猜度性的心理动词，如例(9)的 a 句前可加广州话"㊉谂怕、断估"和普通话"㊉估计"等，也可以使猜度意味表达得更明确。另外，广州话还用"㊉嘞"表示猜度语气，含有"希望对方认同自己观点和看法"[1]的意味，但使用范

---

[1]　邵敬敏等：《汉语方言疑问范畴比较研究》，广州，暨南大学出版社，2010，第110页。

围受到一定限制。例如：

(10) ⑧ a. 我大概唔入得去咖，嗬？

　　　　b. 条友恐怕饮唔得喇，嗬？

　　　　c. 你呢排身体几好嗬？

　　　　d. 老师唔罚你嗬？

　　⑧ a. 我大概不让进去的吧？

　　　　b. 这家伙恐怕喝不了了吧？

　　　　c. 你这段时间身体挺好吧？

　　　　d. 老师不罚你吧？

例(10)各句反映出，广州话语气词"⑧嗬"只能单用于句末，如 c 句和 d 句所示；如果与别的语气词共现，则在两个语气词之间要有停顿，如 a 句和 b 句所示。副词"恐怕、大概"表达不确定的估量判断，要叠加"希望对方认同自己的观点和看法"的意味。

第六节　反诘问句

反诘问句是与前四种疑问句形式相似而表达责问或追问等相反语义的疑问句，通常以否定的疑问形式来表达肯定语义，以肯定的疑问形式来表达否定语义，或者以（正反）选择的形式来强调具体反诘的事项。例如：

(11) ⑧ a. 咁样唔系要我食哑巴↗亏（咩/啰⁵⁵）？（是非问）

　　　　b. 唔通派你↗去（咩/呀₁₁/啰啵）？（是非问）

　　　　c. 你点可以畀你老母住呢间屋呢/咖/嘅/嘅啫？（特殊问）

　　　　d. 你系想要靓呀/呢，定系想要命呀/咖/啫？（选择问）

　　　　e. 佢唔单只捉住个贼，重追翻晒啲赃款添，你话佢犀唔犀利↗（呀）？（正反问）

　　⑧ a. 这样岂不是要我吃哑巴亏（吗）？

　　　　b. 难道派你去（啊/吗）？

　　　　c. 你怎么可以让你妈住这样的房子呢？

　　　　d. 你是想要漂亮呢，还是想要命啊？

　　　　e. 他不但抓住那个贼，还追回赃款，你说他厉害不厉害？

与上述前四种疑问句形式相比较，以是非问句为基础的广州话反诘问句可以用语调升高来构成，在没有疑问副词的情况下，句末语调升高便能够构成反诘问句，如果加上句末语气词，该语气词也恰好是高调的

（如例(11)的 a 句所示）。但是，使用疑问语气词构成反诘问句更有普遍性，以各种问句形式为基础的反诘问句都可以加语气词，而且以特殊问句、选择问句及正反问句为基础的反诘问句必须用相应的语气词来构成。与广州话不同的是，普通话以是非问句为基础的反诘问句通常要求有表达反诘语气的副词（如"⬚岂、难道"），广州话则不一定，如例(11)的 a 句就没用反诘语气副词。

与上述前四种疑问句的语气词相比较，广州话反诘问句可用的语气词比较多，有的和相应的基础疑问句语气词通用，如"⬚咩、呀、咖、呢"等；但是有的反诘问句使用的语气词不能用于基础疑问句，如"⬚啰₅₅、啰啵"等。

表达反诘语气的疑问副词在广州话和普通话中都有，如"⬚唔通、⬚难道"；但是普通话有从古汉语沿袭下来的反诘疑问副词"⬚岂"，广州话虽然也说"岂有此理"，但是如果用反诘疑问副词"⬚岂"的话，则谓语动词也需要相应地改用文读，如例(11)的 a 句改为"＊咁样岂不是要我食哑巴亏（咩/啰₅₅）?"这样就会显得半文不白。其他一些由于含有语素"何"而带上古汉语色彩的疑问副词，如"何尝、何必、何苦、何曾、何不、何须、何妨"等，广州话和普通话里也同样都用来构成反诘疑问句。但是，据学者统计①，普通话"⬚何尝、难道、岂"的否定意味比较接近，其他疑问副词则含有更多肯定意味，因而在构成反诘疑问句时，"何尝"之后多以肯定结构形式相配合，"难道、岂"之后则多以否定结构形式相配合。

从疑问副词和语气词的关系来看，广州话的反诘问句用了表达反诘意味的副词（如"⬚唔通、点"）之后，句末选择语气词时，对语调的要求就宽泛得多，如例(11)的 b 句和 c 句，"⬚咩、呢、嘅、嘅啫"属于升调，"⬚啰啵"属于轻声，"⬚呀₁₁"属低调，"⬚咖₃₃"则是中平调。其中，在最具代表性的反诘副词"⬚唔通"之后允许句末接的语气词声调最低。

以上主要是考察疑问句的结构和构成方式。如果从疑问句的表达功能来考察的话，我们会看到，广州话疑问句由于含有较为丰富的疑问语气词，通过疑问语气词表达的附加意味也比普通话疑问语气词更丰富一些，广州话语气词的语调也更丰富多样。如果加上语境因素来考察，比如"⬚嗄，你唔去呀？⬚怎么，你不去啊?"（惊讶、意想不到）这样的句子，疑问语气中包含的意味会更丰富。

---

① 齐沪扬、丁婵婵：《反诘类语气副词的否定功能分析》，《汉语学习》2006 年第 5 期。

广州话还有跨问句类型而强调疑问语气的句末助词“[粤]先”，正如邓思颖指出的，“表示先后的‘先’和加强语气的‘先’在句法上并不一样，前者属于副词/后置状语，后者属于句末助词”[①]。例如：

(12)[粤] a. 你系唔系同我去先↘？系咪行路你都肯先↘？(正反)

b. 人哋话好你又话好，你去过未(去过)先↘？(选择)

c. 到底你去定我去先？(选择)

d. 第啲我就唔问嘞，边个负责介绍嘅先↘？(特指)

e. 边个大只啲先？(特指)

f. * 呢条友来先↗(呀)？(是非)

g. * 啲先生唔会走先啩？(猜度)

h. * 唔通啊边个同我去先咩？(反诘)

[普] a. 你是不是同我去呀？是不是走路你都愿意呀？

b. 人家说好你也说好，你去过没(去过)呀？

c. 究竟你去还是我去呀？

d. 别的我就不问了，谁负责介绍的呢？

e. 谁更健壮些呢？

f. * 这家伙先来呀？

g. * 先生们不会先走吧？

h. * 难道那个谁和我先去吗？

例(12)广州话的 a 句、b/c 句和 d/e 句分别是正反问句、选择问句和特指问句，“[粤]先”用在句末加强疑问语气，通常是以缓和的降语调问个究竟[②]，使得所表达的疑问更不让人回避。而 f 句、g 句和 h 句分别为是非句、猜度句和反诘句，但是其中的“[粤]先”念升调，用作副词修饰前边的动词，表示先后的“先”义。由于“[粤]先”有两义，逻辑上便可能出现句末重叠的现象，如邓思颖给出的例句：

(13)[粤]我想搞清楚边个去先先。

[普]我想搞清楚谁先去。

但是，这种同音重叠两个“[粤]先”的现象，在广州话中可能已经受到普通话的影响，该例句其实也可以将副词的“[粤]先”置于动词前，即“[粤]我想搞清楚边个先去先。”这样会使语句显得更为清晰。同理，上述例(12)的 a 句可以演化成下例：

---

① 邓思颖：《粤语疑问句末“先”字的句法特点》，《中国语文》2006 年第 3 期。

② 蔡建华：《广州话动词后的“先”》，见郑定欧编：《广州话研究与教学(二)》，中山大学学报编辑部，1995。

（14）粤你系唔系同我先去先？

　　普你是不是同我先去呀？

在目前广州话里，例（14）的表述比例（12）的 a 句让人感觉语感较为自然一些。

另外有的学者从表达的存疑度来划分疑问句①，据此，是非问句、特指问句、正反问句和选择问句属于全疑问句，猜度问句属于半疑问句，反诘问句属于无疑问句。这里存此一说以备来日拓展。

总览构成广州话表达疑问语气的词语，主要为句末语气词，只有少量的副词，如表 10-1 所示。

表 10-1

疑问范畴	广州话	普通话
是非问句	呀、咩、咖啦[11]、啦嘛	吗、呀
特指问句	呀、呢、喏、嘅、嘅呢、嘅喏	呀、呢、呐、的呀、的呢
选择问句	定、定系、抑或；呀、呢、喏、咖、嘅喏	还是；啊、呢、呐
正反问句	系唔系＝系咪、系嘛＝系咪呀；呀、咖、喏、嘅喏	是不是、可不可；呀、呢、的呢
猜度问句	谂怕、断估；啩、喇啩、嘀	想、估计；吧、了吧
反诘问句	唔通、点；何尝、何必、何苦、何不、何须、何妨；咩、呀[11]、啰啵、嘅、嘅喏、喏	难道、岂；何尝、何必、何苦、何不、何须、何妨；吗、啊、呢

---

① 康天峰、刘保义：《疑问句语用因素分析》，《河南大学学报（社会科学版）》2001 年第 1 期。

第十一章　祈使语气表意范畴

提要： 汉语的祈使语气范畴由第二人称关系、语气词及副词等构成。祈使语气是汉语四种基本语气之一，包含请求、劝阻、命令、禁止等次类。从没有语气词的句子分析来看，广州话和普通话的祈使句，第二人称关系是共同的必要条件，但是在句中可以是显性存在，也可以是隐性存在。普通话的祈使语气词以"⟨普⟩吧（罢）"为代表，并有语义不太明确的"⟨普⟩啊"，后者有多个语音变体形式（⟨普⟩呀、哪、哇），以备根据前一个词语的不同尾音来选用。广州话的祈使语气词以"⟨粤⟩啦"为代表，可用于表达多种不同的祈使语义，另有表达不同语气义的"⟨粤⟩咧、罢啦、啫、啵、喇"等。广州话的禁止语气主要由禁止否定副词来表达，它们是"⟨粤⟩毋、咪、唔好、唔畀"等。

由于语言和语言之间存在差异，语气（mood）范畴在汉语语言学和英语语言学中有不同的内涵。在英语语言学中，语气通常"指动词的不同形式，用以表达说话人对自己所说的内容的态度"①。按其分类，英语只有陈述、疑问和祈使三种语气。

汉语的动词没有词形变化，但是仍然可以构成种种语气形式。汉语句子的语气通过语气词、情态副词以及句式等方式来表达。不同的语气反映着不同的言语目的，产生语用平面的句子分类。而从语气的功能目的来归类，可以不受形式制约，因此，汉语学界通常从语句表达的语义功能角度，把汉语句子的语气概括为陈述、疑问、祈使和感叹这样四种基本语气类型。②

不过，关于祈使语气的具体所指，汉语学界有多种意见。吕叔湘的《中国文法要略》认为狭义的语气分为三类六种，即与认识有关的直陈、疑问，与行动有关的商量、祈使，与感情有关的感叹、惊讶。丁声树的《现代汉语语法讲话》从语气词研究的角度，把语气分为疑问、祈使、禁止、测度、商量和陈述，认为"祈使的反面是禁止"③，所用的语气词也

---

① 王宗炎主编：《汉英应用语言学词典》，长沙，湖南教育出版社，1988，第242页。
② 齐沪扬：《语气词与语气系统》，合肥，安徽教育出版社，2002，第20页。
③ 丁声树：《现代汉语语法讲话》，北京，商务印书馆，1979，第212页。

不同，祈使语气用"吧、啊"，禁止语气用"了"。张静的《汉语语法问题》则把请求、劝阻、命令、禁止、要求等都纳入祈使句范畴。

本著采纳陈述、疑问、祈使和感叹这样四种语气分类，并且按照"祈使"的基本含义来衡量，把请求、劝阻、命令、禁止和要求等语气次类包含在其中，因为，从"请不要吸烟"这句常用语，我们便可以体察到，请求、劝阻、命令、禁止和要求等语气都存在相通的意味。

第一节　祈使人称关系

祈使句的语用功能是说话人对受话人有所诉求，要求受话人做出某种行为动作，包括命令、请求；或要求受话人不做出某种行为动作，包括禁止、劝阻。作为受话人的第二人称是祈使句的基本人称，如果受话人包括第二人称和第一人称，则句子的人称可以是兼指第二人称和第一人称的指称，因此，祈使句的人称代词在普通话里通常用"㊇你、你们、你俩、您、我们、咱们"，在广州话里则用"㊏你、你哋、我哋"。例如：

（1）㊏你/你哋/你哋两个/我哋/我哋三个/参加啦。

　　㊇你/你们/你俩/您/我们/咱/咱仨/咱们参加吧。

其中，广州话缺少与普通话敬称"您"相对应的称谓；复数第一人称只有一套，没有通用语体和口语体的区别；普通话的复数量词"俩、仨"在广州话里用数词加量词来表达。

由于祈使句是对受话人的诉求，这种说话人与受话人的人称关系只要双方明晰即可，所以，祈使句往往不需要用人称主语，以上普通话和广州话的人称在一定的对话语境中都可以省略。但是，第二人称关系的存在，不论用不用人称代词，在祈使句中都是必须有的。特别是一些没有使用祈使语气词的句子，只有依据是否存在作为受话人的第二人称关系，才能够判断是不是祈使句。例如：

（2）㊏ a. 要为啲细路着想。

　　　 b. 打开个箱。

　　㊇ a. 要为那些孩子着想。

　　　 b. 打开这个箱子。

如果离开了受话人称关系，就不能确定以上两句是祈使句还是自思自忖或场景说明的语句。受话人称关系的存在，是广州话和普通话祈使句的共同条件要求。

需要注意的是，祈使句的受话人称关系不一定要求句子的主语是第二人称。例（2）的两句可以补充人称代词构成以下句子：

(3)粤 a. 我/我哋要你为啲细路着想。

　　　b. 你要为啲细路着想。

　　　c. 你打开个箱。

　　　d.（我/我哋）请你打开个箱。

普 a. 我/我们要你为孩子着想。

　　b. 你要为孩子着想。

　　c. 你打开箱子。

　　d.（我/我们）请你打开箱子。

例（3）中诉求主体（粤我/我哋）充当主语时，第二人称充当兼语，即兼做"粤要、请"的宾语以及"粤着想、打开"的主语。诉求主体在句子中充当主语，有郑重其事的意味。当诉求主体在句子中不出现时，只要受话人在语境中存在，作为受话人的第二人称在祈使句中通常是可用可不用的。而能够构成第二人称兼语式祈使句的主要动词，广州话常用"粤望、请、畀、要、劳烦、唔该"等，普通话常用"普愿、请、让、令、命令、烦、麻烦、劳驾"等，这些祈使句常用动词可以分别置入上述例（3）的 a 句和 d 句中。其中，普通话"普烦"是书面语。

作为受话人的第二人称关系是祈使句的必备人称关系，但是，作为兼语的第二人称只是祈使句的一种句子类型，因为作为受话人的第二人称既可以充当兼语，也可以充当主语。在祈使句充当主语的第二人称通常是施动者，如例（1）所示；在祈使句充当兼语的第二人称，既充当前边动词的受事者，也充当后边动词的施动者。在三价动词谓语句中，祈使句的第二人称关系有时不但不是主语，而且第二人称关系可以是潜在的人称关系，例如：

(4)粤呢本书（你）借畀我。＝（你）借呢本书畀我。

　　普这本书（你）借给我。＝（你）借这本书给我。

其中的第二人称施动者在句子中无论是做主谓谓语句的小主语，还是做全句的主语，通常都是不出现的，但是作为受话人的第二人称关系却仍隐性地存在于句子中。祈使句中的第二人称关系作为必要条件，这一点在广州话和普通话里是一致的。

第二节　祈使语气词

有相当大一部分祈使句使用语气词，因而有的学者通过语气词的归类来判断使用语气词的句子所归属的语气类型。如王力的《中国现代语法》认为祈使语气词为“[普]罢”[1]，齐沪扬的《语气词与语气系统》认为祈使语气词为“[普]吧”[2]，《现代汉语词典》认为“[普]罢、吧”为祈使语气词，属于同音异型字。而丁声树的《现代汉语语法讲话》除了“[普]吧”之外，还举出“[普]啊”的音变字“[普]哪、呀”的祈使语气释例，并给出了禁止例中用语气词“[普]了”的例子。[3]

广州话的祈使语气词较为丰富，有的与这些普通话祈使语气词有对应关系，有的不对应。例如：

(5)[粤] a. 好妹妹，放过我今次啦。

b. 掉去水嗰度啦。

[普] a. 好妹妹，饶了我这次罢。

b. 撂到水里去罢。

(6)[粤] a. 一齐来啦/咧/罢啦/啫。

b. 大家嘟手啦/咧/罢啦/啫。

[普] a. 一起来吧。

b. 大家动手吧。

(7)[粤]快啲将只狗牵入来啦!

[普]快把狗牵进来呀!

(8)[粤]你爬梯要小心啵/喇。

[普]你爬梯子可要小心哪!

其中，普通话的“[普]呀、哪”与“[普]啊”相当，需要因应前一个词的收音情况来选用。如，“[普]来”的尾音是[i]，与[a]相拼而成[ya]([普]呀)；“心”的尾音收[n]，与[a]相拼而成[na]([普]哪)。广州话语气词的音变关系不明显，而语气词意味的差异较为明显一些。例(5)反映了普通话和广州话之间较为常用的对应语气词。例(6)则反映出，普通话通常使用的语气词“[普]吧”所表达的语气可以包含多种意味，对应到广州话里，可以是一般召唤性的“[粤]啦”，或协商意味的“[粤]咧”，或劝说意味的“[粤]罢啦”，或另荐意味的“[粤]啫”。另外，广州话“[粤]啦[la_{55}]”在例(7)有敦促意味。例(8)的“[粤]啵”则有提醒意味。

广州话有代表性的祈使语气词“[粤]啦”，所适用的意味变化主要表现在祈使语气范围内，但是一般不与“[粤]要”搭配，否则要音变为“[粤]喇

---

① 王力：《中国现代语法》，北京，商务印书馆，1985。

② 齐沪扬：《语气词与语气系统》，合肥，安徽教育出版社，2002，第21页。

③ 丁声树：《现代汉语语法讲话》，北京，商务印书馆，1979，第212页。

[la₃₃]"，如例（8）所示。而普通话语气词"⊕啊"不但有较多的音变形式，而且所适用语气较广，不限于祈使语气。例如：

（9）⊕ a. 后边啲人咪吵呀[a₃₃]！

　　　　b. 我冇吵呀。

　　⊕ a. 后边的人别吵哇！

　　　　b. 我没吵啊。

其中，普通话的"⊕哇"也是"⊕啊"的音变形式，但前一句是祈使句，后一句则表示申辩。广州话中可以同时适用于这两种语气的语气词不是"⊕啦"，而是"⊕呀"。由此也可以见出，普通话祈使句的代表性语气词有广泛适用性，与广州话祈使句的代表性语气词较为集中的适用性有明显的差异。

从上述分析可见，音变形式、语义形式、适用范围是普通话祈使语气词和广州话祈使语气词差异的三个基本维度。

第三节　禁止语气用词

汉语以否定副词表示禁止，古汉语就已经是这样。古汉语中表示禁止的否定副词为"勿、莫、毋、无"。例如：

（10）⊖多谢后世人，诚之慎勿忘。（《孔雀东南飞》）

　　　⊕请勿打扰。　｜　非请勿进。

（11）⊖楚妃且勿叹，齐娥且莫讴。（陆机《吴趋行》）

　　　⊕莫谈国事。　｜　请莫见怪。

（12）⊖ a. 愿大王称疾毋往，以观其变。（《史记·文帝本纪》）

　　　　　b. 硕鼠硕鼠，无食我黍。（《诗经·魏风·硕鼠》）

　　　⊕ a. 毋忘国耻！

　　　　　b. 无功不受禄。

其中，"无"的禁止义通"毋"①，普通话口语中（除固定语外）已经基本不用，但是仍保留在广州话里。②"勿"和"莫"的禁止义，在普通话中则是较为郑重其事的书面语，如例（10）、例（11）所示。

以否定副词表示禁止，这一点在广州话和普通话是一致的，但是所用的否定副词不尽相同。广州话用的否定副词有"⊕毋、咪、唔好、唔

---

①　《古汉语常用字字典》编写组：《古汉语常用字字典》，北京，商务印书馆，1979，第256页。

②　陶原珂：《广州话否定范畴的表意分布》，见张洪年、张双庆、陈雄根主编：《第十届国际粤方言研讨会论文集》，北京，中国社会科学出版社，2007。

界”等，普通话所用的否定副词则有“㊗别、不要、不许、休、莫”等。其中，广州话“㊐毋”有文读[mou₁₁]和白读[mou₁₃]的不同用法，这里只讨论白读（口语）的用法。例如：

(13)㊐ a. 毋/唔好/咪同生人讲话。

　　　 b. 唔界多口！

　　㊗ a. 别/不要和陌生人说话。

　　　 b. 不许多嘴！

(14)㊐唔好/咪乱噏廿四，唔好/咪指倚走甩。

　　㊗休要胡言乱语，休想逃脱。

(15)㊐ a. 毋/咪/唔好/喊！

　　　 b. 毋/咪/唔好见笑呀！

　　㊗ a. 莫/别/不要哭！

　　　 b. 请莫/别/不要见怪啊！

广州话“㊐毋”的白读可以看作“㊐唔好”的合音，而更为口语化。它与“㊐唔好”的语体关系与普通话“㊗别、不要”之间的关系相似，如例(13)所示，用“㊐唔好”和“㊗不要”都较为郑重其事，前者还略显文气一些。广州话“㊐咪”则兼得两端，有更广泛的适用性。普通话较文气的禁止否定词是“㊗休”，如例(14)所示，与广州话的“㊐唔好、咪”对译。“莫”虽然作为普通话用词被收入《现代汉语词典》，并没有标示为方言，但是，它的地方色彩是较为明显可辨的，在例(15)显示出地方文人口气。“莫”在语义上与“㊗别、不要”相当，但是在普通话的词语搭配中不如“㊗别、不要”的组配能力强。例如：

(16)㊐ a. 咪/唔好再来呢套嘞/啦/呀！

　　　 b. 咪/唔好咁唔识好丑！

　　　 c. 咪/唔好唔要脸啦/呀！

　　㊗ a. 别再来这套了！

　　　 b. 别这样不识好歹！

　　　 c. 别不要脸嘛！

例(16)的普通话在有语气词“㊗了、嘛”和指代词“这样”的句子里，如果用“莫”就不太协调，会产生“莫”与其他语气词有点隔的语感。而广州话“㊐咪、毋、唔好”在例(16)中都适用。由此可见，语气词与禁止否定词之间的搭配还是有一定选择性的。

禁止否定词和语气词之间的搭配性限制，不仅仅表现为对禁止否定词的选择，对语气词也是有选择的。在普通话里，上节所讨论的常用祈使语气词"❀啊"及其音变形式，在例(16)中就不好替代语气上含有劝止之义的语气词"❀了、嘛"；但是，广州话有代表性的祈使语气词，却可以与禁止否定副词搭配，如例(16)所示。

综合以上分析可以看到，第二人称关系是祈使句的必备人称关系，然而，祈使句的五个基本维度(请求、劝阻、命令、禁止、要求)都不是单方自言自语的话语行为，涉及说话人和受话人两方面，所以，第二人称关系只提供了其中一个观察角度。如果从说话人的角度来看祈使句的构成，我们还会注意到，祈使句发出的是说话人的意愿。因此，能愿动词和其他一些表达愿望的动词也是构造祈使句的重要元素。例如，在说话人对受话人表达意愿、要求的语境中，以下都是祈使句：

(17)❀ a. 望你会自爱。

　　　b. 应该赞佢。

　　　c. 好去食饭喇。

　　　d. 一于要按时做完。

　　　e. 一于要大方。

　　　f. 唔使惊。

　❀ a. 希望你能够自爱。

　　　b. 应该表扬他。

　　　c. 该去吃饭了。

　　　d. 必须按时完成。

　　　e. 须要大方。

　　　f. 不必惊慌。

比较而言，广州话的能愿动词比普通话的能愿动词形式少一些，没有普通话那么丰富。然而，例中各句足以说明，使用这些能愿动词便可以表达说话人的祈使要求，不必使用语气词。c句也可以去掉句末语气词"❀喇(❀了)"的，只是语气变得更强硬些，少了劝说的意味。另外，叮嘱也属于请求或要求一类的话语语气，往往直接指点受话人的能愿心理活动。例如：

(18)❀ a. 记住同我买嘢。

　　　b. 记得锁门。

　　　c. 要预早话我知。

　❀ a. 记好要帮我买呀。

　　　b. 别忘了锁门。

　　　c. 要提前告诉我。

　　从以上分析可见，第二人称关系和说话人的能愿表达，是考察祈使句的两个重点角度；然而，由于说话人的能愿表达不一定要使用能愿动词或表达心理活动的动词，因此，与第二人称关系的必要性比较起来，就如同语气词一样，并不是能愿表达的必备项。这一点，广州话与普通话是相通的。

　　总览构成广州话祈使语气的词语，如表 11-1 所示。

表 11-1

祈使范畴	广州话	普通话
请求	望、请、畀、要、劳烦、唔该；啦、咧、罢啦、啫	愿、请、让、令、命令、烦、麻烦、劳驾；罢、吧
劝阻	啵、喇、把啦	啊（呀、哪）
命令	要、必须；呀	要、哇
禁止	毋、咪、唔好、唔畀	别、不要、不许、休、莫

第十二章　陈述语气表意范畴

提要： 陈述语气以平降的语调结束句子、说明意见、叙述事情，可以带语气词使表达获得某种语义特征。陈述语气包括肯定语气和否定语气，是功能语气四个类别之一，与意志语气相交叉。这里通过比较广州话和普通话在可能语气、允许语气和料悟语气方面的形式异同，论定其实质为事态判断，展示广州话事态判断的陈述方式；进而比较广州话和普通话语气词的异同，列表梳理出广州话语气词的表意特点，并且指出复合连用的规律性。

陈述语气，是指用平降的语调结束句子、说明意见、叙述事情的语气，包括肯定语气和否定语气。在肯定语气和否定语气中，可以包含各种意志语气。其中，按齐沪扬的分类，意志语气包括可能语气（表示或然/必然）、能愿语气（表示能够/愿望）、允许语气（表示允许/必要）、以及料悟语气（表示料定/领悟）。① 但是实际上，这里的必要语气、能够语气和愿望语气，与教学语法通常说的能愿动词所表达的语气相当，② 应置于能愿表意范畴专章探讨；而允许语气判断客观条件是否允许事情发生，可能语气表达对事情发生或然性和必然性的判断，料悟语气则表达对事态变化、发展的料定和领悟，这三者都属于判断事态的陈述，因而纳入本章陈述语气表意范畴来分析、梳理。

陈述语气可以带语气词，也可以不带语气词，因而应该以语调特征作为陈述语气的主要判断依据。以平降语调结束句子，这是广州话与普通话的陈述句共同呈现的语调特征。但是，广州话与普通话的否定形式有差异，语气词有巨大差别，因而本章要重点从这两个方面来比较广州话陈述语气和普通话陈述语气的异同。

第一节　陈述语气表达的事态判断

在"否定表意范畴"一章里，我们已经探讨了广州话的"存在否定、禁

---

① 齐沪扬：《语气词与语气系统》，合肥，安徽教育出版社，2002，第21页。
② 黄伯荣、廖序东主编：《现代汉语（修订五版）》下册，北京，高等教育出版社，2011，第11页。

止否定、判断否定"，其中"禁止否定"属于祈使语气的否定形态，其他两种否定以及置于进行体和完成体专节讨论的否定形态等，属于陈述语气的否定形态。这里围绕事态判断来探讨陈述语气的肯定和否定表达形式。

一、可能判断

可能语气是表达"或然、必然"判断语意的陈述语气，普通话通常用助动词"⑭可能、会"来表达或然语义，广州话也用助动词"⑭可能、会"来表达或然语义，但是否定形式不同。例如：

(1)⑭ a. 听日可能有灰霾。

b. 佢晚头黑唔可能出外便。

c. 佢晚头黑可能唔出外便。

⑭ a. 明天可能有灰霾。

b. 他晚上不可能外出。

c. 他晚上可能不外出。

(2)⑭ a. 今日会翻风。

b. 佢唔会踩车上班嘅。

c. 佢会唔踩车上班嘅。

⑭ a. 今天会刮风。

b. 他不会骑车上班的。

c. 他会不骑车上班的。

以上例(1)和例(2)，虽然广州话和普通话的词语表达方式有差异，如普通话"⑭明天、晚上、不、外出"等，在广州话中说成"⑭听日、晚头黑、唔、出外便"等，但是，否定词与表达可能语气的助动词之间的搭配形式是一致的，既有"否定词＋助动词＋V"的表达格式，也有"助动词＋否定词＋V"的表达格式，而且普通话和广州话相同的表达格式所表达的语义相当。

普通话还用副词"⑭定、准、也许、肯定、一定、必定"等表达可能语气的必然语义；广州话表达必然语义的副词相应有"⑭实、一实、实行、实稳、定$_{22-35}$、定必、是必、梗、一梗、实梗、肯定"等。例如：

(3)⑭ a. 今日实(稳)会赢。

b. 佢未实/必会坐车来。

c. 佢实(行)会唔坐车来。

d. 佢实(行)唔会坐车来。

⑭ a. 今天一定胜利。或：今天准赢。

　　b. 他未必会乘车来。

　　c. 他一定会不乘车来。

　　d. 他一定不会乘车来。

　　例(3)普通话的"㊁会"不是"可能"，而是"必然"的意思；副词"㊁定"不用于否定句，而用"㊁不一定、一定不"表达否定意；"㊁一定"不必与"㊁会"搭配就可以表达必然义，与"㊁会"搭配时则有"㊁不＋一定＋会＋V""㊁一定＋会＋不＋V"和"㊁一定＋不＋会＋V"三种不同的否定格式，前一个是或然否定格式，后两个是断然否定格式。而例(3)广州话的"㊁实、实行"均可以用于肯定句表示必然，但是，"㊁实行"前不加否定词，"㊁实"可以前加否定词"㊁未"，相当于"㊁未必"，而不前加否定词"㊁唔"，用"㊁实、实行"与"㊁唔"构成否定式的时候，"㊁唔"只能置于"㊁实、实行"之后而在助动词"㊁会"之前或动词之前。另外，普通话"㊁定、一定"和广州话"㊁实、实行"等表示必然义的副词，通常不与表示可能义的"可能"搭配。又如：

　　(4)㊁　a. 今日定必/是必会翻风嘅。

　　　　　b. 佢未必(会)坐车来。

　　　　　c. 佢定必/是必唔(会)坐车来。

　　　　　d. 佢定必/是必会唔坐车来。

　　　　　e. 今日梗/一梗会翻风。

　　　㊁　a. 今天准会刮风的。

　　　　　b. 他没准(会)乘车来。

　　　　　c. 他准不(会)乘车来。

　　　　　d. 他肯定不(会)坐车来。

　　　　　e. 他肯定会不坐车来。

　　例(4)普通话表示必然义的副词"㊁准"的否定句，有两种否定词的不同用法，即在"㊁准"前接否定词"㊁没"的格式和在"㊁准"后接否定词"㊁不"的格式。例(4)广州话表示必然义的副词"㊁定必、是必"也有两种否定词用法，即在"㊁定必、是必"前用"㊁未"，在"㊁定必、是必"后用"㊁唔"。广州话"㊁梗、一梗"的否定形式不用"㊁未"，而只用后接否定形式"㊁唔"，可以构成"㊁梗/一梗＋唔(＋会)＋V"或"梗/一梗＋会＋唔＋V"两种同义的否定结构。其他表示必然的副词，也按这两个格式构成否定结构，例如：

　　(5)㊁　a. 听日肯定/必定系晴天。

　　　　　b. 我实梗/必定唔(会)带遮。

　　c. 我实梗/肯定会唔带遮。

㊜ a. 明天肯定/必定是晴天。

　　b. 我肯定/必定不（会）带雨伞。

　　c. 我肯定/必定会不带雨伞。

　　例（5）普通话和广州话都有用"必定"，都不用前加"未"构成否定，而广州话用必定义的副词与后接否定词"㊉唔"搭配构成否定结构，可以带助动词或不带助动词表示必然；但是，如果用"㊉未必"构成否定，则是把必然义转成了或然义。

　　普通话使用或然副词来表示否定时，用"㊜不"，不用"㊜没"；广州话的或然副词则用"㊉唔"来构成否定。例如：

（6）㊉ a. 听日或者（会）开会。

　　　　b. 佢或者（会）唔请假。

　　　　c. 或者唔会请假。

㊜ a. 明天也许（会）开会。

　　b. 他也许（会）不请假。

　　c. 也许不会请假。

　　例（6）反映出或然副词在广州话和普通话里都可以带助动词或不带助动词表示或然义，但是否定词"㊉唔、㊜不"都只接于或然副词后，或接于助动词后。

　　另外，广州话的单音节必然副词"㊉定、梗"还有充当补语来表示必然的用法，例如：

（7）㊉ a. 呢场雨落定/梗喇。

　　　　b. 呢场雨梗落喇。

　　　　c. 我梗唔出外便啦。

　　　　d. 唔尊重人哋实/一实撞板。

　　　　　→唔尊重人哋未必/唔一定撞板。唔尊重人哋实/一实唔撞板。

㊜ a. 这场雨准/肯定下。

　　b. 我准/肯定不外出。

　　c. 我肯定不出外边嘛。

　　d. 不尊重别人必定碰钉子。

　　　→不尊重别人未必/不一定碰钉子。不尊重别人必定不碰钉子。

　　从例（7）的 a 句可以看到，普通话的必然副词"㊜准、肯定"无论是在肯定句还是否定句中，都居于动词前，其结构是"㊜准/肯定（＋不）＋V"；广州话的单音节必然副词"㊉定、梗"则充当肯定句动词"㊉落"的补语，"⑧梗"还可以在肯定句或否定句中充当状语，不过，否定词只能接"⑧梗"后，而"⑧定"通常不用于否定结构。从例（7）的 b 句可以看到，副词"⑧实/一实⑧必定"与动词搭配构成表达必然语义的结构时，其否定形式有两种，一种是前接否定词，用"⑧未必/唔一定＋V"或"⑧未必/不一定＋V"，构成的是或然语义结构；另一种是后接否定词，用"⑧唔＋V"或"⑧不＋V"，构成表示"必然不"的语义结构。

从以上分析的情况看来，广州话和普通话的可能语气构成，所用可能语气助动词相同，而且都能够不依赖副词而独立表达或然义，但是没有表达必然义的助动词；可能语气副词也可以不依赖助动词而独立表达或然义或者必然义，不过，广州话语气副词和普通话语气副词之间有较大的构成性差异，在构成否定结构时使用不同的否定词，单音节必然副词的肯定句结构不同，广州话的必定义单音节副词"⑧梗"有更为灵活的句法结构位置。

二、允许判断

允许语气是表达客观条件是否允许事情发生、进行或完成的语气。由于允许语气还往往表达说话人对受话人的指令性意见，要求用第二人称指称对方来直接表达，这样实际上会构成祈使语气，而不是陈述语气。因此，从陈述语气来探讨的允许语气，本著限定在非第二人称语句范围来考察和讨论广州话允许语气的表达，以便与祈使语气范畴划清界限。

普通话通常用助动词"⑧可、可以、能够、得"来表达允许语气，广州话只用助动词"⑧可以、得"来表达允许语气。例如：

（13）⑧　a. 工地可以开工喇。→工地唔可以开工喇。工地开唔得　　工喇。

　　　　b. 日头可以用打桩机。

　　　　c. 晚头黑唔可以用打桩机。→晚头黑唔用得打桩机。

　　⑧　a. 工地可/可以动工了。→工地不可/可以动工了。工地动　　工不了了。

　　　　b. 白天能够用打桩机。

　　　　c. 晚上不能够用打桩机。→夜晚用不得打桩机。

例（13）反映出，广州话通常不用助动词"⑧能够、可"来表达允许语气；广州话和普通话都用助动词"可以、得"来表达允许语气，结构也基本相同，与"可以"接于动词前不同的是，"得"用于动词后构成补语。在补语结构中，"得"往往要求与单音节动词搭配，但是，广州话可以说"⑧

开唔得工"或"⑨唔开得工"，而普通话"⑧动不了工"如改用"＊动不得工"或"＊动工不得"，却让人感觉拗口。

另外，广州话和普通话都还用一些动词或副词来表达允许语义，不过，广州话的允许义动词只限于用"⑨准、畀"，普通话则有"⑧许、允许、准"等来表达允许语义。例如：

(14)⑨ a. 呢局棋只准和，唔准/畀输。

　　　 b. 乘客唔准/畀携带枪支弹药。

　　　 c. 来访准/畀带刀剑。→来访唔准/畀带刀剑。来访准/畀唔带刀剑。

　　⑧ a. 这局棋只许/允许和，不许/允许输。

　　　 b. 乘客不准携带枪支弹药。

　　　 c. 来访允许带刀剑。→来访不允许带刀剑。来访允许不带刀剑。

例(14)反映出，广州话和普通话使用不同的动词表示允许语义，虽然普通话也用"准"，但是只用于否定句。由于普通话的"⑧准"另有副词义"一定"，所以还可以凭它的副词义来和"允许"搭配使用，如"⑧只要申请，准允许参加。"广州话在肯定句和否定句中则都可以使用"⑨准、畀"来表示"允许"，如例(14)所示。另外，普通话的单音节动词"⑧许"，需要与副词"⑧只、不"等搭配才可以使用，所以，"⑧允许"是普通话表示允许语义的原型动词。

三、料悟判断

料悟语气是表达"料定、领悟"语意的语气。汉语没有和料悟语气相应的助动词，要靠心理动词、副词来表达。

表达料定语义，普通话通常使用动词"⑧料、料想、估计、想必、料定、想不到、想得到"等，广州话则用动词"⑨估、断估、重估、计正、谂怕、估唔到、谂唔到、冇谂到"等。例如：

(15)⑨ a. 我估/仲估佢哋唔敢再来添。

　　　　→我冇估/谂到佢哋唔敢再来。我估/谂唔到佢哋唔敢再来。我冇谂到佢哋唔敢再来。

　　　 b. 断估/计正听日会落雨。

　　　　→冇估/谂到听日会落雨。估/谂唔到听日会落雨添。

　　　 c. 军师计正/谂到要刮东风。

　　　　→军师冇估/谂到要刮东风。军师估/谂唔到刮东风。

⟨粤⟩ a. 我料/料想他们不敢再来呢。

　　→我没料到他们不敢再来。我(料)想不到他们不敢再来。

　b. 估计/想来明天会下雨。

　　→没想到明天会下雨。想不到明天会下雨。

　c. 军师料定要刮东风。

　　→军师没料定要刮东风。军师料不定刮东风。

　　例(15)广州话各句都用心理动词表达"料定"语义，a 句比 b 句较为口语化，但是否定形式相同。c 句的"料定"动词"⟨粤⟩计正/谂怕(⟨普⟩必得/必须)"含有"预料"和"确定"两重含义，构成了比 a 句和 b 句的料定动词义更为确定的判断，但是否定形式却仍与 a 句和 b 句的相同。否定词"⟨粤⟩冇(⟨普⟩没)"和"⟨粤⟩唔(⟨普⟩不)"所构成的否定形式表达相同的语义。

　　另外，广州话有"⟨粤⟩睇白、睇死"也表示料定语义，但是带有贬义色彩，如"⟨粤⟩睇白你都冇准备咯喇(⟨普⟩看来你是没准备的了)"，"⟨粤⟩睇死佢都唔记得咯啰(⟨普⟩看来他是不记得的了)"。这"⟨粤⟩睇白、睇死"是普通话所没有的特色动词。

　　普通话用来表示料定语义的副词有"⟨普⟩果然、果真"，广州话只用副词"⟨粤⟩果然"来表示料定语义。例如："⟨粤⟩佢果然来咗。→佢果然冇来。佢果然唔来。(⟨普⟩他果然来了。→他果然没来。他果然不来。)"副词"⟨粤⟩果然(⟨普⟩果然、果真)"本身不带否定词，只有其后边的动词可以带否定词表示料定的否定语义。

　　再看"领悟"语义的表达。普通话用"⟨普⟩难怪、原来、怪不得"等副词，广州话则有"⟨粤⟩唔怪得、唔怪之得、原嚟"。例如：

(16)⟨粤⟩ a. 原嚟呢个矮仔先至系老师嗰。

　　　→原嚟呢个矮仔先至唔系老师嗰。

　b. 唔怪得大家都赞佢啦。

　　→唔怪得大家都冇赞佢啦。唔怪得大家都唔赞佢啦。

　c. 唔怪之得啲细路敢来上课啦。

　　→唔怪之得冇细路敢来上课啦。唔怪之得啲细路唔敢来上课啦。唔怪之得啲细路敢唔来上课啦。＊唔怪之得啲细路冇敢来上课啦。

⟨普⟩ a. 原来这个小个儿才是老师呀。

　　→原来这个小个儿才不是老师呀。

　b. 难怪大家都称赞他。

　　→难怪大家都没称赞他。难怪大家都不称赞他。

　　c. 怪不得孩子敢来上课。

　　　　→怪不得没孩子敢来上课。怪不得孩子没敢来上课。怪不
　　　　得孩子不敢来上课。怪不得孩子敢不来上课。

　　例(16)广州话各句都是用副词在句首表示领悟义，a 句的广州话副词"⑨原嚟"和普通话"⑨原来"同形，只是本著在字面上用"嚟"来记录虚化的"来"，用"⑨系"记录"⑨是"动词；b 句和 c 句的广州话副词"⑨唔怪得、唔怪之得"与普通话"⑨难怪、怪不得"的构成形式不同，语义相当，但是 c 句的否定形式变化更多些。其中 c 句"＊⑨唔怪之得啲细路冇敢来上课啦"中的"冇敢来"，在广州本地人听来，有"乡下音"的感觉。a 句、b 句和 c 句的否定形式层次较多，但是都不是对领悟义的否定，而是对后边动词或整个短语的否定。

　　从以上分析可以看到，三个事态判断表意类别的叙述方式各有自身的构成特点，并非都由助动词单一构成，但是，广州话和普通话构成事态判断形式的词性类别基本相同，与可能语气和允许语气都有相应的助动词和副词不同，料悟语气都用相应的心理动词和副词，而都不用助动词，其差异只是个体的构成和多少的差异，不是词性类别的差异。但是，不同类事态判断的否定方式有不同类别的构成差异，表达或然语义的副词和表达领悟语义的副词不受否定词否定，其他副词、助动词和心理动词都受否定词否定。在上述否定构成中，普通话的"⑨没、未、不"在句法分布上大体对应于广州话的"⑨冇、未、唔"，但是在复合词的构成上则不对应。

　　总览构成广州话陈述事态判断的用词，如表 12-1 所示。

表 12-1

事态陈述	广州话		普通话	
	肯定	否定	肯定	否定
可能判断	可能、会；实、一实、实行、实稳、定、定必、是必、梗、一梗、实梗、肯定、或者	唔、未必、未	可能、会；定、准、也许、肯定、一定、必定	不、没准、未必
允许判断	准、畀、可以、得（接补语）	唔	可、可以、能够；补语：得	不
料悟判断	估、断估、重估、计正、谂怕、估唔到、睇白、睇死、谂唔到、冇谂到；果然；唔怪得、唔怪之得、唔怪得之、原嚟	冇、唔	料、料想、估计、想必、料定、想得到；原来、难怪、怪不得；果然、果真	没、不

第二节　陈述句单音节语气词

广州话陈述语气和普通话陈述语气所使用的语气词，不仅在数量上相差较大，而且所表达的陈述语气也有较大的差别，需要逐一比较分析，才能够明确它们的差异。

普通话的句末可以加带的语气词有"⟨普⟩了、的、嘛、呢、罢了、啊、呗"[1]7个。其中，"啊"通常根据前边的不同字音而采用相应的变读，它们的变音关系，这里按照《现代汉语词典》整理，如表12-2[2]所示。

表 12-2

前字的韵母或韵尾	"啊"的发音和写法
a，e，i，o，u	$a \rightarrow ia$ 呀
u，ao，ou	$a \rightarrow ua$ 哇
-n	$a \rightarrow na$ 哪
-ng	$a \rightarrow ng$

与普通话的陈述语气词相比较，广州话的陈述语气词明显要丰富一些，按黄伯荣等编著的《汉语方言语法调查手册》所列举的广州话陈述语气词语有"⟨粤⟩喎、之嘛、架、嘅、啫、嗻、啰、嘞、呃、呀、嘅啰噃"[3]等11个。若按方小燕的梳理，则有"啦[la_{33}]、啦[la_{55}]、嘞[lak_{33}]、啊[a_{55}]、啊[a_{33}]、呃[ak_{33}]、嘛[ma_{33}]、架[ka_{33}]、格[kak_{33}]、咋[za_{33}]、嘅[ge_{33}]、嘅[ge_{35}]、啰[lo_{55}]、啰[lo_{33}]、啰[lo_{21}]、咯[log_{33}]、噃[bo_{33}]、喎[wo_{33}]、喎[wo_{13}]、唎[le_{13}]、嗻[ze_{55}]、啫[zeg_{55}]、嚟[$lɐi_{21}$]、之嘛[$zi_{55} ma_{33}$]、系啦[$hɐi_{22-35} la_{55}$]、罢嘞[$ba_{22-35} lak_{33}$]、定啦[$din_{22-35} la_{55}$]、定嘞[$din_{22-35} lak_{33}$]、啊嘛[$a_{55} ma_{33}$]、至噃[$zi_{33} bo_{33}$]等"[4]，共有30个之多。其中，复合连用的双音节语气词，这里还可以补列出"⟨粤⟩咖啦、咖嘞、咖咯、咖喎、嘅嗻、嘅啫、嘅嘛、嘅噃、嘅喎、嘅咯、嘅咋、嘅唎、喇喎、喇嘛、喇喎、系啰、吖嗱、嘅啰噃"等，它们都是在单音节语气词基础上连用或复合的，所表达语义也与居后的单音节语气

①　丁声树等：《现代汉语语法讲话》，北京，商务印书馆，1961，第214页。
②　中国社会科学院语言研究所词典编辑室：《现代汉语词典》(第6版)，北京，商务印书馆，2012，第2页。
③　黄伯荣等：《汉语方言语法调查手册》，广州，广东人民出版社，2001，第108～111页。
④　方小燕：《广州方言句末语气助词》，广州，暨南大学出版社，2003，第129页。

词表意倾向一致，因此，我们先按广州话单音节语气词的表意情况来分类探讨，然后梳理语气词连用或复合表意现象。

上述广州话的单音节语气词，大多数标注的读音是五度标调中的 33 或 55 的平调，与陈述语气要求的句末平降语调一致。在其中 23 个单音节语气词里，只有 4 个标注为非平声调，这是需要先辨析和说明的。"唎[le$_{13}$]"，饶秉才等的《广州话词典》标注为阴平调 11，詹伯慧主编的《广州话正音字典》标注为阴去调 33，都是平声调；"嘅[ge$_{35}$]"，《广州话词典》认为用于表达"反诘、疑问及同意"，作为陈述句的句末语气词则标为阴去调 33，《广州话正音字典》的意见同此；"喎[wo]"，《广州话正音字典》对它的转述义和反问义标注为阳上调 13，争辩义标注为阴去调 33，《广州话词典》认为转达义是阴去调 33，惊讶、争辩义为阳平调 11，反诘语气才是阳上调 13；"嚟[lɐi$_{21}$]"的阳平调值向来有两说，白宛如《广州方言词典》的意见同方著，都标注为 21，《广州话词典》标注阳平调值为平调 11。可见，按照多数本土专家的语感，除了表示同意的"嘅[kɛ$_{35}$]"（如"都好嘅[ge$_{35}$]"[1]）之外，其他都是平声调的，都与陈述语气要求的平降语调相一致。即使是"嚟[lɐi$_{11}$]"的阳平调值定为低降 21，也与陈述语气要求的"平降语调"的调型相一致。至于这种句末语气词的音调和陈述语气句末语调的趋同性，究竟是陈述语气要求使然的，还是一种巧合，则有待更多种方言进一步相互比较研究才能够定论。

为了简明起见，根据语气词的表意特点，我们对上述 23 个单音节陈述语气词以表 12-3 梳理如下。

表 12-3

语气词	所表语义：普通话对应词/表意特征	例　句
啦[la$_{33}$]	已然/即时事态：粵了/认可	楪水仙开花啦。/我走啦。/食得啦；粵可吃了。
啦[la$_{55}$]	已然事态：粵了/表示高姿态：粵吧	佢考试肥咗啦。/屋企有钱畀啦。/冇人做就我嚟啦。粵没人做就我来吧。
嘞[lag$_{33}$]	确定判断：粵了/态度断然	噉就弊嘞。佢重会来先怪嘞。/茶我饮，烟就唔吃嘞。粵茶我喝，烟就不抽了。
吖[a$_{55}$]	颇超然的判断：粵啊/辩解	佢跳得几好吖。老师冇罚你吖。/我冇插手吖。粵我没插手啊。
呀[a$_{33}$]	确定事态因由：粵啊	我唔走，佢唔喊呀。老豆唔畀佢出门呀。粵老爸不让他出门啊。

---

① 但是，"粵噉做都得嘅[kɛ$_{35}$]"则是不明确同意还是质疑，嘅[kɛ$_{355}$]音延长才表同意（隐含不想再争执义），而且平声调"嘅[kɛ$_{33}$]"也可以较为平和地表示同意。

续表

语气词	所表语义：普通话对应词/表意特征	例　句
嘛[ma33]	说明（无奈的）缘由：普嘛	就迟两分钟嘛。撞伤我嘛，未要佢赔啰。唔记得嘛。普不记得嘛。
架[ka33]本著"咖"	强调、提醒：普的	冇梯上唔倒咖。嗰度好多雨咖。小心啲，有玻璃咖。普小心点，有玻璃的。
呃[ag33]	申辩原委：普嘛/明确表态	叫咗啦，佢话来呃。佢冇交呃。/字几好呃。我来呃。普字挺好嘛。我来嘛。
格[gag33]	确认有疑之实/认定：普的	有得卖格。佢话咗返嚟格。/梗唔惊佢格。喺嗽格。普是这样的。
嘅[ge33]	陈述事实/明确判断：普的	佢叫我来嘅。畀你嘅。/做生意，冇人捉你嘅。你癫嘅。普你疯的。
*嘅[ge35]	强调判断/说明原委：普的	呢件实唔你嘅。唔使惊嘅。/原先系我嘅，而家送畀你。普原先是我的，现在送给你。
咋[za33]	谓不如期待值/明隐情普罢了	今日食斋咋。嗰苏虾三斤咋。/叫佢佢唔来咋。普叫他他不来罢了。
啰[lo55]	披露真相/指点事态/建议普呗	系佢啰。今晚有局啰。/问佢未知啰。而家好啰。/我来啰。普我来呗。
啰[lo33]	表明事态已变：普了	今日话唔系嗽讲啰。干咗塘啰。油角食晒啰。普油角吃光了。
*啰[lo21]	陈述旧事真相：普呢	嗰日佢冇来啰。你唔知，龙仔就知道啰。通行证失咗啰。普通行证丢了呢。
咯[log33]	表示事态无奈：普了啊	气球飞咗咯。都话佢唔来咯。蚊都瞓咯。普蚊子都睡了啊。
嘈[po33]	提醒已变/警示悟觉：普了/啊	今时唔同往日嘈。啲大粒嘢都来嘈。/（你）嗽做唔掂嘈。普不这样做不行啊。
喎[wo33]	表明出乎意料：普啊	佢落咗嚟喎。睇嚟要落雨喎。冇你份喎。普没你的份啊。
*喎[wo13]	转述：普呢	佢唔中意喎。等嗰仔大啲先来喎。唔使留饭喎。普不用留饭呢。
唎[le55]	提醒遗忘：普呢	除咗你，重有我唎。喺你嗰袋度唎。上嗰月重未交唎。普上个月还没交呢。
*唎[le13]	重申己见不容置疑：普的呀	唔系嗽讲唎。佢讲过唎。呢个人信得过唎。普这个人信得过的呀。
唎[le11]	重提记忆/低于预设值：普呢	嗰单我重记得唎。妈都闹佢唎。/你都冇出唎。重未够唎。普还没够呢。

续表

语气词	所表语义：普通话对应词/表意特征	例　句
嘞[ze₅₅]	表明事态不必看得太严重⑧嘛	有钱好易话围嘞。/糯米饭都几好嘞。嗱做冇乜唔妥嘞。你自己唔愿意嘞。⑧你自己不愿意嘛。
啫[zeg₅₅]	指正事实/告知听者不知晓的事：⑧的呢/了呢	唔系嗱样啫。未够八点啫。/我执到只界指啫。佛诞嗰日地震啫。⑧佛诞那天地震了呢。
*嚟[lɐi₁₁]	确认过去事实/恍然认识：⑧了/来的	我去揾邮局嚟。琴晚落过雨嚟。/原来系场梦嚟(嘅)。⑧原来是场梦来的。

注：①带＊各字，方著标音为"嘅[ge₃₅]、喎[wo₁₃]、咧[le₁₃]、嚟[lɐi₂₁]"，此处按陈述语气定义从平声调说。②据方著，"架[ga₃₃]"是"嘅[ge₃₃]"和"啊[a₃₃]"合音。③"咧[le₁₃]"此处补充"[le₅₅]、咧[le₁₁]"。④本著从《广州话词典》，"啊[a₃₃]"记作"呀₁"，"啊[a₁₁]"作"呀₃₃"，"啊[a₅₅]"作"吖"，以别于普通话"啊"。

　　表 12-3 中的广州话陈述语气词，只表明可以充当陈述句的句末语气词，并不意味着充当陈述句句末语气词是它们的唯一职能，其中有的语气词还有表达其他语气的职能。例如："⑧佢来咗格，去咗边呢。（⑧他来了呀，去哪儿了呢。）（表诧异）""⑧不如揭翻起嗰盖啰？（⑧要不把盖再揭起来？）（表征询）""⑧唔啱你来咯。（⑧要不你来试试。）（表建议）""⑧唔好嗱乞人憎咧[le₁₁]。（⑧别那么讨人嫌吧。）（表祈使）"等。另外，不同的陈述方式，也有可能改变语气词的声调，如"喎"的直接陈述用平声调，转述用低升调。这些都还有待于更深入细致的体验和描述。

第三节　陈述句语气词连用

　　陈述句语气词不仅可以单独附着于句末，起到辅助表达陈述语气的作用，还可以在单音节语气的基础上复合连缀起来，加强语气的生动效果，即为语气词连用。

　　广州话的陈述语气词连用所表达的语义，并不是各语气词语义的叠加，而是复合整体性的表意。这里主要讨论复合成双单节语气词连用的情况，以后边音节为基础进行梳理，见表 12-4 所示。

表 12-4

广州话语气词	表意特征	例　句
吖嘩₁₁	不示弱/警告	睇佢重敢谡人吖嘩。唔讲你妈知吖嘩。我死你睇吖嘩。

续表

广州话语气词	表意特征	例　　句
嚟咖₃₃（普来的）	强调、加重语气	呢个人嚟咖。车运翻嚟咖。本嚟冇声嚟咖。
罢啦₅₅（普吧） 咖啦₅₅（普的了） 嘅啦₃₃（普的了）	商量、劝说 已然事态、语态豁达 提醒、确认	飞多次发罢啦。你老豆帮你交罢啦。自己出去玩罢啦。 我哋做起咖啦。照住噉做就得咖啦。主意你咖啦。 讲完嘅啦。再唔来就喊嘅啦。界翻你嘅啦。
吖嘛₃₃（普嘛） 嘅嘛₃₃（普的嘛） 喇嘛₃₃（普嘛） 之嘛₃₃（普罢了）	申述理由 陈述原委 提供原因或更佳选择 辩解往少/小说	人心肉做吖嘛。你冇来吖嘛。我做桩吖嘛。 本嚟就系噉嘅嘛。请咗佢嘅嘛。冇事嘅嘛。 嗰个系佢舅仔喇嘛。有人喇嘛。你唔去就等我去喇嘛。 少十文之嘛。冇来三日之嘛。食几餐之嘛。
嘅咋₃₃（普罢了） 咖咋₃₃（普罢了）	提醒（已临危机） 意谓不过如此	得翻三毫纸嘅咋。就你一个人嘅咋。佢啱啱来嘅咋。 睇起佢先来咖咋。佢都系噉啱行过咖咋。擺意头咖咋。
嘅嘛₅₅（普的嘛）	根据情势表述意见	你同呢啲人嘈，赚冇瘾嘅嘛。食唔落可以留第餐嘅嘛。
嘅啫₅₅（普的）	凸显判断/的确如此	个仔好得意嘅啫，佢会去嘅啫。其实佢好钟意睇嘅啫。
嘅咧₁₁（普的呢）	陈述没想到的情景	我都要人帮嘅咧。啱先重落雨嘅咧。佢以为实得嘅咧。
咖嘧₃₃（普的啊） 嗰嘧₃₃（普的啊） 啰嘧₃₃（普了啊） 嘅啰嘧₃₃（普了啊）	陈述没想到的情形 陈述没想到的情形 提醒事态发展 提醒将难挽回之事	冇你份咖嘧。部车冇手抓咖嘧。属马咖嘧。（接开口呼） 本嚟有呢项嗰嘧。重要过河嗰嘧。唔到你唔要嗰嘧。 股市又升翻啰嘧。老豆就快返啰嘧。啲学生出嚟啰嘧。 啲粥滚泻嘅啰嘧。重唔行就迟到嘅啰嘧。我走嘅啰嘧。

续表

广州话语气词	表意特征	例　句
咖喝33（普的啊） 嗰喝33（普的呢） 嗰唎11（普的啊） 喇喝33（普了啊）	转述 转述较低调的事情 表述意想不到的发现 提醒、表述事情	佢话唔使怕咖喝。佢识广州话咖喝。水上有船家咖喝。 条街黑擸擸嗰喝。冇菜用糠送饭嗰喝。印尼返嚟嗰喝。 咁样做都得嗰唎。钢盔可以做锅嗰唎。啲虾重生嗰唎。 来过两次喇喝。就得喇喝。只鸡死咗喇喝。
嗰啰33（普的了） 系啰55（普了呗）	表述已成事态 低姿态表成事	已经搞掂嗰啰。剩翻你嗰啰。冇下次嗰啰。 咁样老实做系啰。系咁意攞翻张沙纸系啰。
嗰咯33（普的了） 嘅咯33（普的了）	表示已是重复表述 已表述、已然事实	咁样就得嗰咯。都话好顾家嗰咯。唔买米冇饭开嗰咯。 都话佢嘅咯。登出嚟就得嘅咯。识咮水嘅咯，重浸亲？
罢就22（普算了）	表示率然无所谓	唔玩就罢就。冇人来睇就罢就。求奇食啲嘢罢就。
咖喇33（普的了）	判断有把握	噉就得咖喇。噉饮水个肚会爆咖喇。
得嚟11	句中语气词	冻得嚟好食。行得嚟几系咖。几时得嚟呀。

注：饶秉才等人的《广州话词典》释"得嚟"为"……起来"，置入这里最后一句不通。

就复合连用的单音节语气词而言，表12-4 的广州话陈述语气词与普通话陈述语气词之间的对应性是参差不一的，具有一定对应规律的有"（粤）嘅：（普）的、（粤）嗰：（普）的、（粤）噃：（普）啊、（粤）喝（唎）：（普）啊、（粤）咯：（普）了、（粤）啰：了、（粤）咋：了、（粤）嘛：（普）嘛、（粤）嚟：（普）来"等，其他单音节语气词的对应性就比较弱了，因此，广州话语气词的复合连用可以按音节对译成普通话的不多，大概占 1/2。这种不对应性，反映了广州话陈述语气词系统复杂多样的特点。广州话陈述语气词的复合连用，使说话人的主观态度表达得更加细腻，陈述态度更生动、真切而丰富。其中，与普通话"（普）的"相当的广州话语气词，如果出现于复合连用的前一个音节，通常可以起到结构助词的作用，如"（粤）我都话系佢嘅咯（普）我都说是他的了）""（粤）条街黑擸擸嗰喝（普）那条街黑乎乎的呢）"等；或者只起衬音的作用，如"（粤）照住噉做就得咖啦（普）照着这个样子做就行了）""（粤）咁样做都得嗰唎（普）这样做都行的啊）""（粤）睇起佢先来咖咋（普）看得起他才来的呢）"和"（粤）个仔好得意嘅啫（普）那个孩子挺有趣的呢）"等，其中的"（粤）咖啦、嗰唡、咖咋、嘅啫"的表意分别与独用的单音节语气词"（粤）啦、唡、咋、啫"的表意基本相同。

不过，这些语气词的复合连用，有的结合成一个整体，并不仅仅是衬音与主音节的关系，如"（粤）罢就、得嘛、吖嘑、之嘛"等，去掉两个音节中的任何一个，都不能表达复合连用时的语义。另外，这里有些广州话语气词的复合连用，并未能将每个音节都对译出普通话语气词，如"（粤）佢会去嘅啫"只对译成"（晋）他会去的"，尾音节"（粤）啫"就不好硬译出来了；"（粤）飞多次发罢啦"只对译成"（晋）多理一次头发吧"，把两个语气词音节合译成一个音节；"（粤）嗰日你冇来吖嘛"只对译成"（晋）那天你没来嘛"，广州话复合连用的前一个语气词音节"（粤）吖"也不好硬译出来；等等。这些都说明，广州话陈述语气有着丰富的语气词构成，比普通话的语气词系统构成要复杂、丰富得多。

从陈述语气表达的整体构成来看，广州话陈述语气范畴的构成在平降语调的统领下，有着较为丰富多变的语气词及其复合连用结构，表达各种意志语气时，有助动词、副词以及心理动词的参与，从而能够形成生动的陈述语句，构成多样态的陈述语气。

第十三章　感叹语气表意范畴

　　提要：根据表达语气的词语在句子中所处的位置，我们可以将表达语气的词语分为程度指示词、副词、句末语气词这样三大类别词语方式，它们与一定的句式相配合而表达感叹语气。关于普通话语气词的研究，已经较为全面，但是，广州话语气词的研究除《广州方言句末语气词》一书之外，深入、系统、全面的研究较少，因而有必要在与普通话比较的基础上做全面、完整的范畴表意分布的描述，以深化对广州话感叹语气范畴的认识，揭示广州话感叹语气表达方式的细微特点。

　　在感叹语气研究中，感叹词(特别是句末感叹词)向来比较受学者关注，研究较多，无论是在普通话还是在粤语的研究中都是如此。其实，感叹语气的表达方式并不限于(句末)感叹词，感叹语气范畴研究不应限于探讨(句末)感叹词。由于汉语的感叹表达方式丰富多样，因而有学者通过与英语、法语的比较认为，汉语感叹词本身的句法功能与多种词类功能相似，"汉语中的叹词类似象声词和四字成语，能起副词的、谓词的、动补的或限定名词的作用"，而且"汉语感叹最常用的句段标志是副词和结尾助词"。[①] 无论是感叹词的功能多样性，还是感叹的表达有多种方式构成，这都要求我们对普通话和粤语感叹语气的研究不能限于(句末)感叹词，而应建立起多层次构成的感叹语气整体认识框架。为此，这里拟从副词、句末语气词及其表达整体这三个方面，探讨广州话的感叹语气范畴的构成和复合运用的情况。

　　其中，本著对感叹语气的基本理性判断，依循上文关于感叹语气的内涵定义："感叹语气强调现在的(指示性)或转述的(复指的)表现，只指所论及的(事物)概念，而不涉及其他。此外，感叹语义也没有涵义程度上的区别标志，也不与外界成分作比较。"即：感叹语气不在(事物)概念之间的关联中肯定什么，却在感叹中做了判断。这个对感叹语气的理性判断标准，对于判断普通话和广州话都是适用的。

---

　　① 　Viviane Alleton：《现代汉语中的感叹语气》，王秀丽译，《国外语言学》1992 年第 4 期。

第一节 指代词构成的感叹语气

广州话和普通话表示程度的指代词，在一些特定的句式里不需要与感叹词配合，便可以表达感叹语气，可以按句式加以梳理。

第一，指代词＋名词(结构)。例如：

(1)粤 a. 呢场雨！嗰条友！

　　　b.(有)咁好嘅学生！

(2)普 a. 这场雨！那个人！

　　　b.(有)这么/那么好的学生！

只要以延长音节的方式强调指示词，普通话和广州话的名词结构句都可以直接表达感叹语气，如例(1)所示，其中除了所言及的事物(雨、人)之外，并没有关联别的什么，却表达了否定态度。例(2)的指示词加上形容词修饰的名词，可以不用动词"有"，总体上便仍属于没有谓语的名词性结构，构成肯定性的判断。

第二，指代词＋情态助词。例如，

(3)粤 a. 佢咁识种禾！

　　　b. 佢识噉种禾！

　　普 a. 他这么(那么)会/能种稻！

　　　b. 他会这么(那么)种稻！

其中的情态助动词，维维安·阿列顿在上文中称之为"语式助动词"，它与程度指示词的结构次序为："程度指示词＋助动词"构成感叹语气(程度指示词在句中重读)，"助动词＋程度指示词"则构成方式状语(程度指示词在句中也重读)。这里，广州话的情态动词及程度指示词都只是各有一个，表义的结构次序与普通话相同。但是，广州话方式指示词另有一个"噉[gɐm₃₅]"，读音不同于表示程度的指示词"咁[gɐm₃₃]"。"噉"与"咁"的分职，反映出广州话的这个感叹语式有词汇因素在其中起作用，并不仅仅是结构性的。

第三，指代词＋形容词。例如：

(4)粤 a. 咁辣！点食(呀)？

　　　b. 咁衰！你重睬佢。

　　普 a. 那么/这么辣！怎么吃？

　　　b. 那么/这么坏！你还搭理他。

从感叹语气的构成来看，"指代词＋形容词"的感叹语气构成与例(2)

的 b 句"指代词＋形容词＋名词"相似，因为表程度的指代词不能直接修饰名词，在两种结构中都是指代词对形容词的程度修饰而构成所修饰（某事物）属性程度的感叹。

第四，指代词＋心理动词。

普通话指代词"㊫那么/这么"直接接一般动词，通常表示方式，如例（3）的 b 句所示；但是，广州话如果接的是心理动词，则同样表示强烈的程度。例如：

(5)㊄ a. 咁惊！唔去喇。

　　 b. 咁谂唔开！会神经略。

　㊫ a. 那么/这么害怕！不去了。

　　 b. 那么/这么想不开！会神经的。

正如方小燕指出的："感叹句抒发较强烈感情的语气。句末语气助词给焦点添加赞叹、感慨、惊异、意外、醒悟、责难、埋怨、轻蔑等主观情态。①"正是因为表达的是主观情态，心理动词与表示程度的指代词可以搭配起来表达感叹，这一点为维氏的专论《现代汉语中的感叹语气》所忽略。例(5)广州话用的"㊄咁"而不用"㊄噉"，可以作为感叹语气的鉴别字。如果用"㊄噉"，语义同普通话"㊫这样、如此"，仍然表示方式。

第二节　副词构成的感叹语气

表示程度的广州话指代词"㊄咁"指代的是副词，它能够出现的结构语境，通常也有副词能够出现并且也表示感叹。但是，并不是所有副词都能够表达感叹语气的，能够在"㊄咁"的位置出现并且能够表达感叹语气的词，需要逐一认定。

一、表示不定义的副词"㊄几"

表示程度感叹而含义模糊的副词，在广州话有"㊄几、几咁"，相当于普通话的"㊫多、多么"。例如：

(6)㊄ a. 今日几冷↗。

　　 b. 条队几长↗。

　　 c. 佢几有型↗。

　㊫ a. 今天多冷（啊）。

---

① 方小燕：《广州方言句末语气助词》，广州，暨南大学出版社，2003，第 161 页。

b. 这/那个队多长（啊）。

c. 他身材多好！

在普通话里，副词"⑬多"表示程度高，在感叹语气的读音由通常的阴平声变为阳平声。在广州话里，副词"⑭几"表示不定量的程度，表达感叹语气时读音拖长以表示强调程度高，同时，它所修饰的句末形容词用升调。与"⑭几"独用的语义相当，更为强调的说法还有"⑭几鬼、几咁"，句末形容词也用升调，相当于普通话的"⑬多么"。例如：

(7)⑭ a. 几咁/几鬼得意嘅猫（呀）！

　　b. 几咁/几鬼挂念我乡下（呀）！

⑬ a. 多么可爱的猫！

　　b. 多么想念我的故土！

在普通话里，"⑬多么"比"⑬多"表达的感叹语气要文气一些，特别用于抒情散文和诗歌之中。在广州话里，"⑭几咁"比"⑭几、几鬼"表达的感叹语气要文气一些，而"⑭几鬼"又比"⑭几"表达的语气更强烈一些。

二、表示程度深的副词"⑭好、认真"

词义本身含有程度深的语义的副词，普通话和广州话都可以用"好"。例如：

(8)⑭ a. 个细路好/认真靓！

　　b. 好/认真挂住屋企！

⑬ a. 这孩子好/真帅！

　　b. 好/真想家！

其中"好"在普通话和广州话里通用，都以重读表示感叹；"⑬真"与"⑭认真"则分别用于普通话和广州话，也以重读表示感叹。普通话和广州的副词"⑭好、真、认真"在例(8)的感叹语气中，既可以修饰形容词（如 a 句），也可以修饰动词（如(b 句)），句末都可以不加感叹词便表达感叹语气。

以上广州话的感叹副词"⑭几、几鬼、几咁、好、认真"和普通话的感叹副词"⑬多、多么、好、真"，除了可以修饰谓语形容词或者谓语动词时表示感叹之外，还可以通过修饰补语来表达感叹语气。例如：

(9)⑭ a. 打得几/几鬼/几咁激烈！

　　b. 佢笑得好/认真爽朗！

⑬ a. 打得多/多么激烈！

　　b. 她笑得好/真爽朗！

在例(9)的修饰补语里，"^粤几、几鬼、几咁、认真"和"^普多、多么、好、真"等副词仍然要重读，构成强调的语气。其中"得"是结果补语标记，而不是感叹语气的标记，因为修饰补语结构的感叹语气不仅可以出现于以"得"为标记的补语中，还可以出现于其他补语结构中。例如：

(10)^粤 a. 佢功课做到咁/几/认真夜(＋语气词)！

　　　b. 认真使得！

　　^普 a. 他作业做到那么/这么/多晚(哪)！

　　　b. 太有效了！

(11)^粤 a. 海南变成咁/几咁/几开放呀/喝！

　　　b. 海南变得好/认真开放(呀/喝)！

　　^普 a. 海南变成那么/这么/开放啊！

　　　b. 海南变得好/多么/多开放(啊)！

如例(10)所示，指示代词和副词出现在以"到"标记的补语中，都能够构成感叹语气。但是，在普通话的这种句式中，副词"^普多、真"受一定限制，"^普多"要有句末语气词配合才显得自然一些，而"^普真"不能与"^普到"搭配出现于这种句式。广州话的这种句式，虽然也可以加上句末语气词，如"^粤喝、啵、呀"等，但是，不加句末语气词也是可以自然表达感叹语气的。而在例(11)中，普通话"变成"对补语中构成感叹语气的副词的限制就小一些，"^普多、多么、好"都可以出现，但是，"^普好"要与句末语气词配合，才会显得自然些；广州话中的"^粤好"与句末语气词配合，也会显得自然些，"^粤咁、几咁、几"如果不与句末语气词配合，用升调或降调结束句子，也可以表达感叹语气。用升调结句表达感叹的时候，还带有征询认同的意味。

总览构成广州话感叹语气的指代词构成式和副词，如表 13-1 所示，句末感叹词的分析则见下节。

表 13-1

感叹语气	广州话	普通话
代词式	指代＋名：呢、咁；指代＋情态：咁、噉；指代＋形容：咁；指代＋心理动词：咁	这、这么、那么；这么、那么；这么、那么；这么、那么
副词	几、几咁、几鬼；好、真、认真	多、多么；好、真；

第三节　句末语气词构成的感叹语气

广州话的句末语气词与普通话的句末语气词相比，数量较多，含不同情感语义色彩的形式载体也较多一些。据黄伯荣、廖序东《现代汉语》（修订本）的梳理："普通话里最基本的语气词实际上只有六个：的、了、呢、吧、吗、啊。其他一些，有的用得较少，有的是因为语气词连用而产生连读合音的结果。例如'啦'是'了啊'的合音。这六个语气词根据在句子里出现的先后次序，即离核心的远近，可以分成三组。具体的分组情况和主要用法见下面的语气层次表。"①如表 13-2 所示。

表 13-2　普通话语气词层次表

能性	语气词	语法意义	语气类别	例句
第一层	的	表示本来确实如此	陈述语气	我们不会忘记你们的。
第二层	了	表示新情况的出现，起成句煞尾的作用	陈述语气 祈使语气	树叶黄了。 别说话了。
第三层 （离核心远）	呢	指明事实不容置疑，略带夸张或表疑问	陈述语气 疑问语气	我没什么，你才辛苦呢。 去呢还是不去？
	吧	表示疑信之间，有猜度或商量口气	疑问语气 祈使语气	天晴了吧？ 恐怕小王已经来了吧？ 走吧。
	吗	表示疑问	疑问语气	你到过北京吗？
	啊	使语气舒缓，增加感情色彩	感叹语气 疑问语气 祈使语气 陈述语气	多好哇！真好看哪！ 谁呀？去不去呀？ 来呀。请坐呀！ 他不去呀。我管不了哇。

表中所标示的感叹语气词，只有"啊"及其衍化形式"哇"和"哪"。其实，语气词"了"也有感叹的用法，例如："吓死（我）了！"

而据方小燕的整理，"广州方言感叹句句末的语气助词常用的有：喎[wo$_{33}$]、啊[a$_{33}$]、啰[lo$_{33}$]、啰[lo$_{55}$]、嘞[bo$_{33}$]、喎[wo$_{21}$]、㗎[ka$_{33}$]、啦[la$_{55}$]、啦[la$_{33}$]、添[tim$_{55}$]等。"②为了便于叙录书写，并且更全面反

---

①　黄伯荣、廖序东主编：《现代汉语（增订五版）》下册，北京，高等教育出版社，2011，第31～32页。

②　方小燕：《广州方言句末语气助词》，广州，暨南大学出版社，2003，第161页。

映广州话句末感叹语气的表义分布情况，我们参照《广州话词典》，把"喎[wo33]"记为"喎1"，"喎[wo21]"记为"喎2"，补充"喎[wo55]"记为"喎3"，并且补充"喎[wo13]"记为"喎4"。[①] 把"啦[la55]"记为"啦1"，"啦[la33]"记为"喇"，补充"啦[la21]"记为"啦2"；"㗎"改用"咖"，分为"咖1[ka33]"和"咖2[ka11]"。另外，以㊀呀记录"啊"的变音形式来认识；并把"啊"分为"啊1[a33]"和"啊2[a21]"；补充"咯[log33]"，纳入"啰"来认识。另外，在"啦"之后补充入声的"嘞[lag33]"，但是不纳入"啦"来认识。根据广州话这些句末感叹语气词的言语实例，列表分类，如表13-3所示。

表13-3　广州话感叹语气词表

语气词	语法意义	语气类别	例句
喎1[wo33]	转达	陈述	叫你来喎；唔够喎
喎2[wo21]	未料及/无可奈何	感叹	得咗喎！冇油喎！迟咗喎！
喎3[wo55]	未料及/赞叹	感叹	冇带喎！好威水喎！得咗喎！
喎4[wo13]	讥讽/没料到	反诘/感叹	系啰喎，畀晒你喎！佢咁懒/好喎！
啊1[a33]（呀）	肯定/强调	疑问/陈述/感叹	你有冇呀？是呀！好痛呀！威水呀
啊2[a21]（呀）	未料及/反诘	疑问/感叹	系你呀？你好叻呀？咁好食呀！
啰1[lo33]/咯[log33]	庆幸	陈述/感叹	咁就好啰/咯！得咗啰/咯！
啰2[lo55]	赞同/怂恿	陈述	就系啰。咁未得啰。未炒咗佢啰！
啰2[lo11]	低调回应	陈述	为个仔啰。唔啱啰。
噃[bo33]	提醒/满意	陈述/祈使/感叹	敕点得噃！咪迟噃！抵买噃！几啱噃！
咖1[ga33]	夸耀/强调/怀疑	陈述/疑问	系敕先威咖！好威水咖。乜嘢来咖？
咖2[ga21]	恍然醒悟/惊疑	疑问/惊叹	你咖？咁都得咖？蛇汤嚟咖！咁好咖！
啦1[la55]	呼唤/证实/	祈使/陈述/感叹*	来啦！死啦，重唔来。而家掂啦？冇咗啦？唔同晒啦！

---

① 饶秉才、欧阳觉亚、周无忌编：《广州话词典》，广州，广东人民出版社，1997，第192～193页。

语气词	语法意义	语气类别	例句
啦₂[la₂₁]	招呼/引起注意	疑问/陈述	来啦？揸住₁呀啦。我冇来呀啦
啦₃[la₃₃]（喇）	确认/庆幸	陈述/感叹	唔使来啦。佢醒开嘅喇。赢晒喇！
嘞[lag₃₃]	认定/醒悟情境	祈使/陈述/感叹	到你嘞！咁就得嘞！死火嘞，冇关窗。
嚪[tim₅₅]	没料及/后悔/补充	感叹/陈述/祈使	冇油添！话咗畀佢听添！畀啲添。

注："咖"在方著记作"㗎"，本著借 coffee 译音"咖啡"通用字记作"咖"。

　　表 13-3 所列感叹词并非每个语音变体都表示感叹，其中，方著给出了"⑧嗺、喎₂、呀₁、啦₁、添"5 个广州话句末感叹语气词变体的释例，对这里分解出来的变体"⑧喎₃、呀₂/呀、架₂、啦₃（喇）、啰₁（咯）、嘞、添"等广州话句末感叹语气词，并未提供释例，这里试作补充和讨论。

　　广州话"⑧喎₃、喎₂"都表示始料未及的语义，但是"⑧喎₃"多用于赞叹他人，为高调语气，例如"⑧好威水喎₃（普好帅嘛）"；如果用于反映涉及自己的事情或行为的句子，则会含有"你能/你说怎么办"的不逊意味，例如："⑧我系咁差喎₃（普我是这么差的了）"；而"喎₂"则表达第一人称对自己或所关切的事情没有料及却又无可奈何之义，所以是低调语气的感叹。

　　广州话的"⑧呀₂"表达感叹语气，没有"⑧呀₁"所表达感叹语气那么自由，需要与能够表达感叹语气的副词配合，才使感叹语气更明确。例如，在"⑧咁好食呀₂"中，要重读"⑧咁"，轻读"⑧呀"，才表达感叹语气。由于既可以表达反诘义，又可以表达未料及的感叹义，因此较受前边副词的制约，"⑧你好叻呀₂（普你很有本事啊）"是反诘，而"⑧你咁叻呀₂（普你那么了得啊）"则是赞美。这里，句末语气词"⑧啊₂"与"⑧咁"搭配的用法可以和"⑧咖₂"通用，构成如"⑧你咁叻咖₂（普你那么了得吗）"；但是，前一种用法若换为"⑧咖₂"，则变成疑问意味大于反诘意味，如"⑧你好叻咖₂（普你很了得嘛）"。

　　广州话的"⑧啦₃[la₃₃]（喇）"与"⑧啰₁[lo₃₃]"读音不同，作为句末感叹语气词却语气相通，它们在表中的例句可以通用：在"⑧咁就好啰/咯/喇！得咗啰/咯/喇！我赢晒啰/喇！（普这样就好了！成功啦！我全赢啦！）"这几句中，斜杠所分隔的句末语气词的语义和语气大体不变。但是，"⑧咯[log₃₃]"在后一个例句里充当句末语气词，只表达陈述语气，这是它与前两者不同的感叹差异分布表现。

广州话的"⟨粤⟩嘞[lɐg₃₃]"与"⟨粤⟩啦₃[la₃₃]"在发音上是入声与非入声的关系，作为句末感叹语气词，在语感上显得硬朗些，在语义上没有明显区别，例如："⟨粤⟩咁就得嘞/啦₃（⟨普⟩这样就行啦）!"但是，在祈使语气中，"⟨粤⟩嘞"的硬朗语感使它比"⟨粤⟩啦₃[la₃₃]（喇）"带有更明显的命令语气，所以，"⟨粤⟩到你嘞（⟨普⟩到你了）。"表达命令，而"⟨粤⟩到你喇（⟨普⟩到你啦）。"则有提醒、劝说的意味。

广州话"⟨粤⟩添[tim₅₅]"作为句末语气词，也表达末料及却又无可奈何的意思，但是，这是以高平调表达低调情绪的语气词，具有较强的情绪语气表达功能。如："⟨粤⟩冇油添!（⟨普⟩［没想到］没油了!)""⟨粤⟩腰骨痛添!（⟨普⟩腰骨痛了呀!)"如果没有用"⟨粤⟩添"，这两句广州话只是简单事实的陈述，用了"⟨粤⟩添"结束句子，就带有了感叹不幸事发生的语气。

广州话句末语气词"⟨粤⟩喎₄[wo₁₃]"是"⟨粤⟩喎"可以表达感叹语气的另一个变体，表达转述没有料想到的感叹，在话语中通常可以补充"没有料想到"这样的语段。例如："⟨粤⟩（冇谂到）佢咁懒喎!（⟨普⟩〈没想到〉他这么懒呀!)""⟨粤⟩（冇谂到）件衫咁骑喱[le₁₁]喎。（⟨普⟩〈没想到〉这件衣服这么别扭呀。)"由于往往是表达对不在眼前的人与事的感叹，因而比起"喎₂"和"喎₃"的感叹要婉转一些。而且，"喎₄"在与前缀"嗰[go₃₃]"结合起来表达对非眼前事物的感叹时，这一点更为明显。例如："⟨粤⟩佢话过都唔算数嗰喎₄!（⟨普⟩他说过都不算数的呢!)"

广州话可以和"嗰[go₃₃]"复合连用的感叹语气词，还有以下几个。一是"⟨粤⟩噃[bo₃₃]→嗰噃"。例如：

(12)⟨粤⟩ a. 小蛮腰认真苗条嗰噃!

　　　 b. 啲酒好揼嗰噃!

　　⟨普⟩ a. 广州塔十分苗条的啦!

　　　 b. 这酒很醇厚的啦!

例(12)"⟨粤⟩嗰噃"比"⟨粤⟩噃"增加了对"非当前"或"末亲历"事物的赞美的意味。

二是"⟨粤⟩啰₁[lo₃₃]（咯[log₃₃]）→嗰啰（嗰咯）"。例如：

(13)⟨粤⟩ a. 今时唔同往日嗰₁啰/咯!

　　　 b. 横风横雨嗰₁啰/咯!

　　⟨普⟩ a. 当今不同往日（的）了!

　　　 b. 恶风暴雨呀!

例(13)"⟨粤⟩嗰啰"比"⟨粤⟩啰"更加强化了对当前事物的感叹。

三是"⟨粤⟩啦₃[la₃₃]（喇[lɐ₃₃]）→嗰啦（嗰喇）"。例如：

（14）⟨粤⟩a. 你够晒靓嗰啦₃/喇！

　　　　b. 佢做嘢认真唔话得嗰啦₃/喇！

　　⟨普⟩a. 你很够漂亮的啦！

　　　　b. 他干活的确无可挑剔的啦！

例（14）"⟨粤⟩嗰啦₃（嗰喇）"比"啦₃（喇）"增加了"的确如此、无可厚非"的认可意味。

四是"⟨粤⟩嘞[lɐ₃₃]→嗰嘞"。例如：

（15）⟨粤⟩a. 咁就死晒火嗰嘞！

　　　　b. 咁就好掂嗰嘞！

　　⟨普⟩a. 这样就很麻烦的啦！

　　　　b. 这样就很妥当的啦！

例（15）"⟨粤⟩嗰嘞"比"⟨粤⟩嘞"所表达的语气显得更为肯定，判断更为准确、冷静。

在以上例子中，与前缀"⟨粤⟩嗰"结合的广州话语气词的语素形式，有一个共同的语音特征，就是与前缀"⟨粤⟩嗰₃₃"同调，即都是广州话的阴去调（33）；在语感上，"⟨粤⟩嗰₃₃"就像是一个衬音形式，而实际上，两个语音形式相互结合之后，便产生了上述种种微妙的语义变化。

从以上分析可以看到，广州话句末感叹语气词的形式个体比普通话的句末感叹语气词要丰富得多。广州话的句末感叹语气词，往往是一个声韵形式的多个声调变体之中的一两个变体，所表达的感叹语气与声调变化密切相关，相互之间又保持着某种联系。例如：

（16）⟨粤⟩a. 都话有你就得啰₃/啰₂/啰₁（咯）。

　　　　b. 咁就好晒啰₁（咯）！

　　⟨普⟩a. 都说有你就行了。

　　　　b. 这样就太好啦！

其中，广州话"⟨粤⟩啰₁（咯）"可以用作句末感叹语气词，如例（16）的 b 句所示，但是，"⟨粤⟩啰₁（咯）"与其他两个变体形式一样保持着句末语气词功能的某种共同性，如例（16）的 a 句所示，"啰₃、啰₂、啰₁"都可以用于构成陈述语气。

根据句末感叹语气词与感叹副词以及能够表达感叹语气的句式之间的关系来判断，句末感叹语气词的确定，既要考察整句的语义，也要根据语气词的语气义来看它是否与独立的感叹句语义一致。例如："⟨粤⟩认真/好靓＋哩（⟨普⟩实在好漂亮＋吧）"，本来"⟨粤⟩认真/好靓（⟨普⟩实在漂亮）"已经可以构成感叹语气，但是，加了句末语气词"(粤)哩"之后，句意的语气变成了要求证实说话人的判断的意思，构成疑问语气。而"(粤)呢云好/认真怨屈咯/啰₁((晋)这回好/实在冤屈呀)"，则可以靠句末语气词的重读构成感叹语气，也可以重读"(粤)好/认真"构成感叹语气，这两种重读方式所加强的感叹语气维度是一致的。

　　另外，广州话"(粤)晒"是一个较为特别的语气助词，既可以"用在动词或形容词后面，表示'全、都、完、光'的意思"①，例如："(粤)掂晒(sǎi)！((晋)都妥当了!)""(粤)爽晒！((晋)痛快啊!)"其中"(粤)晒"的语义还比较实；也可以置于句末，以感叹语气来强化感谢的语义。例如："(粤)滚搅晒！((晋)太打扰了!)"，"(粤)多谢晒！((晋)太感谢了!)"。"(粤)晒"在其中充当句末感叹语气词，则语义比较虚一些。

　　实际上，感叹语气的语义构成，是有较实的一面的，以指代词、副词和一定的句式为依托，例如"(粤)嘥气！((晋)白费口舌!)""(粤)真家伙！((晋)真家伙!)"这些固定词语独立使用时，就是表达感叹语气的，并不需要加副词或句末语气词。感叹语气的语义构成，也有较虚的一面，以多个句末语气助词形式的语感义为依托，实词与句末助词相配合才会自然构成，例如："(粤)真系冇得弹呀((晋)真的无可挑剔呀)！"其中，广州话副词"(粤)真系"虽有强调义，但是如果没有句末语气词"(粤)呀"配合，还构不成感叹语气。

---

①　饶秉才、欧阳觉亚、周无忌编：《广州话词典》，广州，广东人民出版社，1997，第268页。

第十四章　时间表意范畴

提要：语言表达的时间范畴，包括述语的语法时态和词汇的时间语义，前者已纳入体范畴中讨论，这里梳理词汇表达的时间语义分布情况。时间语义按话语视点分为表示序列时间语义的词汇和表示非序列时间语义的词汇。序列时间语义分为过去时段语义、现在时段语义和未来时段语义。在序列时间语义方面，广州话和普通话的时段词汇和时点词汇都有将近一半是共同使用的，虽然广州话有一些复合时间词的特殊构成语素，但是广州话这些时间复合词在句法使用上不存在与普通话的差异。非序列时间词语包括时间标示词语和时间指称词语。广州话的时间称述词，有称述时段特征的构词语素，定指时间词含有指定性语素，不定指时间词的时貌特征则较为多变。

语言表达的时间范畴，包含时体语法范畴和时间语义范畴两个方面，本著以"体"的概念（包括时态）来统辖前者，以词汇表示的时间语义范畴来概括后者。

时间从过去，经现在，到未来，在连绵不断中延续。刘叔新认为，人们的时间意识通过语言和言语呈现出来，分别为时刻义（或义素）、时段义（或义素）和时况义（或义素）。"时刻是一定的时间点，通常用于反映事件或活动发生的瞬间或短暂时间。时段是一段时间或一定长度的时间，一般用于反映所需时间的量。时况是时间出现或展现的状况，用于反映事件、活动或动态存在的时间情状，或者事件、活动或动态距出现的时间历程情状。"[①]这里阐释时间意识中的时刻义和时段，多用时间名词来表示，不妨用图 14-1 来呈现；时况义则往往用时间副词表示，并且见于体貌范畴的阐释。

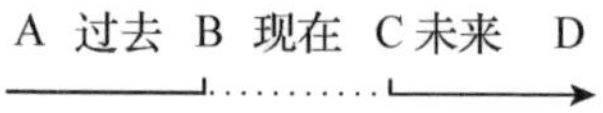

A 过去 B 现在 C 未来　D

图 14-1

[①] 刘叔新：《汉语时间语义范畴的表现方式体系》，见《语言学和文学的牵手——刘叔新自选集》，天津，南开大学出版社，2004，第 105 页。

如图 14-1 所示，假定 B 是过去与现在的分界点，C 是现在与未来的分界点，这样，B、C 可以分别看作两个时刻或时间点，BC 表示现在时段，广州话用"⁽粤⁾而家、今时、呢阵（时）、眼前、即时"等来表示，相应的普通话有"⁽普⁾现在、当前、目前、眼前、即时"等。假定 A 是过去的某个时间点，D 是未来的某个时间点，这样，AB 表示过去的某个时段，广州话用"⁽粤⁾旧时／往时、从前、琴日、旧年、头先／正话、啱啱"等来表示，相应的普通话有"⁽普⁾过去、从前、昨天、去年、刚才、刚刚"等；CD 表示未来时段，广州话用"⁽粤⁾第时、明年、后日、第日、第阵时、将来、即将"等来表示，相应的普通话有"⁽普⁾未来、明年、后天、来日、将来、即将"等。以上这些都属于时段性的时间词，其中大部分是名词，小部分（如每一组的最后一个）是副词。属于 CD 时段的时间词，广州话有较多与普通话相同的时段词；而在 AB 段和 BC 段，广州话则有较丰富的颇具自身特色的时段构词，这是广州话时间词汇语义单位的聚合分布特点。

以上是说话人置身于时间流之中而得到的时间观念。我们的时间观念还往往游离于时间流动的过程中来把握和指称时间，比如说普通话的"⁽普⁾平时、时时、整天、春节、正月、上午、小时、冬天"等，广州话的"⁽粤⁾平时、不时、成日、旧历年、正月、上昼、钟头、冻天／冷天"等。这些时间词的每一组中，逗号前的指向无始无终，逗号后的指称可以在时间序列中按一定的规律反复再现。因此，我们探讨广州话的时间语义范畴的表意分布，不仅要分别时间序列中的时刻与时段的表达，还应分别出时间序列与非时间序列的表达，这样分析、描述时间语义范畴表达的层次才更清楚、全面。

第一节 序列时间语义的表达

在时间序列中表达时间语义，说话人以说话所处的时间作为参照点来判断和表达相关的时间语义，包括时间段和时间点两个方面，可以使用时间词或时间短语来表达。

一、时段义的表达

按图 14-1 可以分为"过去、现在、未来"这样三段来分析、把握和描述。

（一）属于 AB 时段的词语

表达"过去"所使用的时间名词，在普通话里通常用来表示过去时间的名词有"⁽普⁾以前、旧时、往日、从前、早先、以往、往年、去年、前年、昨天、前天/前日、刚才、昨晚"等，广州话则有"⑧以前、旧时/旧阵时、往日、旧底、早先、早排、往时/往阵/往阵时、往年时、旧年、前年、大前年、琴日、前日、先头/头先/求先、琴晚/寻晚、寻晚夜、前晚、大前晚、大前日"等。其中，普通话的时间名词除了"⑧去年、昨天"在广州话用"⑧旧年、琴日"表示之外，其他大多数在普通话和广州话里可以通用，特别是在较为正式的场合通用；但是，广州话的时间名词"⑧旧阵时、旧底、早排、往阵/往阵时、往年时、旧年、旧年时、大前年、琴日、大前日"等，在普通话里却不用，这反映出广州话时间名词有自身独特的构词语素（如"－阵、琴－、琴－"等）。例如：

(1)⑧ a. 旧时/旧阵时啲文人用作揖做见面礼。

　　　 b. 以往/往阵/往阵时/往年时呢个时候系啲学生种树嘅时候。

　　　 c. 我早先/早排见过佢嘅。

　　　 d. 大前日我重响巴黎咧。

　⑧ a. 旧时文人以作揖为见面礼。

　　　 b. 以往/往时这个时候是学生植树的时候。

　　　 c. 我早先见过他的。

　　　 d. 大前天我还在巴黎呢。

　　时间词在例(1)各句中有不同的司职，a 句的"⑧旧时/旧阵时⑧旧时"做定语，b 句的"⑧往阵/往阵时⑧往时"做主谓语句的大主语，c 句的"⑧早先/早排⑧早先"做状语，d 句的"⑧大前日⑧大前天"做主语。

　　另外，还有一些时间名词游离于说话人时间序列的过去时段，比如"⑧早年时、原嚟、原先、原初、起先、起头、当初、初时、初初、开初、在早、先时、早时、咸丰嗰年（⑧早年、原来、原初、原先、起先、当初、早此时候、咸丰年）"等。其中，广州话以"原－、－初"为复合派生的主要构词实语素，颇显特色。这些复合时间词的个数不成系列，语义时序性不以说话人为参照，而以实际话语说及的人或事为参照，例如："⑧乜谁早年时/原嚟/原初点样→早年时/原嚟乜谁点样（⑧某人早年/原来/原初如何→早年/原来/原初某人如何）"，又如："⑧啲盐好贵系咸丰嗰年嘅事啦（⑧盐很贵那是很久以前的事了）"。

　　以上这些时间名词都以独用方式来表达时间义，所表示的时段起点都不是很清晰，与"以前、之前"相比较，这一点就很清楚。例如："⑧两个月以前/之前，佢重喺学校读书。（⑧两个月以前/之前，他还在学校读书。）"其中的"以前/之前"独用时表示以现在为起点往前算；如果前加"两个月"，则表示从过去两个月起往前算。这一点，广州话和普通话的用词和表义都一致。

还有一些时间副词也用于表示过去时段的事态发生、发展，如“[粤]本嚟、起先、先先、啱啱、正话、普原本、本来、刚刚”等。例如：

(2)[粤] a. 本嚟呢幅画系佢嘅，畀我买咗嚟。

b. 佢起先/先先冇咁肥嘅。

c. 阿张仔啱啱出咗去喇。

[普] a. 原本这幅画是他的，我买来了。

b. 她本来没这么胖的。

c. 小张刚刚出去了。

这些时间副词的语义和上述时间名词的语义相近，但是词性不同，上述例(1)的时间名词前都可以加介词“[粤]喺([普]在)”，语义基本不变，而例(2)这些时间副词则不能够前加介词“[粤]喺([普]在)”。这也是以下时段的时间名词和时间副词的基本区别点。

(二)表达 BC 时段的词语

表示现在时段的时间词语，通常用于一般现在时态和现在进行时态的语句中，包括时段的和即时的两类语义。普通话表示现在时段的时间名词有“[普]当代、当今、目前、现在、现时、现下、如今、现如今、当下、今天/今日、今年”等，广州话有“[粤]当代、当今、今时、现时、现今、眼前、家下、而家、家阵时、家阵、今日、今年、今年时”等，它们在句子中的功能分布情况同表示过去时段的时间名词的功能分布相同。例如：

(3)[粤] a. 启功体时兴喺当代/当今/今时，会流传好耐。

b. 唔少人现时/现今钟意追捧啲新星。

c. 眼前/家下最紧要嘅事系食饭。

d. 家阵/家阵时已经入咗数码时代喇。

e. 年年有今日。

f. 今年/今年时已经过咗一个季度喇。

[普] a. 启功体流行于当代/当今，会传之久远。

b. 不少人目前/现在喜欢追捧新星。

c. 现时/现下最重要的事是吃饭。

d. 如今/现如今/当下已经进入数字时代了。

e. 年年有今天/今日。

f. 今年已经过去一个季度了。

例(3)各句反映出，普通话和广州话表示现在的时间词有着大致相当的词语可以充当同样的语法成分，表达彼此相当的语义。但是，这些表示现在义的时间名词，在与介词结合时，表现出语法职能差异，这种词汇现象在广州话和普通话里都存在。例(3)能够在 a 句出现的时间词，除了“[普]当代/当今[粤]当代/当今/今时”以及 e 句和 f 句的“[普]今天、今日、今年[粤]今日、今年/今年时”之外，其他各句的时间词则不能与“[粤]喺、[普]于”搭配成介词短语做 a 句中的补语。而可以与介词“[粤]喺、[普]于”搭配成介词短语的时间名词，都可以做动词“有”的宾语；不能与介词“[粤]喺、于”搭配成介词短语的时间名词，则都不能做动词“有”的宾语。可见，上述表示现在时段的时间名词里存在着两个次类。

需要注意的是，在“今天”的不同时段，广州话说“[粤]今早、今朝、今晚、今晚夜、今晚黑”，如果实际时间段没有过去，比如还是“早上”，则“[粤]今早、今朝”属于“现在”时段，而“[粤]今晚、今晚夜、今晚黑”属于“未来”时段；如果实际时间是在晚上，则“[粤]今早、今朝”属于“过去”时段，而“[粤]今晚、今晚夜、今晚黑”属于“现在”时段。

表示“正在进行”时段的副词，普通话用“[普]正、正在”，广州话只有“[粤]喺度”。它们本身可以独立表达事态存在或进行义，也可以与进行时态的助词配合起来表示事态在进行中，但是它们所表达的并不限于现在时段的进行时态。例如：

(4)[粤] a. 你哋喺度发货呀。

b. 我哋喺度捉紧棋咧。

c. 嗰阵火车喺度上紧坡。

d. 啲人而家/家阵重喺度揾(紧)架失联飞机。

[普] a. 你们正/正在发货呀。

b. 我们正下着棋呢。

c. 那时火车正在上(着)坡。

d. 人们现在还在搜寻(着)失联飞机。

比较例(4)各句可以看到，表示“正在进行”时态的副词“[粤]喺度、[普]正/正在”不需要与表示现在的时间名词搭配，也不需要与进行体助词“[粤]紧、[普]着”搭配，就可以独立表达现在时间段的事态正在进行中；副词“[粤]喺度、[普]正/正在”也可以同时与表示现在(如 d 句)或过去(如 c 句)的时间名词及助词“[粤]紧、[普]着”搭配起来，强调现在或过去的事态正在进行中。

(三)表达 CD 时段的词语

表达未来时段的时间词语，有名词，也有副词。普通话表示未来时段的时间名词有“[普]将来、未来、日后、今后、明天/明日、后天、大后天、下周、明年、后年、大后年、以后”等。广州话表示未来时段的时间名词更多，如“[粤]将嚟、未嚟、日后/第阵时、听日、听朝(早)、听晚、听晚黑、听晚夜、后日、后朝、后晚、后晚夜、大后日、大后日晚、下星期、出年、出年时、后年、大后年、以后、第日”等。例如：

(5)[粤] a. 呢个细蚊仔将来/第阵时系个人才。

b. 佢想话求神问未来。

c. 主任(喺)听日停诊。

d. 女人听朝/听朝早放假。

e. 大后日/下星期/出年/出年时会翻大风。

f. 以后/第日再揾佢算账。

g. 啲球迷将希望放喺大后年。

[普] a. 这小孩将来/日后是个人才。

b. 他想求神问知未来。

c. 主任(在)明天/明日停诊。

d. 妇女明天上午放假。

e. 大后天/下周/明年会刮大风。

f. 以后再找他算账。

g. 球迷们寄希望于大后年。

例(5)各句中的广州话和普通话时间名词，都可以置于介词“[粤]喺”或“[普]于”之后构成介词短语充当状语(如 c 句)或者补语(如 g 句)，广州话表示未来的时间名词与普通话表示未来的时间名词所能够充当的句子成分是一致的，差异只表现在复合词的构成上。其中，普通话的“[普]明天、后天、大后天”等，广州话因受普通话影响在较文气的说法中也用，但是口语化的说法则是“[粤]听日、后日、大后日”；广州话“[粤]第阵时、第日、听日、听朝、听晚、听时黑、听晚夜、下星期、出年、出年时”等，为普通话所无。由此可见，广州话的时间复合构词语素“[粤]第一、听一、出一”等是较为独特的。其中，广州话“[粤]第日”除了“将来、以后”的名词义项之外，还有“回头、改天”的副词义项。

广州话和普通话表示未来时段的时间副词比表示现在时段的时间副词多一些，如“[粤]即将、就、就快、将、将要、就嚟、就要、第日、第时([普]即将、行将、快要、将、将要、就、就要、改天、回头)”等。例如：

(6)[粤] a. 展览即将开幕喇。

b. 嗰啲陈腐嘅行规就快取谛咯喇。

c. 地铁将/将要接通两座城市。

d. 小车就/就嚟到(咖啦)，快啲准备啦。

e. 就要/嚟落雨啦。

f. 第日倾啦。

g. 第时再商量嘞。

粤 a. 展览即将开幕了。

b. 那些陈腐的行规行将/快要取谛了。

c. 地铁将/将要连通两个城市。

d. 小车就到，快准备。

e. 就要下雨了。

f. 改天聊吧。

g. 回头再商量吧。

例(6)各句所用时间副词，广州话和普通话共用的有"即将、就、就要、将、将要"，超过半数，在广州话里虽然都是比较文气的说法，但是表示将来要实现的计划时，广州话并没有可以取代"将要"这样的时间副词。虽然广州话也可以说"行将就木"这样的成语，但是口语句子中通常不说"行将"，而常说"粤就快、就嚟"。"就"是"就要"的简约表达形式，在口语简短的分句中用"就"时，分句末可以不用语气词，用"就要"则句末通常加语气词，这在广州话和普通话相同。广州话"粤第时、第日"除了表示"回头、改天"的副词义之外，还分别有"以后某时、以后某日"的时间名词义项，所以可以前加介词"粤喺"构成时间介词短语。例如："粤到第时有咗地铁就方便啦。｜佢话喺第日得闲再倾喎。(普到以后有地铁就方便啦。｜他说改天有空再聊哪。)"普通话的"普改天、回头"却没有可以前加介词的名词性义项。

二、时点义的表达

在图 14-1 时间序列中，按情理说，时点应该可以是 AD 时间序列上的任一点。然而，由于时点义是以时间序列与说话人所处时间为观察点的，因此，时点的确定和表达也往往从说话人所在时点为观察和表意参照点。从时点看，"现在"就要被作为一个时刻看待，图 14-1 中的 B 点与 C 点应合二为一，意谓"普此刻、这时"，广州话用"粤呢(一)刻、呢阵"，例如：

(7)粤 a. (眼前)呢一刻烟花四溅，几亮丽呀。

b. 钟声打响，难忘呢(一)刻。

c. 呢一刻嘅辉煌只系暂时嘅，之旦系记忆可以持久。

普 a. (眼前)此刻烟花四泻，好绚丽啊。

b. 钟声敲响，难忘此刻。

c. 此刻的辉煌只是暂时的，但记忆可以持久。

例(7)各句用“[粤]呢(一)刻、[普]此刻”虽然实际上指的是“这个时候”，却比用“[粤]呢阵时、[普]此时”的时刻义更精准些。广州话“[粤]呢一刻”比“[粤]呢刻”有略强的意味。

在时间序列中表示时点的名词，除了表示此时点的词语之外，还有表示事态起始和结尾的时点词语，如“[粤]开头、开首、起头、头头、最尾、收尾、[普](一)开头、最后、末了”等。例如：

(8)[粤] a.(一)开头/(一)起头/头头佢就冇起好音。

b. 我哋起头/开首一齐出去嘅，后嚟分开咗。

c. 等到最后先轮到佢。

d. 最后/收尾来咗个打圆场嘅。

[普] a.(一)开头他就没起好音。

b. 我们开头一块儿出去，后来分开了。

c. 等到最后才轮到他。

d. 最后/末了来了个打圆场的。

从例(8)各句可以看到，虽然在时间序列上指向前后两端的时点，但是，实际上这种时点是可以包含时段的，如 b 句。广州话和普通话都用“一”来强调开始的时点，置于“[粤]开头、开首、起头[普]开头”之前；广州话和普通话都说“开头”，语义也相同，但是广州话还说普通话不用的“[粤]开首、起头、头头”，其中，“[粤]头头”之前不能加“一”表示强调。

广州话和普通话表示时点的词语，更多的是与指称某时刻动态相关的副词，例如“即刻、即时、当即、立即、立马、马上”等，在广州话和普通话里通用。例如：

(9)[粤] a. 佢接咗个电话即刻就走咗喇。

b. 现场嘅考生要即时答题。

c. 睇咗吓人嘅短信，佢当即/当堂面青口唇白。

d. 警报一响，立即断电。

e. 睇到啲可疑嘅人，立马来报。

f. 唔听话嘅马上躝尸趷路!

[普] a. 他接了个电话即刻就走了。

b. 在场的考生要即时回答问题。

c. 看了恐吓的短信，他当即脸色刷白。

d. 警报一响，立即停电。

e. 看到可疑人等，立马来报告。

f. 不听话的马上滚蛋!

在例(9)的各句中，广州话只有"㊀当堂"一个时间副词为普通话所不用，其他时间副词与普通话通用，语义相当，都做状语。这些时间副词在句子中所表达的实际时点，有些属于过去的时点，如 a 句和 c 句；有些属于假定时点，如 b 句和 f 句；有些属于未来任意时点，如 d 句和 e 句。可见，这些表示时点动态的副词，其实并不专属于某个时段，需要依靠句中的其他因素配合起来，才能够确定实际上表示什么时段的时点。其中，"一……就……"可以作为一个确定时段的典型句子时点判断框架。

从以上对序列时间段和时点的分析看，广州话序列时间语义的表达与普通话序列时间语义的表达有将近一半可以共用的词语，同时，广州话里还有接近一半独特的时间名词和时间副词，存在着复合时间词的独特构词语素；但是，广州话和普通话之间语义相当的时间词，虽然有的构成不同，却并不存在句法功能性的分布差异。

第二节　非序列时间语义的表达

序列时间词语由于依靠表述者所处的时间轴而获得要表述的时间语义，或者由于依靠某事态发展而确定的时间语义，因此其时间系统性与话语双方有某种现场语境关系。而非序列时间词语，则往往不受这种现场语境关系的制约，其系统性来自特定文化中发展起来的时间计算体系。比如我国农历的节日体系、节令体系、年月旬和时辰体系等，西历的节日、星期和时刻计算体系等，还有地方文化习俗对日夜、四时、以至集闲等的区分称名等，它们自身有周而复始的周期循环性，因此不依赖于话语过程所处的时间序列而成为明确的时间标示，我们不妨称之为时间标示词语。另一类非序列时间表示方式，依靠语言自身的某些指称性成分和时间语素相结合，不一定有系统性，或者临时依附于某种时间序列来表示确定的时间指称，我们不妨称之为时间指称词语。

这两种非序列时间词语，由于和语言习俗或语言文化有着较为直接的联系，因而不乏语言构成的特色。

一、时间标示词语

我国按西历计算的节日体系，包括公众休假与民情公益日，如"㊀元旦、情人节、妇女节、植树节、劳动节、建军节、国庆节、教师节"等，其中只有"元旦"这个民国初年确定的节日在广州话里有独特称名"㊀新历年"，其他说法与普通话相同。按西历计算的月份称名，广州话也和普通话全同。但是，"星期"有异说，广州话虽然也和普通话一样使用"星期一、星期二……星期六、星期日"以及"周末"等，但是口语中同时还将"㊕星期"说成"㊨礼拜"，如说"㊨礼拜一、礼拜二……礼拜六、礼拜日"等，"㊨礼拜"还可以专指"周日"。例如：

(10)㊨ a. 呢个礼拜/星期休长假。

　　　b. 图书馆礼拜三/周三/星期三关门，礼拜开门。

　㊕ a. 这个星期/本周放长假。

　　　b. 图书馆星期三/周三闭馆，周日营业。

其中"㊕本周、周日"是书面语，在广州话口语中出现会显得太文气；"周一……周六"在广州话里也是较文气的说法。

农历的节令体系是中国传统文化的有机组成部分，广州话与普通话对 24 节令的说法相当统一，上、中、下旬的划分以及时辰的称名也完全一致，但是，农历节日属于民间文化构成，广州话有一些不同于普通话的独特称名。如"㊕春节、人日、元宵节、清明、端午节、中秋节、除夕/大年三十"，广州话分别有"㊨旧历年/大年初一、人日、元宵节/灯节、清明、端午节/五月节/龙舟节、中秋节/八月十五、年卅晚/大年三十"等，另外还称"冬至"为"㊨冬节、冬"，有"㊨冬节大过年"（㊕冬至比过年还重要）的说法。例如：

(11)㊨ a. 买芋头返屋企过冬呀？

　　　b. 旧年五月节/龙舟节海皮有得睇龙船喎。

　㊕ a. 买芋头回家过冬至吗？

　　　b. 去年端五节珠江边有龙舟看哪。（广州人称珠江沿岸为"海皮"）

与节庆日相关的日子，广州话另外还有一些特殊的词语方式，如趁墟的日子称作"㊨墟日"，不趁墟的日子称作"㊨闲日"；接近过年的日子称作"㊨挨年近晚、年晚"，初一至元宵的日子称作"㊨新年头"，正月期间称作"㊨新正头"①，新年期间又风趣地指称为"㊨新年流流"。例如：

(12)㊨ a. 以往唔系墟日你唔来个啵，今日闲日你来有乜事呢？

　　　b. 挨年近晚早啲返去陪你阿妈啦。

　　　c. 年卅晚行过花街啦。

　　　d. 新年头冇茶饮就瞓晏啲嘞。

　　　e. 新年流流重开工唔休息，你搏三工呀？

　㊕ a. 以往不是墟日你不来的，今天不是墟日你来有什么事呢？

---

① 麦耘、谭步云：《实用广州话分类词典》，广州，广东人民出版社，1997，第 156 页。

　　　　b. 快过年了，早点回去陪你妈吧。

　　　　c. 大年三十逛过花市了。

　　　　d. 新年几天没地方去饮茶就多睡会ﾞ吧。

　　　　e. 新年时节还开工不休息，你想拼命挣三倍人工吗？

　　例(12)各句中的广州话时间词，其中"墟(圩)日"已经以标〈方〉(方言词)的资格进入《现代汉语词典》，"闲日"也应该有对等的资格；其他几个有关新年的时间标示词都各有不同于普通话的复合构词特色。

　　从时间标示词的复合词构成来看，还有一部分是依附于表示周期性出现的时段(如"日、月、年"等)而构成的复合词，通常是对某个时段部分的特指，如广州话有"ﾞ半昼、上昼、下昼/晏昼、月头、月尾、年头、年尾"等，普通话有相应的"ﾞ半天、上午、下午、月初/月头、月底/月末、年初、年底/年尾"等。例如：

　　(13)ﾞ a. 呢件事半昼可以搞掂，你睇系上昼做定系下昼/晏昼做嘞。

　　　　 b. 月头抓紧啲，月尾就松手啲。

　　　　 c. 年头放手用，年尾难收尾呀。

　　　 ﾞ a. 这件事半天可以干好，你看是上午做还是下午做吧。

　　　　 b. 月初/月头抓紧点ﾞ，月底/月末就宽松点ﾞ。

　　　　 c. 年初放手花，年底/年尾难收尾啊。

　　其中，用"ﾞ昼"表示白天，是广州话保留古汉语成分的痕迹；广州话"ﾞ年头"与普通话"ﾞ年初"同义，而不同于普通话的"ﾞ年头"，后者有"年份、年数、时代、年成"等语义，但是不指"年初"，可见广州话和普通话标示时间的复合词不仅有古汉语成分的差异，还有复合之后的成词语义的分化发展。

二、时间指称词语

　　广州话和普通话的指称时间词语，大多数是复合词语，由于构成复合词语的语素本身以语素义参与到复合成词的构成理据中，因此，所复合成词的时间语义较有独立性，并不属于固定的时间序列，它们可以临时置于所表述的时间语境，从而得到时间序列的定位。根据它们的指称构成及其所指语义的情况，可以分为时间称述词语、时间定指词语和时间不定指词语等不同类型。

(一)时间称述词语

　　时间称述词语的构成，通常含有表示时间的语素，与别的实词语素复合而构成时间词语，复合成词所称述的时间并不一定在话语时间序列中，因而不能直接置入图 14-1 的时间序列，其时间序列性还需要从它们出现的语境来确定和判断。比如，广州话"⟨粤⟩细时"，义同普通话"⟨普⟩小时候"，可以用来指称某人过去的一个时段，也可以由父母用来称述自己孩子的未来一个时段，或称述人生经历的一个时段。又如广州话"⟨粤⟩日头"，义同普通话"⟨普⟩白天"；广州话"⟨粤⟩（一）大早、晨早"，义同普通话"⟨普⟩一大早、清早"；广州话"⟨粤⟩朝、朝头早、朝早"，义同普通话"⟨普⟩早上、早晨"；广州话"⟨粤⟩挨晚、摘光黑、齐黑"，义同普通话"⟨普⟩黄昏、傍晚"；广州话"⟨粤⟩晚黑、晚头黑、夜晚黑"，义同普通话"⟨普⟩晚上、夜晚"；等等。它们可以用来称述过去某天的一个时段，也可以指称未来某天的一个时段，还可以用来指当天的相应时段。例如：

(14)⟨粤⟩ a. 佢啱啱退休，（一）大早/晨早去咗饮茶。

　　　 b. 一去就成朝/朝早。

　　　 c. 成个朝头早都有个电话返嘅。

　　　 d. 唔到挨晚/摘光黑/齐黑系唔会返嚟嘅。

　　⟨普⟩ a. 他刚刚退休，一大早/清早去饮茶了。

　　　 b. 一去就一个早上/早晨。

　　　 c. 整个早上都没一个电话打回来的。

　　　 d. 不到黄昏/傍晚是不会回来的。

例(14)各句反映出，上述广州话时间称述名词可以充当状语（如 a 句）、名词性谓语（如 b 句）、主语（如 c 句）或宾语（如 d 句），这与普通话时间称述名词的功用基本相同；但是，比较 b 句和 c 句可知，广州话"⟨粤⟩朝、朝早"前可以受形容词"成"修饰，而"⟨粤⟩朝头早"由于受语义韵影响，前边要嵌入量词"⟨粤⟩个"才可以受形容词"⟨粤⟩成"修饰，普通话"⟨普⟩早上、早晨"前都要有量词"个"，才可以加数词"⟨普⟩一"或形容词"⟨普⟩整"。

还有一些时间称述词的时间语素在构词中的时间语义超出了原有时间范畴，或者获得了较宽泛的时间语义，比如广州话"⟨粤⟩热天、大热天、冷天/冻天、大日子"等，普通话相应地有"⟨普⟩热天/夏天、酷热天、冷天/冬天、好日子"等。例如：

(15)⟨粤⟩ a. 佢钟意热天打（大）赤肋，冷天/冻天食雪条嗰啵。

　　　 b. 边有大热天时重冚棉被咖。

　　　 c. 听日系佢嘅大日子，你要执正啲先得。

　　⟨普⟩ a. 他喜欢夏天/热天打赤膊，冬天/冷天吃冰棍的呢。

　　　 b. 哪有大热天还盖棉被的。

　　　 c. 明天是她的好日子，你得穿着整齐点儿。

例(15)广州话的 a 句"⑧热天"有"热天、夏天"两个义项，"⑧冷天/冻天"也有两个义项"冬天、冷天"；"⑧冷天、冻天"同义。

以上是时间称述名词的情况。另外，时点称述名词，广州话有"⑧钟、钟数"，相应的普通话是"⑬(时)点/时辰、小时"。例如：

(16)⑧ a. 你要睇住钟做人呀。

　　　b. 过晒钟都唔知添。

　　　c. 佢一够钟就退休咖啦。

　　　d. 宜家系几多钟喇？

　　　e. 啲粽熠咗三个钟喇。

　　　f. 蒸包要睇钟数先得。

　　　g. 你够钟数去喂奶喇啵。

　⑬ a. 你要看着时间做人（安排自己的事）啊。

　　　b. 过了钟点都不知道哪。

　　　c. 他一到时间就退休的了。

　　　d. 现在是多少钟点了？

　　　e. 那些粽子煮了三小时了。

　　　f. 蒸包子要看时间才行。

　　　g. 你到钟点去喂奶了吧。

例(16)各句反映出，广州话的时点称述词"⑧钟"和"⑧钟点"都分别有两个共同义项，即概括的时间义"时间"和具体的时点义"钟点"；但是，c 句"钟"的时间义有隐喻意味，不是通常较实的时点义，不能换用"⑧钟点"；d 句和 e 句的广州话"钟"与具体计时点有关，也不能换成"⑧钟数"；可见广州话"⑧钟数"可以称述时间，却不受数量词修饰。

(二)时间定指词语

广州话的时间定指词语有两种构成方式，一种是利用表示序列的语素构成的，另一种是利用指示性语素构成的。

表示序列的语素所构成的时间定指词语，以某个时段或时点来定位另一个时段或时点，如"⑧第日、第朝、第晚、第晚夜、第晚黑、第世，后嚟/后尾、收尾"，相应的普通话词语是"⑬翌日/第二天、翌日晨/第二天早上、翌日晚/第二天晚上、第二天夜晚、下辈子，后来、最后"等。例如：

(17)⑧ a. 坐火车要第日先到。

　　　b. 第朝有 morning call。

　　　c. 啲人摆花市一直摆到第晚/第晚夜。

　　　d. 咖失联飞机恐怕第世至飞得返嚟喇。

　　e. 佢后嚟/后尾/尾后去咗边都冇人知咧。

　　f. 等咗一大轮，收尾先见到个月光出嚟喎。

普 a. 坐火车要第二天才到。

　　b. 第二天有叫醒服务。

　　c. 人们摆花市一直摆到第二天晚上/夜晚。

　　d. 那架失联飞机恐怕下辈子才能飞回来了。

　　e. 他后来去了哪里都没人知道哪。

　　f. 等了好一阵子，最后才见到月亮出来哪。

　　其中，广州话序数语素"粤第一"所构成的几个时间词，除了都有定指的"粤翌一"义项之外，还有指话语时间序列上"以后某时"的义项，属于图 14-1 的 CD 时段，相关论述见上文。另外，广州话语素"粤一尾"所构成的名词"粤后尾、尾后、收尾、磱尾"，都有空间排后、最后的义项和时间上后来、最后的义项。例(17)的 a 句、b 句和 c 句反映出，广州话语素"粤第一"构成的几个时间定指名词，在普通话没有相应的词汇形式，只能用词组对译。

　　利用指示性语素所构成的时间定指词语，则是以时间语素与指示语素结合而构成指定时点或时段的时间词语。如广州话有"粤嗰时、嗰阵、嗰阵时、呢牌/呢轮、嗰牌、先(一)牌、早(一)牌、上(一)牌、前一牌/前嗰牌、呢阵时、呢个时候"等，相应的普通话有"普那时候、那阵儿、这段时间、那会儿、前些日子、前段时间、这个时候"等词语。例如：

(18)粤 a. 佢细个嗰时好钟意画画嗰啵。

　　　b. 等佢考唔到嗰阵先后悔就迟喇。

　　　c. 考到十级嗰阵时佢就牙擦啰。

　　　d. 呢牌/呢轮有啲手紧啵。

　　　e. 干塘嗰牌佢不知几开心。

　　　f. 先(一)牌重见佢买菜咧。

　　　g. 嗰间铺早(一)牌执咗啦。

　　　h. 上(一)牌个市几好咖。

　　　i. 佢唔似前一牌/前嗰牌咁沙尘喇。

　　　j. 等到听日呢个时辰啦。

　　　k. 呢阵时就唔好呻笨嘞。

普 a. 他小的时候很喜欢画画的呢。

　　b. 等他考不上那时候才后悔就晚了。

　　c. 考过十级那时候他就狂了。

  d. 这些日子有点ₙ手紧啊。

  e. 干鱼塘那些天他不知有多开心。

  f. 前些日子还见他买菜呢。

  g. 那间铺子早些日子倒闭了。

  h. 前段时间股市挺好的。

  i. 他不像前些日子轻浮骄傲了。

  j. 等到明天这(个)时候吧。

  k. 这时候就别自叹愚蠢了吧。

  上述广州话表示时段的语素有两个，彼此语义相当，较有特色，但是复合构成时间定指词语时，所搭配的语素略有不同。一个是"⑧—牌"，在与前加定位性或指示性语素"⑧前—、上—、早—、呢、啊—"结合成复合词时，可以在中间嵌入单音节数词"⑧—"；另一个是"⑧—阵"，也可以和语素"⑧呢—、啊—"结合，中间也可以嵌入单音节数词"—"，但是一般不与前加定位性或指示性语素"⑧前—、早—、上—"结合成复合词，只有在中间嵌入单音节数词"⑧—"或"⑧啊"的情况下，可以和"⑧前—"结合成时间定指词。例(18)的各句反映出，广州话远指语素"⑧啊—"所构成的时间定指词语，可以指过去时间(如a句和e句)，也可以指未来时间(如b句)，c句指称的时间是过去还是未来则要看句末语气而定。广州话近指语素"⑧呢—、咿—"所构成的时间定指词语，指称最近一段时间(如d句)，或指称某时段的"此时"(如j句)，也可以指称话语当时(如k句)。综合例(18)各句的表义情况可知，广州话定指时间复合词虽然含有定指性的语素，但是所表达的时间并不能够直接纳入图14-1的话语时间序列，仍要依据所出现的语境来确定所指时间。

（三）时间不定指词语

  广州话的时间不定指词也是复合词，其中含有表示时间的语素，但是不含定指性的语素，因而所构成的不定指时间词没有指定性，却又表示某种时间性。广州话的时间不定指词，包含有名词和副词。

  广州话的时间不定指名词大多数表示时段的约量，如"⑧阵/一阵/阵间/一阵间、一牌/一轮、几时、成日、冇几耐、头尾、一日到黑、一头半(个)月、一时三刻"等，普通话相应的词语有"⑥一会ₙ、一段时间、什么时候、整天、没多久、前后、一天到晚、一个月或半个月、短时间内"等。例如：

  (19)⑧ a. 玩阵/一阵先返喇。

    b. 阵间/一阵间打针唔好喊啵。

　　c. 抄咗一牌／一轮都揾唔到。

　　d. 抄咗冇几耐就揾到喇。

　　e. 几时再来过吖？

　　f. 喺外便打咗成日麻雀重唔返嘅。

　　g. 头尾要三日先至到昆明。

　　h. 一日到黑吟吟沉沉。

　　i. 佢一头半（个）月唔食药都可以嘅。

　　j. 盏灯咁暗，跌咗嘅一时三刻揾唔返嘅啵。

㊈　a. 玩会儿再回来吧。

　　b. 一会儿打针不要哭啊。

　　c. 找了好一会儿都没找到。

　　d. 找了没多久就找到了。

　　e. 什么时候再来呀？

　　f. 在外边打了一整天麻将还不回来。

　　g. 前后要三天才能到昆明。

　　h. 一天到晚唠唠叨叨。

　　i. 他一个月半个月不吃药都可以的。

　　j. 这灯那么暗，掉了东西一时半会儿找不到的哪。

　　例(19)广州话的时间不定指名词，"㊀阵、一阵、阵间、一阵间、一牌、一轮、成日"都可以充当动词的补语（如 a 句、c 句和 f 句），但是，"㊀阵、一牌、一轮"不能像"㊀一阵、阵间、一阵间"等那样直接充当主语（如 b 句），如果前加定指性语素"㊀呢、嗰"转成时间定指名词，则可以充当主语，如例(18)各句所示。但是，"㊀头尾"指时间的义项只充当主语（如 g 句）或做具体时间词的定语（如"㊀去昆明要头尾三日（㊈去昆明要前后三天"）。"㊀冇几耐"义指时间短，通常与"㊀就"搭配使用，构成"㊀冇几耐就……"的表达格式。而广州话"㊀一日到黑、一头半（个）月、一时三刻"这几个熟语，虽然包含有数目语素和时段、时点语素，所构成的熟语却是表示不明确的时间约量的。

　　广州话的时间不定指副词，大多数表示行为活动的时间频度。如"㊀成日、分分钟、不留、不时、一时时、时不时、好日、冇几何"等，普通话语义相应的有"㊈老是、每时每刻、一向、时常／随时、一时一时地、有时、好些日子、不常／不经常"等。例如：

　　(20)㊀a. 成日咁懒，边个请佢喎。

　　　　b. 佢喺呢度做，分分钟会畀人炒咖。

　　c. 阿妹不留都几乖嘅啵。

　　d. 不时会有人请佢食饭。

　　e. 呢个时候啲天气一时时会变嘅。

　　f. 个细佬时不时会返下嚟嘅啫。

　　g. 佢好日都冇返嚟食饭啰。

　　h. 其实我都冇几何见到你嘅啫。

㊬ a. 总这么懒，谁会请他呢。

　　b. 他在这里做，随时会被人炒鱿鱼。

　　c. 阿妹一向都挺乖的呢。

　　d. 时常会有人请他吃饭的。

　　e. 这个时候的天气随时会变的。

　　f. 那个弟弟有时会回来一下的。

　　g. 他好些日子都没有回来吃饭了。

　　h. 其实我也没什么机会见到你的。

　　例(20)广州话的时间不定指副词所表示的时间频度语义，有遍时义的"㊋成日、不留、分分钟"等，如 a 句、b 句和 c 句所示；有间或义的"㊋不时、一时时、时不时"等，如 d 句、e 句和 f 句所示；还有隔时义的"㊋好日、冇几何"等，如 g 句和 h 句所示。从例(20)广州话各句的普通话对译情况看，广州话不定指时间副词较为丰富，有一些没有相应的普通话词，要以短语对译。

　　从以上非序列时间词语的情况分析来看，非序列时间词语所表示的时间由于不在话语时间序列轴上，需要依赖语境来确定事态发生的时段、时点或时频，与序列时间词相比较而言，非序列时间词语的语义表现更为丰富。广州话的时间称述词对时段特点的称述有独特的构词语素，使时间词更具时段特征；时间定指词含有指定性语素，所构成时间词可以根据语境而获得明确的指定性；时间不定指词的时间模糊性，则使时间词的时貌特征较为多变。

　　如果说，"一种语言的时间系统是通过时态助词、时间副词、时间名词、时序词及其相关的句法结构共同表现出来的。"[①]那么，广州话的时间语义表达系统，已经发展出丰富多彩的时间名词，时间副词也颇生动多姿，不少广州话时间复合词表示的语义在普通话中需要用短语形式来表达，但是，广州话时间词语的语法表达功能与普通话时间词语的语法

---

　　① 周国光：《汉语时间系统习得状况的考察》，《语言文字应用》2004 年第 4 期。

表达功能大致相同，若干结构词序的差异，属于语素的构词语法功能的差异，而不是时间表意范畴层面的语法功能差异。

总览构成广州话时间表意范畴的名词和副词，比前述范畴丰富得多，分类整理如表 14-1 所示。

表 14-1

时间范畴		广州话	普通话
序列时间	过去	旧时、往时、往阵时、往年时、大前年、以前、从前、琴/寻日、寻晚夜、大前晚、旧底、旧年、早先、早排、头先、先头、求先、正话、啱啱	旧时、往日、过去、以往、往年、前年、以前、从前、昨天、早先、去年、昨晚、刚才、刚刚
	现在	而家、家下、家阵时、家阵、今时、现今、现时、今日、今年时、呢阵(时)、眼前、即时、当堂	当代、当今、现时、现下、现在、当前、目前、眼前、如今、现如今、当下、今天、即时、当下
	未来	第时、明年、后日、第日、第阵时、将嚟、未嚟、日后、第阵时、听日、后朝、听晚黑、出年；即将、就、就快、将、将要、就嚟、就要	未来、明天、后天、日后、今后、以后、来日、将来、下周、大后年；即将、行将、快要、将、将要、就、就要、改天、回头
非序列时间	标示	礼拜、礼拜一、星期二、周三；旧历年、大年初一、人日、元宵、灯节、清明、端午节、中秋节、年卅晚、年晚、大年三十、冬节、冬、墟日、闲日、新年头、半昼、上昼、晏昼、月头、月尾、年头、年尾	星期天、星期一、周三；春节、人日、元宵、除夕、大年三十、端午节、中秋节、墟日、半天、上午、月初、月头、月底、月末、年头、年底
	指称	称述时间：细时、日头、一大早、晨早、朝、朝早、朝头早、挨晚、抦光黑、齐黑、晚头黑、夜晚黑、热天、大热天、冷天、冻天、大日子、钟、钟数、钟头；定指时间：第日、第朝、第晚、第晚夜、第晚黑、第世、后嚟/后尾、收尾、嗰时、嗰阵、嗰阵时、呢牌/轮、嗰牌、先(一)牌、早牌、上牌、前一牌/前嗰牌、呢阵时、呢个时候；不定指时间：阵/一阵/阵间/一阵间、一牌/一轮、几时、成日、冇几耐、头尾、一日到黑、一头半个月、一时三刻，成日、分分钟、不留、不时、一时时、时不时、好日、冇几何	称述时间：小时候、一大早、清早、早上、早晨、黄昏、傍晚、晚上、夜晚、热天、夏天、酷热天、冷天、冬天、好日子、(时)点、时辰、小时；定指时间：翌日、翌日晨、翌日晚、第二天夜晚、下辈子、后来、最后；不定指时间：一会儿、一段时间、什么时候、一整天、没多久、前后、一天到晚、一个月或半个月、一时半会儿、老是、每时每刻、一向、时常、随时、一时一时地、有时、好些日子、不常

第十五章　空间表意范畴

提要：空间范畴的表意通常分为处所和方位两方面。从词汇单位的属性构成看，表示处所的有处所名词和处所副词，表示方位的则有方位名词，空间介词可以构成表示空间语义的介词短语。存在句分"存有"句和"在"字句，分别表达某个空间有什么和某事物在哪里，但是，涉及空间语义的并不仅限于存在句。表达空间语义的成分，可以是补语、状语、定语、主语和宾语，处所副词只用于补语和状语，处所名词和方位名词可以单独用于定语、主语和宾语，空间介词短语可以做补语、状语、定语、主语。表达空间语意的介词短语构成，分为"介词＋处所词、介词＋方位词、介词＋非方所词、介词＋非方所词＋方位词、介词＋处所词＋方位词、介词＋方位复指结构"等不同搭配形式，反映出空间介词可以使非方所词在语境中空间语义化。指示方位复合词在后接结构中，有时起别义作用，有时起复指强调作用。广州话的空间表意在比况结构方面与普通话有差异，其他空间表意结构基本相同，差异主要表现在词汇构成上，有较丰富的几何方位复合词、实体方位复合词和指示方位复合词。

关于空间范畴所表达的空间形态，据方经民、松山"从认知功能的角度分析，可以把现代汉语的空间区域范畴分为地点域和方位域两类。地点域用处所名词或短语来表达，它直接以地名指称某一地点或由物体名、机构名指称该物体或机构所占据的地方，是一个零维的'点'区域。方位域用方位成分通过方位参照来确定，它间接指点跟某一地点或某一物体相对的方向或位置。方位域包括方向域和位置域。方向域指点一维的'线'区域；位置域指点二维的'面'区域或三维的'体'区域。"①其中把空间范畴大别为地点域和方位域，已经基本包含了空间语义的两端。本著这里按现代汉语研究通常的词类命名，将相应的空间词语形式称作"处所

---

① 方经民、[日]松山：《地点域/方位域对立和汉语句法分析》，《语言科学》2004 年第
6 期。

词语”和“方位词语”。该文谈到的“地点域”与处所名词或名词性短语可以相对应，“方位域”与方位成分(或方位词)可以相对应，但是，“地点域”并未涉及处所副词，“方位成分”的词性类别也不清楚。

其实，汉语空间范畴的语意表达，所用词语并不限于单一词类，可以是名词性的，也可以是副词性的，还可以是介词短语。本著围绕空间范畴语意的表达来全面考虑问题，拟从空间范畴的词语构成、词类属性、及其句法成分的分布来考察，希望据此对广州话与普通话空间范畴的表意方式所做的比较、描述可以全面一些。

第一节 处所词的构成

处所词即表示处所的词，表达人和事物等存在或行为活动发生的处所，以名词为主，还有小部分是副词。

先看处所名词。处所名词指称某种空间，包括表示地点的专名，如“[粤]位、香港地、西关地([普]位置/座位、香港、[广州]西关)”；单位或机构名称(专名或通名)用为地名，如“[粤]茶居/楼、药材铺([普]茶馆、中药铺)”；某些称序复合词，如“[粤]地下、顶楼([普]一楼、顶层)”；某些“名+方位”复合词，如“[粤]后背、前便([普]背后、前边)”；等等。它们能够做定语、存在句的主语和“[粤]喺、去([普]在、到、往)”等动词的宾语。例如：

(1)[粤] a. 地下(嘅)铺头好旺咖。

b. 村周边系河涌。

c. 乡下重有间老屋。

d. 只狗仔去咗入便屋。

e. 火车开去新疆。

[普] a. 地面(的)铺子很兴旺的。

b. 村子周围是河沟。

c. 老家还有座老房子。

d. 小狗到里屋去了。

e. 火车开往新疆。

从例(1)可见，广州话的处所词与普通话的处所词在称名说法上不尽相同，但是在句法上基本一致。处所名词在 a 句做定语，在 b 句和 c 句做主语，在 d 句和 e 句做宾语，其中只有 d 句的广州话完成体构成方式与普通话完成体构成方式有差异([粤]“去咗……”转成了[普]“到……了”)，并非处所词句法功能的差异，其他句式相同。

　　再看处所副词。表示空间的处所副词，提示述语行为动态发生的场所，在句子中做状语。如广州话有"㊁周围、四围、通处、到处、度度"等，普通话相应词语有"㊉遍、到处、处处"等。例如：

(2)㊁a. 周围揾揾唔倒。（注：广州话的"周围"义指"到处"，普通话的"周围"义指"围绕着中心的部分"。）

　　㊉遍查查不着。①

(3)㊁a. 解开颈套，只狗仔四围/通处惯。

　　　b. 天涯度度有知声。

　㊉a. 解了脖套，小狗到处窜。

　　　b. 天涯处处有知音。

(4)㊁a. 边度来嘅废话！

　　　b. 冇风边度来嘅雨！

　㊉a. 哪儿来的废话！

　　　b. 没风哪儿来的雨！

　　由于处所副词都出现在动词前，与用在动词前的处所名词的功能很相似，汉语主谓谓语句的句式使动词前的处所副词更不易识别。比较例(1)的 b 句与例(3)的 b 句，不容易从处所词在"处所词＋系＋处所词"与"处所词＋动词＋名词"的句子结构中所处位置上辨认出它们的词性类别。然而，例(1)广州话的 b 句和 e 句"㊁村周边系河涌。｜乡下重有间老屋。（㊉村子周围是河沟。｜老家还有座老房子。）"都可以变换为"㊁河涌喺村周边。｜间老屋喺乡下。（㊉河沟在村子周围。｜那座老房子在老家。）"而例(3)的 b 句却不能变换为"﹡㊁知音喺天涯度度。（㊉知音在天涯处处。）"这样的句子，由此可见，"㊁度度"和"㊉处处"都是副词，不能充当"㊁喺、普在"的宾语。但是，广州话"㊁边度"和普通话"㊉哪儿"，却是可以分别充当"㊁喺"和"㊉在"的宾语来表示处所的，这时意指较实的某个处所，如"㊁邮筒喺边度（㊉邮筒在哪儿）？""㊁边度（㊉哪儿）"只有当它们虚指任意处时，才以副词资格用作动词的状语，所以例(4)的 a 句不能变换出"﹡㊁废话喺边度（㊉废话在哪儿）？"这样的句子。其中反映出，"㊁边度、㊉哪儿"包含有语义较实的和语义较虚的两个不同的词性义项②。可见，存在句是可以用来区分处所名词和处所副词具有不同表意分布的句子框架。

―――――――――

① 赵元任：《汉语口语语法》，吕叔湘译，北京，商务印书馆，1979。

② 陶原珂：《现代汉语词典中词性标注的词位理据》，见《南方语言学》(第二辑)，广州，暨南大学出版社，2010。

进一步言之，"存在"义可以从背景中存有某事物与事物在某背景中这样两个不同的角度来表达，因此，"单纯从认知过程来看，可以有两种相反的顺序，一种是从背衬（空间区域）到图形（存在事物），构成'有'字句；另一种是从图形（存在事物）到背衬（空间区域），构成'在'字句。"①在这两种基本表达方式中，处所名词与处所副词有着不同的分布。例如：

(5)⑧ a. 医生喺医院／二楼。→医院／二楼有医生。

　　　 b. 漏斗笃底有个窿。→个窿喺漏斗笃底。→喺漏斗笃底有个窿。

　　　 c. 蚊帐度度／四围有窿。→＊度度／四围有窿喺蚊帐。

　⑧ a. 医生在医院／二楼。→医院／二楼有医生。

　　　 b. 漏斗底部有一个洞。→一个洞在漏斗底部。→在漏斗底部有个洞。

　　　 c. 蚊帐到处／四处有洞。→＊到处／四处有洞在蚊帐。

例(5)各句反映出，处所词在广州话和普通话的两种存在表达角度的句子分布情况是一致的，所用表达存有的动词"有"相同；不同的是，广州话表达"在"的动词用"⑧喺"。例(5)的 a 句用箭头连接，由表达"某事物在某个空间"，转换到表达"某个空间存有某事物"，所用动词"⑧喺、⑧在"转为"有"，同时，某事物与某处所的位置相互转换。b 句则从表达"某个空间有某物"，转换到表达"某物在某个空间"，使用动词"⑧喺、⑧在"时，动词"有"可以共现或去掉，表现出存在动词"⑧喺、⑧在"与动词"有"在与处所名词配合表达存在意时具有兼容性。c 句的存在动词在与副词"⑧度度／四围、⑧到处／四处"配合表达存在意时，只有"有"能够与它们兼容搭配。

最后，处所名词还与方位词结合起来表达空间语意，有时居于方位词前，如"⑧床底、椅上便、台中心、⑧床下、椅子上、桌子中间"等；有时居于方位词后，如广州话与普通话都可以说"以上层次（清晰）、上边楼层（木结构）、下边楼层（混凝土结构）、以下街道（另立一区）……"等。但是，"以＋×""之＋×""嘅＋×""的＋×"等结构的复合方位词，只居于处所名词之后，如"⑧河头以东、本区之中、大路嘅左便（⑧河岸以东、本区之内、大路的左边）"等。

从词汇个体量来比较，处所名词是一个开放集合，实体名词在句子中当作空间看待时，都可以看作处所名词；处所副词则是一个相对封闭

① 方经民、〔日〕松山：《地点域／方位域对立和汉语句法分析》，《语言科学》2004 年第6 期。

的集合，只有上述几个。处所名词的开放性与处所副词的相对封闭性，这在广州话和普通话中是一致的。

第二节　方位词的构成

方位名词是表示方向或空间位置的名词。① 方位名词的基本形式也是一个比处所名词封闭得多的集合，但是却比处所副词的数量多一些。现代汉语方位名词的形式单位有单音节的，如"前、后、左、右、上、下、东、西、南、北、里、内、外、间、旁、中、边"；还有双音节的，如"助＋名"复合结构的"之上、之下、之左、之右、之内、之外、之中、之间"等，以及"介＋名"复合结构的，如"以上、以下、以外、以内、以东、以西、以南、以北、以外"等。这些方位名词，除了"之左、之右"的说法不见用于广州话之外，其他普通话和广州话都在使用，含义基本相同。其中，单音节的方位语素"前、后"，不仅都构成了表示时间概念的"之前、之后、以前、以后"，还分别构成了表示空间方位的复合词"前边、前面、后边、后面"，但是广州话还有不与普通话共用的"⑧前便、后便"(⑧前面、后面)等，而且"⑧前面、后面"分别指物体前面的"面"和后面的"面"。

空间方位复合词，根据方位词与所复合语素的语义类别，可以进一步分为几何方位复合词、指定方位复合词和实体方位复合词。

第一，几何方位复合词，反映出人们在自然语言词汇中凝结的空间几何认识，普通话以"线"和"面"的语素义与单音节方位语素相结合为主，但是广州话相应的复合词构成有一些非几何形构成的倾向。例如：

(6) a. ⑧面、(最)面头：⑧表面；

　　b. ⑧上高、上头、上边、上便：⑧上边/面/头；

　　c. ⑧下低、下边、下便、底下：⑧下边/面；

　　d. ⑧前边、前便、前头：⑧前边/面；

　　e. ⑧后底、后边、后便：⑧后边/面；

　　f. ⑧左/右手边、左/右手便、左/右边、左/右便：⑧左/右(手)边；

　　g. ⑧横边：⑧侧面；

　　h. ⑧里边、里便、埋边、埋便、入边、入便：⑧里边/面；

---

① 黄伯荣、廖序东主编：《现代汉语（增订五）》下册，北京，高等教育出版社，2011，第10页。

i. ⑧外边、外便、外出、外头：⑧外边/面、外头；

j. ⑧开便：⑧（靠）外面；

k. ⑧一边、一便：⑧一边/面；

l. ⑧两边、两便：⑧两边/面；

m.⑧四边、四便、四围、周围：⑧四边、四面、四周；

n. ⑧中心、中间、正中：⑧中间/央。

几何方位复合词，载义较为准确，构词较有系统性，虽然在实际语境中不一定要与处所名词搭配使用，但是，往往是在所指处所（如某地铁站）为言语双方共同领会的语境下使用的，在这样的情形下，方位才能够确定。

例(6)除了 n 组的"⑧中心、中间、正中：⑧中间/央"之外，其他的普通话几何方位复合词，都含有"边"或"面"作为复合词基本几何形态构成语素，不过，"边、面"两个语素同义，不是几何形体的边或"边缘"。与此相比较，广州话也以"边［bian₅₅］"作为方位复合词的几何形态语素义，不同的是，同时还使用无几何形态义的"－便［bian₂₂］"作为这些方位复合词的构词语素。另外还有"⑧－高、一底、一低"等几个非几何形态语义的语素参与方位复合词的构成，共同体现出广州话方位复合词构成理据具有弱几何性的特点。

第二，实体方位复合词，是以某种实体来确定方位的复合词，所含语素之间具有按实体定位的构词理据关系，其中的形态理据关系不像几何方位复合词构成语素的形体义那么规整。例如：

(7)a. ⑧定₁、定方：⑧地方；

b. ⑧第度、第二度：⑧别处；

c. ⑧笃、笃底：⑧底部；

d. ⑧外皮：⑧外表面；

e. ⑧后背、后背底、背底：⑧背后；

f. ⑧身跟、身边：⑧身旁、身边；

g. ⑧侧跟、侧边：⑧近旁；

h. ⑧边边：⑧靠边ᵣ；

i. ⑧（排）头、头位：⑧排头；

j. ⑧尾尾、最尾、罐尾、尾后：⑧排尾；

k. ⑧内笼①：⑧内空间。

_____

① 此处所引广州话实体性方位名词，多参考麦耘、谭步云编著的《实用广州话分类词典》，以及白宛如的《广州方言词典》和饶秉才、欧阳觉亚、周无忌编的《广州话词典》，并根据笔者的语感酌情取舍，融入己见。

例（7）的 a 组"⊕定₁、定方：⊜地方"所指处所，可以看作原点方位；b 组"⊕第度、第二度：⊜别处"所指是与当前方位相对而言的，其中广州话"第度、第二度"同义并存；c 组和 d 组"⊕笃、笃底：⊜底部"和"⊕外皮：⊜外表面"的广州话构词语素"⊕底、笃、皮"，都是任意实体的确定部位；e 组和 f 组"⊕后背、后背底、背底：⊜背后"和"⊕身跟、身边：⊜身旁、身边"，都以身体加上含有方位义的语素构成，其中，两组广州话复合词的构成语素与普通话复合词的构成语素都有所不同，e 组还有语素结构次序的差异；g 组没有身体定位，使用时前加临时定位物体；h 组"⊕边边：⊜靠边ₙ"是以"边"定位的复合词，广州话为叠合形态；i 组和 j 组的普通话和广州话都以"头、尾"定位，广州话较突出的是，表示排最后有多种说法；k 组的普通话"⊜内空间"是词组，广州话"⊕内笼"是词，其内空间喻义以笼子体征为理据。

这些广州话的实体方位复合词，除了"⊕定₁、定方"高度概括地指处所，并较多独立用于表达有、无处所（有定〈方〉、冇定〈方〉）之外，其他实体方位复合词通常要与实际语境中的某个实体名词指称相配合，如"⊕个商标唔喺笃盖上，喺第度/笃底/外皮/后背/侧跟/边边/内笼（⊜那个商标不在笃盖上，在别处/笃底/外包装/后面/侧面/旁边/内里）"，这样所表示的方位才更明确。

第三，指示方位复合词，是具有指示代词性质的方位复合词。普通话的指示代词含有近指义的基本语素"⊜这－"、远指义的基本语素"⊜那－"和疑义的基本语素"⊜哪－"。广州话的指示代词与普通话指示代词的基本构成语素没有共用关系，却有对应关系，不过，近指为二对一，即"⊕呢（咿）"对应于"⊜这"，远指和疑指是一对一，即"⊕嗰"对应于"⊜那"，"⊕边"对应于"⊜哪"。这些指示代词的基本语素所构成的广州话方位复合词和普通话方位复合词之间的对应关系，则是多对少的关系。例如：

（8）a.　⊕呢度、呢处、呢笪：⊜这里、这片；

　　　b.　⊕嗰度、嗰笪：⊜那里、那片；

　　　c.　⊕边、边度、边处、边笪：⊜哪ₙ/哪里；

　　　d.　⊕呢边、呢便：⊜这边；

　　　e.　⊕嗰边、嗰便：⊜那边；

　　　f.　⊕边边、边便：⊜哪边。

例（8）反映出，广州话构成指示方位复合词的处所语素有两组，即形态较为模糊的"⊕－度、－处、－笪"和形态稍明确些的"⊕－边、－便"，比普通话构成指定方位复合词的处所语素"⊜－里、－边、－面"更为丰富，其中，广州话“[粤]边”还可以独立使用，更为口语化，与普通话“[普]哪儿”相对译。广州话另有单音节指示方位词“[粤]度”，是不分远近的不定指方位词，用法参见“指称表意范畴”一章。

由于指示方位复合词具有指示代词的性质，在使用中除了自身可以独立表达空间语义之外，还可以用作复指方位复合词或处所词，起强调空间地点的作用。例如：

(9)[粤] a. 只田鸡匿埋喺呢笪/呢便。

b. 啲雀喺屋顶嗰度/嗰边。

c. 幢楼侧跟嗰度/呢便有个报亭。

d. 呢度/处客厅正中就有个空位。

[普] a.(那只)青蛙藏在这里/这边。

b. 鸟在房顶那里/那边。

c. 楼的近旁那里/这边有个报亭。

d. 这里客厅中间就有个空位。

例(9)的 a 句是指示方位复合词独用；b 句是指示方位复合词在“存有”句中复指前边的处所词；c 句是指示方位复合词在“[粤]喺、[普]在”字句中复指前边的实体方位复合词；d 句是指示方位复合词复指后边的“处所＋几何方位复合词”词组。可见，在复指关系中，指示方位复合词是可以居前，也可以居后的。

综上所述，单音节方位词在广州话和普通话的句子成分分布基本相同，用法也没什么差异，只是在复合词的构词上表现出若干差异。广州话在几何方位复合词、指示方位复合词、实体方位复合词几个方面，除了与普通话有共同形式之外，都还有自身丰富多样的构词语素和独特的构词形式，构成形象而多样的复合词，有些实体方位复合词(如“[粤]笃底、内笼”等)为普通话所没有，体现着广州话方位词的独特性。

第三节　介词短语的构成

方位词与名词的搭配使用，通常置于名词后；但是能否搭配，往往还有一定的条件。这方面已经有一些相关论述，不过，还有待结合介词短语来考虑方位词和名词搭配使用的问题。

有论者认为：“单纯方位词不能直接附着在集合名词前做修饰语，但有的可以直接附着在集合名词后构成方位短语。‘里、中、间、内’几乎可以用在所有的集合名词后边表示群体的范围。如‘人民中、师生间、衣物里、楼群内'等。集合名词描述成群成组的事物，通常表事物的集合名词如果被具体化，表示一定数时就可以与'上、下、前、后、旁'搭配，如'一些船只上、一箱衣物下、一些车辆后、一对夫妻旁'。反之如果该集合名词所含的数量范围没有被限定，即表示一个整体的概念范畴时，后面则一般不能加单纯方位词表方位，如不能说'人民上、夫妻下、城镇前'。"①其中，集合名词的数量范围不被限定时，"后面则一般不能加单纯方位词表方位"的论断恐怕考虑未周，因为，"中"是方位词已为上文认可，虽然"人民上/下"的说法不易找到例证，但是，"中年夫妻下有小，上有老。""古代城镇前通常有城楼和城池。""衣物上有血迹。"等句，完全符合语法规范。而且，"他愿意在'人民'上做文章，甘愿俯首于人民下做个勤务兵，决不会因为有战功便凌架于人民（头）上作威作福。"这样带有隐喻性的句子，也不是不可能的。需要注意的是，在上述后一个例证中，我们加入了介词"于"，可能影响到了其他词语的句法表现。既然介词会影响到方位词与名词搭配的语感可接受性，因此，我们有必要进一步探讨介词短语在空间表意范畴上的表现。

与普通话的介词"⑮于、在，自、从，对、照、向、往，沿、比"相当的广州话介词，有"⑭喺，晌、打、从、对住、照、兜、向、打、跟住、过"等，它们可以在某些语境中构成表达空间语义的介词短语。其中，有的广州话介词与普通话介词的用字是相同的，如"从、照、向、到"等。

缪锦安曾以介词的语义指向作为分类标准，把介词短语分为六种："1)'在'字词组；2)'到'字词组；3)'往'字词组；4)'自'字词组；5)'向'字词组；6)'过'字词组。"②所举6个例句都以介词词组表达空间语义。由于本著要讨论空间义的表达，而不是讨论介词，所以拟从方所词与介词搭配的短语结构情况来分类，讨论介词短语的空间表意范畴的分布。

一、介词＋处所词

介词短语"介词＋处所词"表达空间语义，可以充当动词的补语、状语，也可以充当定语和主语或宾语，但是，这种介词短语充当定语和主语时，往往去掉介词也不会影响语义的表达，因为介词后的处所词本身

---

① 段宏：《汉语方位词与名词搭配研究》，《时代文学（理论学术版）》2007年第1期。
② 缪锦安：《汉语的语义结构和补语形式》，上海，上海外语教育出版社，1990，第89页。所举例句："她常常坐在窗口。""那只鸡哇的一声飞到屋外。""这包礼物将寄往外国。""这些士兵来自工业落后地区。""目前的局势正走向和平。""天天都有很多人走过他家门前。"《现代汉语词典》标注"过"为"趋向动词"。

就含有可以独立使用的空间语义。例如：

(10)[粤] a. 星海出生喺渔民屋企。(做补语)
b. 啲学生来自第啲国家。(做补语)
c. 佢屋企大过课室。(做补语)
d. 响乡下嘅嘢做晒喇。(做定语)
e. 兜头打落去。(做状语)
f. 喺屋企有饮有食嘅。(做主语)
[普] a. 星海出生于渔民家庭。
b. 学生来自其他国家。
c. 他家比教室大。(做状语)
d. 在老家的活干完了。
e. 照脑袋打下去。
f. 在家有吃有喝的。

例(10)的a句和b句，都是介词短语做空间补语；c句的普通话比况式与广州话的比况式结构不同，介词短语由普通话的状语转换为广州话的补语；d句的介词短语“[粤]响乡下、[普]在老家”做定语，如果去掉介词“[粤]响、[普]在”，句子的语意基本不变；e句的介词短语做动词“打”的状语；f句的介词短语“[粤]喺屋企、[普]在家”，由于语义韵的原因，如果省略普通话的介词“[普]在”，感觉不太自然，而省略广州话的介词“[粤]喺”则不影响语感，因为“[粤]屋企”是双音节词。综合考察介词在d句和f句中是否可以去留的情况，可见“介词＋处所词”结构的介词短语在做定语和主语时，比单独用处所词来表示空间，有更大的可适配度。

二、介词＋方位词

“介词＋方位词”的短语包含有处所语义更突出的方位词，用做定语和主语时往往可以省略，但是做补语和状语时不能够省略。例如：

(11)[粤] a. 客家人来自北方。(做补语)
b. 只狗成晚企喺外便/边。(做补语)
c. 打右手便行。(做状语)
d. 响里便嘅笔都重未批。(做定语)
e. 响东便有嚿黑云。(做主语)
[普] a. 客家人来自北方。
b. 那只狗整夜站在外边。
c. 沿右手边走。

d. 在里边的笔都还没削。

e. 在东边有朵黑云。

例(11)的 a 句、b 句和 c 句，介词“[粤]自、喺、打”和“[普]自、在、沿”都不能省略，后两例的介词“[粤]响、[普]在”可以省略。省略后的句子语意基本不变，用介词“[粤]响、[普]在”时，空间语义有所加强。但是，这里“介词＋方位词”结构的介词短语要求其中的方位词必须是双音节的，通常不说“*[粤]响里、[普]在里”或“*[粤]响东、[普]在东”，但是可以说“[粤]响东南、[普]在东南”或“[粤]响东南便、[普]在东南边”，或者是对举着说“[粤]响东响西都冇所谓、[普]在东在西都无所谓”。可见，“介词＋方位词”构成的介词短语结构对方位词有着更强的语义韵选择性，这在广州话和普通话里是相通的。

三、介词＋非方所词

“介词＋非方所词”的介词短语，其中的“非方所词”不能归入方位词或处所词，但是，加上可以与方所词搭配的介词之后，所构成的介词短语也会因此具有某种空间语义。例如：

(12)[粤] a. 向湖水掟石仔。(做状语)

b. 对住啲市民嗌说话。(做状语)

c. 对住啲玻璃开枪。(做状语)

d. 响农民嗰度有好多谚语。(做主语)

e. 对学生嘅意见要敢当面提。(做定语)

f. 对学生嗰便嘅意见要听得入耳。(做定语)

g. 三班大过四班。(做主语→补语)

h. 三班大过四班嗰度。(做主语→补语)

[普] a. 往湖水扔石头。

b. 对市民喊话。

c. 对玻璃开枪。

d. 在农民那儿有很多谚语。

e. 对学生的意见要敢于当面提出。

f. 对学生那边的意见要听得进去。

g. 三班比四班大。

h. 三班比四班那里大。

例(12)的 a 句、b 句和 c 句，非方所词“湖水、市民、玻璃”前分别加上可以和空间名词搭配的介词“[粤]向、对、对、[普]往、向、对”之后，所构成的介词短语做状语，表达动词行为的方向性。d 句的介词“[粤]喺、[普]在”后边不能只接非方所词，如果去掉“[粤]嗰度、[普]那儿”则不通，必须同时去掉介词“[粤]喺、[普]在”，以“农民”为主语。而 e 句和 f 句的介词短语做定语，两相比较可以看到，在“介词＋非方所词”后加方位词所构成的定语，会不同于没有后加方位词所构成定语的语意。g 句和 h 句都是比况式，其中，要在“介词＋非方所词”后加上指示方位复合词“[粤]嗰度、[普]那里”，才构成空间比较，否则不是空间语义的比较。

综合考察以上 8 句介词短语的构成及其表达的语义可知，空间介词与非方所词搭配做状语时，可以赋予该状语成分以空间语义；但是，“介词＋非方所词”需要后加指定性方位复合词，才能够充当主语；在构成定语时，“介词＋非方所词”与它后边加上指示方位复合词所构成短语的语义有别；而在比况结构中，“介词＋非方所词”要后加指示方位复合词才可以构成空间义明确的比况。

四、介词＋非方所词＋方位词

介词短语“介词＋非方所词＋方位词”，由于增加了“方位词”这一项，使“介词＋非方所词”结构的空间性更加鲜明突出，兼融了处所名词和处所副词的语法功能。这种介词短语可以做补语、主语、定语和状语等语法成分。例如：

(13)[粤] a. 扎根喺人民之中。① (做补语)

b. 喺思想上便有咗认识。(做主语)

c. 感觉到喺心灵里头嘅振动。(做定语)

d. 佢喺啲群众侧跟影相。(做状语)

[普] a. 扎根在人民中间。

b. 在思想上有所认识。

c. 感觉到在心灵上的振动。

d. 他在群众旁边拍照。

例(13)的非方所词都较为抽象，但是，由于后接方位词而有了空间语义，所构成的介词短语在四句中依次分别做补语、主语、定语和状语。如果单独去掉方位词，四句均有不同程度的残缺感；如果去掉“介词……方位词”的介词短语框架，a 句会有残缺感，b 句和 c 句仍可以成句，d 句则会不成句。由此可见，“介词＋非方位所词＋方位词”的介词短语所构

---

① 广州话也说“[粤]中间”，但是义指“中心”。

成的空间表意格式，在广州话和普通话中都具有较为稳定而广泛的功能分布。

五、介词＋处所词＋方位词

介词短语"介词＋处所词＋方位词"是由可以分别表达空间语义的介词、处所词和方位词三者组合在一起，共同合成一个空间语义，所表达的空间语义更准确。例如：

(14)⑧ a. 间凉茶铺就开喺戏院侧边。（做补语）

　　　 b. 有只虾趴晌个笼外皮。（做补语）

　　　 c. 晌顶楼上便种咗草皮。（做主语）

　　　 d. 啲学生喺操场度打波。（做状语）

　　　 e. 啲蚂蚁跟住墙边爬过嚟。（做状语）

　　　 f. 听到晌大街东便嘅狗吠声。（做定语）

　　⑧ a. 凉茶铺就设在戏院旁边。

　　　 b. 有只虾伏在笼子外边。

　　　 c. 在顶层上面种了草皮。

　　　 d. 学生在操场上打球。

　　　 e. 蚂蚁顺着墙边爬来。

　　　 f. 听见在大街东面的狗叫声。

在例(14)的 c 句和 e 句的介词"⑧晌、⑧在"可以去掉而句子的语意基本不变；d 句的方位词"⑧度（指示方位词）、⑧上"的方位性较弱，也可以去掉而句子的语意基本不变。可见，以上各例除了 d 句之外，其他四句的"介词＋处所词＋方位词"介词短语，以"处所词＋方位词"的模式构成最为稳定的定中修饰关系，而介词的导引角色在用做补语和状语的构造中是不可缺少的，但是在做主语和定语的构造中，只是起强调空间语义的作用，不是不可或缺的。

六、介词＋方位复指结构

例(14)广州话 d 句的指示方位词"⑧度"，与其他双音节指示方位词相比较，它的复指性较弱。在"介词＋方位复指结构"的介词短语中，如果用了双音节指示方位词，所构成复指关系的强调作用就较为明显。例如：

(15)⑧ a. 单车放咗晌广场东便嗰笪。①（做补语）

---

① 广州话"嗰笪"的"笪"义为约量"一块地方"。"嗰笪"远指某片特定地方。

　　　b. 打骑楼下便呢度行过去啦。（做状语）

　　　c. 喺窗台左侧呢便安住抽风机。（做主语）

　　　d. 喺茶壶笃嗰度嘅水垢点办呀？（做定语）

　㊀a. 自行车停放在广场东边那里。

　　　b. 从骑楼下边这里走过去吧。

　　　c. 在窗台左侧这边装有抽风机。

　　　d. 在茶壶底那里的水垢怎么办呢？

　　例（15）的 a 句、b 句、c 句和 d 句中的指示方位词"㊀嗰笪、呢度、呢便、嗰度"和"㊀那里、这里、这边、那里"，都可以去掉而句子的语意基本不变，介词短语在句子中的句子成分也不变；加上这些后接指示方位词之后所构成的介词短语，由于有指示方位词的复指关系起作用，表达了更强的空间语义。这在广州话和普通话的句子中表现基本一致。

　　如果说"在句子的语义结构中，由于跟动词相关的语义成分跟动词的关系亲疏不一，由于语义结构中动词跟各语义成分之间的语义关系多样，这就需要用介词来标记，用不同的介词来标记不同的语义关系"。①　那么，综合以上分析可以看到，表达空间语义的介词短语，作为空间语意表达的一种单位整体类别，它的句法语义功能比单纯的处所名词、单纯的方位词或单纯的处所副词都要全面一些，适用作补语、状语、定语、主语和宾语，它的表意功能在广州话和普通话没有什么差异。

　　广州话和普通话的介词短语在表意结构上的差异，主要表现在比况结构方面。在介词短语结构中，后接的指示方位词有时起着改变语义的作用，如例（12）的 g 句和 h 句所示；有时以复指关系起强调作用，如例（15）各句所示，这在广州话和普通话里也是一致的。广州话与普通话的空间语意表达显著不同之处，主要在于词汇构成方面，广州话有更丰富多样的几何语素构成的复合词、实体方位复合词和指示方位复合词。而空间语义词汇的丰富多样性，使广州话的空间语义表达可以更为细致、准确而生动。

　　总览构成广州话空间表意范畴的方位名词、方位副词和相关介词，如表 15-1 所示。

---

　　①　陈昌来：《介词与介引功能》，合肥，安徽教育出版社，2002，第 33 页。

表 15-1

空间范畴	广州话	普通话
方位名词	面(头)、上高/头/边/便、下低/边/便、底下、前边/便/头、后底/边/便、左/右(手)边/便、横边、里边/便/头、埋边/便、入边/便、外边/便/头/出、开便、中心/间、正中;定、定方、第(二)度、笃、笃底、外皮、后背、后背底、背底、身跟/边、侧跟/边、边边、(排)头、头位、尾尾、最尾、罅尾、尾后、内笼、呢度/处、呢笪、边、边度/处、边笪、嗰边/便、嗰度、嗰笪、边便	表面、上边/头/面、下边/面、前边/面、后边/面、左/右(手)边、侧面、里边/面、外边/面/头、(靠)外面、中间/央;地方、别处、底部、外表面、身旁/边、近旁、靠边、排头、排尾、内空间、这里、这片、那里、那片、哪里、哪ㄦ、这边、那边、哪边
相关介词	喺、晌、打、从、对住、照、兜、向、打、跟住、过	于、在,自、从,对、照、向、往,沿、比
相关副词	周围、四围、通处、到处、度度	遍、到处、处处

第十六章　约量表意范畴

提要：本章从表意的构成来考察约量的表达方式，从表意的内涵范围分为时间约量、事物约量、空间约量和动态约量几个方面。在表意内涵上，时间约量有计时与年龄的区别；各个表意类别都可以分为单位约量与非单位约量。从表示约量的语素与量词的关系来考察，约量词语有用于数量词前与用于数量词后的区别，有的则独立表达约量。一些半约量词语，只能借助数量词，表达一定量之上、之下、之前、之后等。另外，大量与少量的约量词语，不一定对称。经过系统的对比可以看到，广州话的约量表达与普通话的约量表达方式有大致相同的方面，有不少是可以类推的，但是也有各自的特殊方式，广州话动态约量的表达有较多独特的词语。有的约量词可以跨类表意，约量的跨类情况，反映出约量词语的语义类别特性。

汉语的约量表达，依托于一定的词语形式，所涉及的词语形式较为丰富多样。由于表示约量的词语有相当一部分与数量词密切结合，同时有一部分约量词语并不含有数量词，因而，出于不同的研究视角，有的学者从词汇的语法分类角度把它纳入数量词的子类来描述，有的学者则从语义范畴角度进行研究。特别是 20 世纪 90 年代以来，语义研究的影响日益深入而广泛，学界更多倾向于把约量纳入语义范畴来探讨。

其中，据丛冰梅《约量词语研究综述》的考察，"约量专题研究大致分为：（一）对约量进行历史的研究；（二）对表约量的词语进行研究；（三）对约量的语义解释；（四）对约量的语用研究；（五）对约量的对比研究；（六）对约量的扩展研究。各家对约量的研究过多注重形式描写而缺少功能解释；语法平面研究的比较多，而忽视语义、语用平面上的研究；研究多从本体入手，对比研究不够。"①近几年的后续研究，较多从约量词

---

① 丛冰梅：《约量词语研究综述》，《成都大学学报》2004 年第 2 期。

语的搭配或语用方面展开，如对时间约量的研究，① 以及周希全②、宗守云③各自对"数＋形＋量"搭配结构表义性的研究，都不是静态地描述约量词，而是在搭配或语用中探讨约量的表达，樊仁玥、陈泽新尤其关注和探讨了约量表达的主观性问题，④ 这些研究总体上表现为语义、语法和语用三结合的研究倾向。本著拟从词汇语义范畴的角度，对广州话和普通话的约量词语进行对比研究，以便静态地描述出广州话约量词语本身的基本语义特点，暂不涉及语用层面表意的主观性问题。⑤

第一节　约量词语的内涵分类

作为语义范畴，约量词语的语义分类，可以从约量语义内涵及约量语义构成两个角度进行。通过概述语义内涵的分类，可以看到约量语义范畴的大致表意范围；通过分析约量语义的构成，则可以反映出约量词语的成分构成和复合结构的规律等特点。通过普通话约量与广州话约量的对比，它们各自在这两方面的特点会得到较清晰的揭示。

据新近的研究，表示空间的词语形式语义较早出现，但是，"由空间到约量并不是一步完成的，而是通过时间这个媒介，先出现的是时间约量，非时间约量是后出现的。"⑥参照关于汉语约量表达的这一论断，本著对约量内涵分类的对比研究，也按"空间约量→时间约量→其他约量"的次序进行。

一、空间约量

约量词语大多数附着于数量单位来表达约量的语义，因而有学者把它纳入数量词附类来处理，本著则把是否与数量结合来表达约量作为约量词语特点之一。例如，不与数词结合来表达约量的：

（1）（粤）（好）多、几（层/级/米/平方）；

---

①　丛冰梅：《汉语约量时间词》，《吉林省教育学院学报》2009 年第 2 期。

②　周希全：《"数＋形＋量"格式中形容词的入位条件》，《文学界》2010 年第 11 期。

③　宗守云：《论"数＋形＋量"格式中量词和形容词的语义选择》，《广西师范大学学报》2008 年第 5 期。

④　樊仕玥、陈泽新：《约量表达的"主观性"问题》，《长春大学学报》2010 年第 5 期。

⑤　例如，有论者以"大半天"为"言长时"（丛冰梅：《汉语约量时间词探析》，《吉林省教育学院学报》2009 年第 2 期），但是实际上，在"股市波动大，他才守了大半天就守不住了。"这一句里，则是"言短时"的。

⑥　马喆、邵敬敏：《论反义方位复合词的约量表达》，《学术研究》2009 年第 5 期。

⟨普⟩(好)多、几(层/级/米/平米)。

广州话和普通话共用的"多",是可以不与数词结合的约量词,不过它要与量词结合。其中,可以直接与普通量词结合为"多层、多级"等,但是要加上"好"才能够与单位量词结合为"好多米、好多平米"等,表示多的约量。不过,作为单位余量的"多",在普通话里"⟨普⟩三米多、五平米多"等约量,在广州话要用"⟨粤⟩几",说成"⟨粤⟩三米几、五平方几"等,表达以该数量为基准而上限(小数位)不定的约量。前接的约量"几",在普通话和广州话里则是相同的,都说"三几尺、多几米、好几层/丈、三十几层"等,其中"几"都表示十以内的约量。在普通话里,后例的"几"可用"多",但是前三例不能置换。

在表示约量的词汇中,广州话"⟨粤⟩几"和普通话"⟨普⟩多"是最活跃并有代表性的。另外,广州话和普通话还分别以"⟨粤⟩几＋形容词"和"⟨普⟩多＋形容词"表示空间不同程度的约量,例如:

(2) ⟨粤⟩(五丈)长→几长、高→几高、宽/阔→几宽/阔、远→几远;

　　⟨普⟩(五丈)长→多长、高→多高、宽→多宽、远→多远。

这些基于某个计量单位来表示约量的数量与形容词结构,往往需要指明约量的向度(如"长、宽、高"等)。如果不基于数量单位来表达约量,在普通话里也需要"⟨普⟩多"与形容词配合,广州话仍用"⟨粤⟩几"与形容词配合。例如:

(3) ⟨粤⟩几长/短,几宽/阔/窄,几远/近,几深/浅,几高/矮/低,都啱;

　　⟨普⟩多长/短,多宽/窄,多远/近,多深/浅,多高/矮/低,都合适。

例(3)"⟨普⟩多、⟨粤⟩几"与表示一定向度距离的形容词结合,构成表示该向度上任意量或不定量的语义——这是最为宽泛的约量。其中的任意量来自"⟨粤⟩几、⟨普⟩多",对立义的形容词都适用,并没有选择性,主要取决于使用者表达意向的需要。这对于选择形容词表达体积的"⟨普⟩大、小、巨大、庞大、细、细小、细微"也适用。不过,普通话里与"细"相对应的单音节语素"⟨普⟩巨",通常不适用于这种表达形式,是个例外。广州话则只说"⟨粤⟩几大、几细、几巨、几巨大、几庞大、几细微"等,而不说"几小"。[①]

然而,这种"⟨普⟩多＋形"(广州话用"⟨粤⟩几＋形")的结构接于某个单位量之后,对形容词的语义是有选择性的,通常都是往"多"的语义靠,所以选

---

① 在广州话里,"⟨粤⟩几小"与表示"⟨普⟩多少"的"⟨粤⟩几少"同音。

用“长、远、宽、深、高”，而不用“短、窄、近、浅、矮(或低)”。例如：

(4)[粤]十米几长；八厘几阔/宽；十里几远；五丈几深；四尺几高；

[普]十米多长；八厘米多宽；十里多远；五丈多深；四尺多高。

其中的“[粤]几、[普]多”表示前面单位量到下一个整数单位量之间的约量，而其中的“长、宽、远、深、高”等形容词，在搭配习惯上不可以用相应的反义形容词，但是可以置于单位量之前，转换成另一种结构形式。例如：

(5)[粤]长十米几；阔八厘几；远十里几；深五丈几；高四尺几；

[普]长十米多；宽八厘多；远十里多；深五丈多；高四尺多。

这一结构含有两层语义：一是用于陈述空间维度的量，直接表示陈述的量，反义形容词不可用；二是用于比较句，表示比较所得的余数量，这种表达格式可以用反义形容词，如：“[粤]红嘅比绿嘅长/短十米几”，“[普]红的比绿的长/短十米多”。

以上两种格式，都以某个明确的数量值为基础，才能够表达约量义。这样表达的约量义，数量一端是明确的，另一端是两个单位量之间不明确的约量，普通话通常可以在“[普]多”后再加上“[普]一点儿”，以强调表示所余较少的约量。广州话如果要强调表达所余较少的约量，不单用“[粤]几”，而用“[粤]争＋啲/少少/啲多/啲咁多/啲啲”或“[粤]多＋啲/少少/啲多/啲咁多/啲啲”来表示，或者直接用“[粤]有突、松啲”等约量词表示，如：“[粤]三斤争＋啲/少少/啲多/啲咁多/啲啲([普]三斤差一点儿)”或“[粤]九尺有突、十二平方松啲([普]九尺多、十二平米多一点)”，等等。

另外，以“十、百、千、万、亿”等数量级位表示余数约量时，广州话和普通话通常都把表示约量的数词“[粤]几”或“[普]多、余”置于实数词与量词之间，如：“[粤]万几丈深、三千几尺阔”，“[普]十多米长、百余里远”等等。而要表达“十万、百万、千万”的余数约量，数词“[粤]几、[普]多、余”则要在“万”之前嵌入其中，如：“[粤]百几万丈长”，“[普]十多万米深、千余万里远”等等，表明是在“万”的范围内的约量。

二、时间约量

按刘叔新的区分，“时刻是一定的时间点，通常用于反映事件或活动发生的瞬间或短暂时间。时段是一段时间或一定长度的时间，一般用于反映所需时间的量。”①时间约量是对时间点和时段长度的约略判断或估

① 刘叔新：《谈语法范畴的研究》，见《语法学探微》，天津，南开大学出版社，1996，第105页。

算的量。

　　汉语时间约量与空间约量的内涵差异，首先表现在所用单位词以及单位的进位制不同。年、月、周（星期）、日（天）、小时、分、秒等，在表示约量时，虽然也用"多、几"表示余数约量，但是，有时要用特定量词来辅助表达。如广州话的时段约量"（粤）三个几钟、几十分钟、廿几分钟、三秒几（钟）"，普通话则说"（普）三个多小时、几十分钟、二十几分钟、三秒多"。小时以下的表时段量词，广州话表示"小时"用"（粤）钟"，表示"分、秒"除了用单位量词外，还要后加"（粤）钟"，普通话则只用单位量词。另外，广州话还有"（粤）昼、半昼、大半昼、成个礼拜（普）白天、半天、大半天、将近一星期）"等词语，也是表示不太精准的时间段约量。

　　时间与空间约量的内涵差异，其次表现在维度不同。空间的长、宽、高，换一个角度看，可以随之换成宽、高、长，所以它们相互之间有空间的相关性。而时间维度具有相对独立性，这在约量词语的选择上有所表现。比如，广州话和普通话"左右"都既可以用来表达空间约量（如"三平米左右""十里左右"），又可以用来表达时间约量（如"三点半左右""一分钟左右"）；但是，"上下"则只用于表达空间约量（如"七十米上下""九平方上下"）；而"前后"则只与时间单位搭配，用来表示时间约量（如"五点前后""九点一刻前后"）；尽管"左右、上下、前后"本来都是表示空间义的复合词，都有表示空间义的义项。从这种维度选择差异中可以看出，汉语约量词已经出现了空间约量与时间约量分职表述的情况。[①] 广州话和普通话的时间约量构成除了上述共性之外，还有差异性。如时间余数约量，普通话书面语用"－许"（如（普）十时许），广州话则说"－零钟"（如（粤）十点零钟），都不能用于空间余数约量表达。

　　年龄也是在时间向度上计算的量，然而，与一般的时间表量方式有所不同，年龄的约量表达方式，对约量词汇的选择兼具空间约量与时间约量的选择性，普通话也用"左右、上下、前后"来表示年龄约量，只是含义略有不同罢了。"三十岁左右"与"三十岁上下"相当，是对"三十岁"这一年龄估计的约量；"三十岁前后"则是指"三十岁"这个年龄之前和之后一段时间长短不太明确的约量。这三种表达方式在广州话里也适用。但是，以某个年龄为界的约量表达，广州话与普通话有别。例如：

　　（6）（粤）五十零（岁）/出头/松啲；

　　　　（普）五十来岁/开外/出头。

---

　　① 　马喆、邵敬敏：《论反义方位复合词的约量表达》，《学术研究》2009年第5期。

(7)粤五十几/有突/有多；

普五十好几。

(8)粤成五十岁、几乎五十(岁)、差唔多五十(岁)、差啲五十(岁)；

普将近五十岁、差不多五十岁。

(9)粤五十岁度/左近。

普五十岁上下/左右。

以上各例都是围绕一个年龄时间(五十岁)来表达不同的约量义。例(6)和例(7)是超过"五十岁"的约量((7)比(6)年龄略大些)，例(8)是接近"五十岁"的约量，例(9)则是"五十岁"的约量。其中，广州话各有语义大致相当的不同说法。

两相比较，广州话表示年龄约量的词语大多同样可以用于表示空间约量，而普通话表达年龄约量的词语，比广州话有更多不同于表达时间约量的词语，普通话的"普开外、出头、好几、上下、来岁"都只用于表达年龄约量，后者"普来"如果用于表示时间约量，则要与"钟"搭配(如"五点来钟")。广州话的"粤有突、松啲、有多、度、左近、成"等，这些用于表达年龄约量的词语，都可以用来表达时间约量(如"粤成五点钟"或"粤五点有突/松啲/有多/度/左近")。从能否用于时间表达这一点可以看到，广州话和普通话年龄约量在表达方式上有不同的分职。

另外，与空间约量表达相比，广州话和普通话的约量词"粤几、普多"，在时间约量表达和年龄约量表达中都同样有效，而且表达式与空间约量表达式基本相同。

三、事物约量

事物约量是指事件和物质的个体或群体以非空间、非时间计算的约量。事物的约量，在广州话和普通话里有许多可以独立表达约量的词语，无需与量词搭配起来使用，例如：

(10)粤几多、好多、多少、啲、些少、少少、啲多、啲咁多、啲啲；

普许多、很多、好多、多、好些、多少、些、一些、少许、点儿、一点、一点点、一丁点。

其中，广州话的"粤几多"与普通话的"普多少"都是指任意量的约量，如"粤几多都啱(普多少都合适)"[①]，其他约量词则是按约量由多到少的

---

① 注：广州话也用"粤多少"，但不指任意量，而是少量，故以下两句不能用"粤几多"替换："粤畀多少都好普给一点也好"，"粤多少畀啲啦普多少给一点吧"。

次序排列的。这个约量词语序列都是指"多少"而言的。需要注意，"㊀有一啲墨滴（㊁有一点墨滴）"不等于"有一滴墨点"，而是指"㊀有啲/些少/少少/啲多/啲啲/啲咁多墨滴（㊁有一点点墨滴，墨点不多）"。"有一丁点墨"也是指"㊀就得些少墨（㊁只有极少量墨）"，而不是"㊀就得一滴墨（㊁只有一滴墨）"。

事物的量单位，有个体量、群体量和度量衡单位等多种。例如，汽油可以按升计算，也可以按桶计算；鸡蛋可以按只计算，也可以按筐计算，或按公斤计算；绳子可以按捆计算，也可以按米计算；人口可以按人头计算，也可以按家庭统计；鸽子可以按只计算，也可以按对计算，或按群计算；等等。由于事物的度量衡单位所搭配的约量表达与空间的度量衡单位所搭配的约量表达相当，此处不赘；这里只探讨与非度量衡单位相搭配的约量表达。

在广州话和普通话里，上述约量词语序列中表示"多"义的约量词以及表示不定量的约量词，都可以和事物的个体量词及群体量词相配合使用，例如：

(11)㊀ a. 几多杯/壶/位/围茶；好多条/把/捆/麻绳；
    b. 好多只/对/群鸽；好多只/笔蛋；好多粒/包/船米；好多只/栏猪。

  ㊁ a. 好多杯/壶/位/桌茶；许多条/把/捆/麻绳；
    b. 多只/对/群鸽子；许多个/筐蛋；很多粒/包/船大米；好多头/栏猪。

普通话"㊁好些"虽然不含语素"多"，但是也含"多"义，如"㊁好些（个/筐）梨烂了"，而且不接量词也能表示个体约量"多"。广州话没有与"㊁好些"相当的词语。然而，表示不定量或个位数约量的"㊀几"或含语素"㊀－几"的约量词语（如"㊀好几、多几、冇几"等），则不论表示多或少，都和事物量词结合。例如：

(12)㊀(好)几只/窦雀仔、几多蓊/船香蕉呵、多几铲/堆沙（就够喇）、冇几口/家人。

  ㊁(好)几只/窝小鸟、好多挂/船香蕉啊、多几铲/堆沙子（就够了）、没几口人/户人家。

以上约量词语要与物量词结合，这一点在广州话与普通话相似。还有一些固定表达格式，如"㊀三几只/条/船"等，表达个位数不定量，与普通话"㊁三五艘/条船"等相当，也表达事物个位数小于 6 的约量，语义也较宽泛、模糊。

另外，与空间约量及时间约量的构成相似，事物约量也有一部分是以确定数量为依托的。靠确定数量表达空间约量的约量词语，广州话有“[粤]以上、以下、以内、以外、成、度、有突、松啲、争啲、差唔多”等，相应的普通话有“[普]以上、以下、以内、以外、有余、不足、不到、左右、将近、接近、上下、多一点、差一点、差不多”等，都可以依托某个确定数量来表达比该确定量有余、不足或差不多的某个余数约量。例如：

(13)[粤]二十页度、成三百桶、八十桶有突、一千条松啲/争啲、三十个有多/以上、四十对唔够、差唔多六百只、五千口咁上下/左右。

[普]二十页左右、近三百桶、八十桶有余、一千条有多/差一点、三十个有余/以上、四十双不足、将近六百只/头、五千口上下。

例中约量词所表达的约量大小，与前接整数量的级次有关。“[粤]三十个有突([普]三十个有余)”指“三十个以上”但没有超出几个；“[粤]差唔多六百只([普]将近六百头)”可能指“五百八十多头”；等等。如果前接的数量精确到个位数，则同样这些约量词表达的是单位余量的约量，例如：

(14)[粤]一杯有突、唔够两碗、九页度、将近十一个团、成三百零一桶、八十二桶有突、差唔多十九围、一千零五条松啲/争啲。

[普]一杯有余、两碗不足、九页左右、将近十一个团、几乎三百零一桶、八十二桶有余、差不多十九桌、一千零五条多一点/差一点。

在表达单位余量的约量时，普通话还常用“[普]多一点、少一点”，广州话常有“[粤]多啲啲、多一啲、多少少”和“[粤]争啲啲、争一啲、争少少”等。这种约量表达方式反映出，事物量词代表的是事物的整数量，因而才会有不足其整数单位量的余量的约量表达。

四、动态约量

动态约量是指行为动作的频次、速度等动态量的约量，主要是对行为动作时况的判断。虽然行为动作的强度也属于一种动态，但是，通常不以计量来描述动态强度，所以这里无需讨论，如“[普]狠狠地揍、轻轻地抚摸”等。由此可见，作为语义范畴，约量语义与计量语义有一定的相关性。

这里主要讨论两类动态。一是就动态的反应速度而言的，“过两三分钟去”，这数量的连用本身便表示一种不准确量(即约量)，广州话也可以用约量词表达为“[粤]过一阵去([普]过一会儿去)”。用于表示反应速度的词语集合起来，便可以建立起表达反应速度的动态维度。与反应速度相关的约量词语，例如：

(15)⑭ a. 无耐、（一）阵（间）、迟下、（一）下、立时，

　　　 b. 即刻、即时、立即、马上、霎时间。

　⑲ a. 一会儿、少顷、一瞬间，

　　　 b. 立刻、即刻、马上、立刻、立时间、霎时（间）。

　　例(15)反映出，广州话和普通话都有"一会儿"和"立刻"两组语义项。a 组反映出，表示"一会儿"语义的约量词语在普通话里比较少些，在广州话里略多一些，而且广州话和普通话的表达方式都不同；而 b 组反映出，表示"立刻"语义的约量词语在普通话里较多，在广州话里略少一些，而且广州话所用的词语在普通话里都用。

　　二是就动态的频次而言的，"一天三次"是频次的计量表达，"一天多/几次"或"三番四次"则是频次的约量表达。广州话和普通话里表达频次的约量词语较多，例如：

(16)⑭频频、连连、经常、时时、随时、时不时、耐不耐、耐唔耐、
　　　耐唔中、耐时、耐耐、久时久、久唔久、间中、不断、连续、
　　　偶然间、成日、三番四次。

　⑲频频、连连、常常、经常、时常、时时、随时、不时、间或、
　　　不断、连续、一再、三番四次。

　　其中，表示频次较密的约量，普通话和广州话的一致性较高；其他频次的约量，普通话与广州话基本上都不一样，其中突出地表现出，广州话和普通话频次约量语义表达方式存在着语素构成分布不平衡的现象。

第二节　约量词语的语义构成

　　约量词语的语义构成，指相关语素复合成词或相关词语搭配构成短语的语义构成形式。约量词语的语义构成，有的需要依托于数量单位来表达约量，有的以独词形式来独立地表达约量，因而，这里按约量词语的语义构成情况来进一步分类探讨约量词语。

　　在上述的约量语义内涵类别中，时间约量和空间约量这两个类别，主要依托数量单位构成约量语义；事物约量的语义构成方式最为多样，依托数量单位的语义构成和独词形式的语义构成都很丰富；动态约量的构成则较单一，基本上由单词来表达约量语义，表达频次约量的词汇尤其丰富。

而借助数量单位来表达动态约量的方式，则较多为固定格式，通常用相邻两数、相隔两数、相邻位数或"三十五/几 A"式等来表示，例如：

(16)㉄（每日）一两铺/七八轮/一二十趟、（每分钟）六七十次、（每秒）三五/几下、（每年）十转八转；

㊦（每天）一两盘/七八圈/一二十趟、（每分钟）六七十次、（每秒）三五/几下、（每年）十回八回。

从约量词语构成的词性类别来看，能够表达约量的词汇并不限于某个词类。在需要依托数量来表达约量的词汇中，就包含有不同词类的词，因而有不同的词语搭配形式。例如：

(17)㉄大约、约莫、大概、有突；

㊦约、大约、约莫、大概、有余。

其中，逗号前的几个为副词，接于数词之前；逗号以后为动词，没有量词的时候接于数词之后，有数词和量词的时候接于量词之后。这些约量词在上述四种内涵的约量表达中都适用。

另外，普通话"多"表示余数的约量时是数词，[1] 也接数量词之后，语义和"㊦有余、㉄有突"相当，而且都还可以后接数量词"㊦一点儿"或"㉄少少"，构成"㊦多一点儿、㉄多少少"。普通话"㊦多一点儿"和广州话"㉄多少少"的语素复合结构都是"数＋量"，也适用于上述各种内涵的约量表达。以上是第一类约量词，都依托于数量词语，而且通用于上述各个内涵类别。

第二类约量词属于数词，因而只依托量词，而不依托具体的数目词。如约量数词"几"，可以和量词结合成"几＋量"的结构来表达约量（如"几个、几年、几群"等），表示个位数的约量。如果要表示更高位数的约量，则要嵌入更高的位数（如"十、百、千、万"等），构成"几＋位＋量"的结构（如"几十窝、几千对"等）。但是，位数的余量用"㉄几、㊦多"（如"㉄三千几人、㊦三千多人"）；位数的约量普通话不用"多"，而与广州话一样用"几"（如"㉄/㊦几百人"）。不过，约量数词"多"可以与量词结合构成"多＋量"的结构来表达约量（如"多处、多年、多围"等），与"几＋量"的结构相似，也不需要依托具体数量来构成约量，[2]

---

① 中国社会科学院语言研究所词典编辑室：《现代汉语词典》（第 6 版），北京，商务印书馆，2012，第 333 页。

② 《现代汉语词典》（商务印书馆，2012）和《现代汉语规范词典》（外语教学与研究出版社/语文出版社，2004）以后接量词的"多"为形容词义项；《英汉大词典》（上海译文出版社，2010）则标为数词。

可以表示比“几”更多一些的约量。如“多日”可以是十几日，甚至几十日；“几天”则只是指十天以内的约量。但是，如果要以“多＋量”表示较高位数的约量，则这个较高的位数要加在前边，构成“位＋多＋量”的结构（如“十多位、百多围、万多家”等）。另外，通常认为与“多”相对的“少”不能构成“少＋量”的约量语义表达式，也不能够置于数量词之后表示余量的约量。表示“不足某数”的约量，广州话用“[粤]争（啲）”，普通话用“[普]缺（一点）”。

第三类约量词，自身含有的数量语义已经自足，不需要依托数词或量词便可以独立表达约量义。广州话和普通话都有重叠“多”和“少”的约量表达式，如“[普]得益多多、多多少少与此有关”，“[粤]多多益善、少少无拘”等。作为构词语素的“多一”与“少一”，复合构成了一批可以独立表达约量语义的双音节名词和形容词。例如：

(18)[粤]多多、多数、多阵、少少，多罗罗、些少；

[普]多时、多数、少数、少时、少刻、少顷，多端、多层、多向、多头、多样、多元、少量、少许。

其中，逗号之前为名词，逗号之后为形容词。从所列出的词例情况看，普通话由语素“多一、少一”构成的约量词比较丰富，而且名词和形容词都不少；广州话语素“[粤]多一”和“[粤]少一”构成约量词的能力很不平衡，只有“多一”可以构成少量复合约量词①，“[粤]少一”除了自身重叠构词外，并不与其他语素复合成约量词。不过，用广州音说上述普通话复合约量词，作为书面语并无妨。这些复合约量词，与“多”和“少”的重叠形式相比较，适用范围没有那么宽，重叠形式可以指涉上述四类语义内涵（年龄除外）；这些复合约量词和语素“多一”或“少一”结合的另一个语素，通常由量词凝固而成，限制着复合词适用的语义范围，使这些复合约量词各自只适用于表达上述某些类语义内涵的约量。

第四类约量词，是由方位词凝固而成的约量词，不仅自身的结构较为统一，而且与数量词的搭配方式也比较有规律。例如：

(19)[粤]以上、以下、以前、以后、之前、之后、以内、以外、之内、之外、左右、上下、前前后后、左近。

[普]以上、以下、以前、以后、之前、之后、以内、以外、之内、之外、左右、上下、前后。

它们都需要依托数量词语来表达数值某端为约量的语意，而且与数

① 广州话“多计、多事”等形容词另有一层非数量的语义，不属于复合约量词。

量词语搭配的位置比较统一、固定，都接在数量词之后，如果没有量词，则接在数词之后，构成"数（量）＋约量词"的表达形式。但是，这一类约量词适用的约量语义范围有一定的限制。在语义对立的语素所构成的约量复合词中，广州话和普通话共用的复合约量词占了绝大多数，只有"⑨左近"为普通话所不用。其中有的约量词有一定的语义类别选择性。比如，约量义项的"前后"用于指时间；"⑨上下"不用于指时点或时段，但是广州话可说"⑨上下两点钟（⑨将近两点钟）"；"之外"＝"以外"，"之内"＝"以内"，可用于空间、时段、年龄、事物和动态频次等的约量表达；"之前"＝"以前"，"之后"＝"以后"，用于单维空间、时点、年龄、事物序数等的约量表达；"以上"和"以下"在普通话和广州话里都通用于表达各种约量语义范围，包括空间、时段、年龄、事物、动态频次等。"之上"与"之下"，不仅书面语色彩较浓，适用范围也较窄，不能等同于"以上"和"以下"，如"五十岁以上/下"年龄约量不能说成"＊五十岁之上/下"。

有学者指出："个体量词和集合量词在语义、功能、句法、形态等方面存在着一系列对立，其中最主要的对立表现为语义上的'单独'和'整体'的对立，功能上'表类'和'表数'的对立"。① 然而，从约量词语的语义构成来看，上述第一、第二、第四类约量词语和个体量词、集合量词组合起来表达约量语义时，在构成上并没有个体量词和集合量词的不同搭配。

另外，约量语义分类，还有一些涉及多种标量系统的语义类别，上文并没有讨论。如"价值约量"，其标量"元、角、分"是基本的计量单位，可以和空间或时间的度量衡单位相比较；但是，"几大好处、多项优点"这样的价值判断，则与事物约量相当。所以，本著不另立独立的语义类别来讨论。

探讨"数＋形＋量"格式的学者，通常只关注形容词与量词关系以及（个体/群体）量词类型的属性，把量词作为确定的词性类别看待，从以上对约量的语义内涵及构成形式的考察情况看，约量属于表达语义范畴，不是词性类别范畴，因而是跨词性类别的现象。

总览构成广州话约量表意范畴的词语，如表16-1所示。

---

① 宗守云：《"数＋形＋量"格式的分化及其语义语用差异》，《修辞学习》2009 年第 3 期。

表 16-1

约量范畴	广州话	普通话
空间约量	以上、以下、以前、以后、之前、之后、以内、以外、之内、之外、左右、上下、前前后后、左近；几大、几细、几巨、几巨大、几庞大、几细微	以上、以下、以前、以后、之前、之后、以内、以外、之内、之外、左右、上下、前后；多大、多小、多巨大、多庞大、多细、多细小、多细微
时间约量	时间＋上下、时间＋左右、时间＋前后、时点＋零钟、时间＋松啲、时间＋有突、时间＋差啲	时间＋上下、时间＋左右、时间＋前后、时点＋多
事物约量	几多、好多、多少、啲、些少、少少、啲多、啲咁多、啲啲	许多、很多、好多、多、好些、多少、些、一些、少许、点儿、一点、一点点、一丁点
动态约量	无耐、（一）阵（间）、迟下、（一）下、立时，即刻、即时、立即、马上、霎时间，频频、连连、经常、时时、随时、时不时、耐不耐、耐唔耐、耐唔中、耐时、耐耐、久时久、久唔久、间中、不断、连续、偶然间、成日、三番四次	一会儿、少顷、一瞬间，立刻、即刻、马上、立刻、立时间、霎时，频频、连连、常常、经常、时常、时时、随时、不时、间或、不断、连续、一再、三番四次
标量余值	多/少＋啲、多＋少少、多/少＋啲多、多、多/少＋啲咁多、多/少＋啲啲、有突、松啲、度、将近、上下、差唔多	以上、以下、以内、以外、有余、不足、不到、左右、将近、接近、上下、多一点、差一点、差不多
约量副词	大约、约莫、大概，有突；多多、多数、多阵、少少，多罗罗	约、大约、约莫、大概、有余；多时、多数、少数、少时、少刻、少顷、多端、多层、多向、多头、多样、多元、少量、少许

第十七章　能愿表意范畴

提要：广州话与普通话的能愿动词，按教学语法的语义分类，大别为必要、能够、愿望三类，而与心理动词有所区别。通过分类实例比较分析，我们看到，广州话与普通话的能愿动词有许多是可以通用的，但是也存在具体词汇的差异，广州话"实、肯、畀、应归"等词，较有语义特色及兼类的特色。有的能愿动词在广州话里有不同于普通话的含义，而词形相同；广州话双音节能愿动词尤其有自己的特点。本著所列类能愿动词，含估价、必然和可能三类，表示估价一类在词形、语义构成、及结构功能上，与上述几类能愿动词存在差异；表示必然一类虽然不在能愿动词定义内涵范围，却能够符合本著所用的功能标准；而表示可能的一类，用以表达说话人对事态可能性的推断，只是当说话人与主语同一时，较难分清表达的是意愿还是事态判断，故此也归为类能愿动词。

能愿范畴（modal auxiliary category）又称情态范畴（modality category），是表示可能性、必要性或意愿等意思的语义范畴。我国学界对能愿范畴的探讨，多从能愿动词结构的角度来展开。新时期以来，起步于 20 世纪 80 年代中期的中英比较，有纪猗馨的《英语情态助动词与汉语能愿动词的比较》[①]；接着，把它看作现代汉语语法结构的基本元素，出现了从不同侧面的深入研究，如马庆株的《能愿动词的连用》[②]和薛国富的《"能愿动词＋动词（形容词）"结构浅议》[③]等；后来，如王振来的《能愿动词在语用祈使句中的表达功能初探》[④]、叶南的《能愿动词的义素结构和跨层次的交际功能》[⑤]和徐雯雯《浅论作为焦点敏感算子的能愿动词——

---

① 纪猗馨：《英语情态助动词与汉语能愿动词的比较》，《语言教学与研究》1986 年第 3 期。

② 马庆株：《能愿动词的连用》，《语言研究》1988 年第 1 期。

③ 薛国富：《"能愿动词＋动词（形容词）"结构浅议》，《贵州大学学报》1989 年第 3 期。

④ 王振来：《能愿动词在语用祈使句中的表达功能初探》，《锦州师范学院学报》1997 年第 3 期；《谈能愿动词在句子表达中的作用》，《辽宁师范大学学报》2002 年第3期。

⑤ 叶南：《能愿动词的义素结构和跨层次的交际功能》，《乐山师范学院学报》2005 年 10 月第 20 卷第 10 期。

应该》①等，则表现出受外来句法理论和语用理论的影响。另外，对外
汉语教学的需要，则使汉语能愿动词结构的研究走向教学认知，如王
振来的《被动表述式对能愿动词的选择及其认知解释》②和朴惠京的《词
汇化形式"高频双音节能愿动词＋说/是"》③等。但是，对粤语能愿动词
结构的研究较为薄弱，查甘于恩主编的《粤语与文化研究参考书目》④，
除了一篇 Postverbal"can"in Cantonese（and Hakka）and Agree（Cheng
Lisa L-S，Sybesma Pint. Lingua，2004（4））之外，并未见全面深入研究
的论述。

　　能愿动词(本来译作 can-and-wish verb)的分类有宽窄之别，尚无定
见，关键取决于标准的设定。《语言学百科词典》将"能愿式"定义为"汉语
中用能愿动词加在动词(或形容词)前面表示对事情的可能性、必要性、
必然性加以估量评断，或表示意志、愿望，即为能愿式"。即表达能愿语
义的形式。而将"能愿动词"定义为"汉语语法中指表示可能、必要或意愿
等含义的一类动词"⑤。所释能愿式的"必然性"语义类在能愿动词的内涵
定义中没有相应的交代。今据新近出版的《语言学名词》的定名"能愿动
词"(model verb，又称助动词)及其内涵定义"表示行为或状况的可能、
必要或意愿的动词"⑥来探讨能愿动词的分类问题。

　　王振来的《论能愿动词的语义类别》⑦对能愿动词进行过较为全面的
清理和分类研究，不过，他把认定的 59 个能愿动词分为七大类，包括可
能动词 A 类、必然动词、必要动词、可能动词 B 类、愿望动词、估价动
词、以及许可动词，他是在马庆株的《能愿动词的连用》一文所分六类的
基础上曾加了"必然动词"一类，包含"一定"等词(吕叔湘的《现代汉语八
百词》将其归入副词看待)；还有"估价动词"一类，包含"值得、配、便
于、有助于、易于、宜于、免不得、不见得"等，虽然符合该文认定的
"能愿动词属于非自主动词，不能自由构成肯定祈使句"和"能愿动词后
面只能加上谓词性成分"这两条功能标准，但是也溢出了我们所持的内

---

①　徐雯雯：《浅论作为焦点敏感算子的能愿动词：应该》，《乐山师范学院学报》2010 年第
　　4 期。
②　王振来：《被动表述式对能愿动词的选择及其认知解释》，《汉语学习》2003 年第 4 期。
③　朴惠京：《词汇化形式"高频双音节能愿动词＋说/是"》，《世界汉语教学》2011 年第 4 期。
④　甘于恩主编：《粤语与文化研究参考书目》，广州，广东科技出版社，2007。
⑤　《语言学百科词典》，上海，上海辞书出版社，1993，第 522 页。
⑥　语言学名词审定委员会：《语言学名词》，北京，商务印书馆，2011，第 57 页。
⑦　王振来：《论能愿动词的语义类别》，《辽宁工学院学报》2002 年第 1 期。

涵定义范围，因此，我们将能愿动词按内涵定义分为三类：必要、能够、愿望，这与统一的教学语法相一致；① 而将必然、估价和可能三类作为附类探讨，在句子结构中逐一对广州话和普通话的能愿动词加以比较描述。

第一节　表"必要"的能愿词

汉语表达"必要"语义可用助动词或副词来实现。所谓"必要"，是说话人根据情理、习惯或事实，明确表达理当如何的看法。广州话表达"必要"语义的助动词有"⑧应份、应该、先该、该、要、须要、一实要"等，普通话则有"⑧应、该、应该②，要、须、须要"等。例如：

(1)⑧ a. 该讲就讲，唔该讲就唔好讲。

　　　b. 佢先该/应该返乡下过年。

→佢唔应该返乡下过年。佢先该/应该唔返乡下过年。

　　　c. 佢好唔应该去睇病嘅。

→佢好应该唔去睇病嘅。佢好应该去唔睇病嘅。

　　⑧ a. 该说就说，不该说就不说。

　　　b. 他应回老家过年。

　　　c. 他很应该去看病的。

→他不应该回老家过年。他应该不回老家过年。

　　　c. 他很不应该去看病的。

→他很应该不去看病的。他很应该去不看病的。

例(1)表达"应该"语意，a 句为固定说法，不能用"应"置换"该"。广州话虽然在肯定句使用"⑧先该、应份"，语义与"应该"相近，但是它们不能前加否定词构成否定结构，"⑧应该"有更广泛的适用语境。又如：

(2)⑧ a. 佢要即刻去睇医生。

　　　b. 掹牙一实要谨慎。

→掹牙唔使谨慎。掹牙要唔谨慎。

　　　c. 病人需要多饮水。

→病人唔需要多饮水。病人需要唔多饮水。

---

① 黄伯荣、廖序东主编：《现代汉语(修订五版)》下册，北京，高等教育出版社，2011，第 11 页。

② 李行健主编的《现代汉语规范词典》(外语教学与研究出版社、语文出版社，2004)标注"应该"为动词。

d. 佢唔使即刻去睇医生。

→佢要即刻唔去睇医生。佢要即刻去唔睇医生。

　　⑭ a. 他要立刻去看医生。

　　　b. 拔牙须谨慎。

→拔牙不须谨慎。拔牙须不谨慎。

　　　c. 病人需要多喝水。

→病人不需要多喝水。病人需要不多喝水。

　　　d. 他不必立刻去看医生。

→他要立刻不去看医生。他要立刻去不看医生。

　　例(2)表达必要语义，广州话虽然也用"⑭要"表达"必要"义，但是不用"⑭唔"加于助动词"⑭要"前构成否定结构，而用"⑭唔使"来表达"⑭要"的否定语义。虽然广州话也像普通话那样使用"须要"，但是不说"须"，而且没有广州话特色词与之对应，而要用"⑭一实、要"复合起来，才与普通话"⑭须"的语义相当。

　　汉语表达必要语气，除了用助动词与动词搭配之外，还用副词与动词搭配，有的副词还与助动词、动词连起来表达必要语义。普通话表达必要语气的副词是"⑭必得、必须、务必"等，广州话则用"⑭实稳、是必、定必"等。例如：

　　(3) ⑭ a. 呢件事实稳/是必你去(先)办成。

　　　b. 呢件事未必你去(先)办成。

　　　c. 呢件事无须/唔使你去(先)办成。

　　　d. 呢件事实稳/是必你唔去先办成。

　　⑭ a. 这件事必得/必须你去(才)办成。

　　　b. 这件事未必你去(才)办成。

　　　c. 这件事无须/不必你去办成。

　　　d. 这件事必得/必须你不去才办成。

　　(4) ⑭ a. 呢个人定必留用。

　　　b. 呢个人未必/唔定留用。

　　　c. 呢个人唔使留用。

　　　d. 呢个人定必唔留用。

　　⑭ a. 此人务必留用。

　　　b. 此人未必留用。

　　　c. 此人不必留用。

　　　d. 此人务必不留用。

例(3)用口语副词"⁽粤⁾实稳/是必、⁽普⁾必得/必须"来表达"必要"语义，否定可用"⁽粤⁾未必、⁽普⁾未必"转换成或然语义，用"⁽粤⁾唔使/无须、⁽普⁾不必/无须"转换成"不必要"语义，用"⁽粤⁾实稳/是必、⁽普⁾必须"后加否定词"⁽粤⁾唔、⁽普⁾不"转换成"必要不"语义。例(4)用书面语副词"⁽粤⁾定必、⁽普⁾必得/必须"来表达"必要"语义，与例(3)相比较，例(4)的广州话转换成或然语义的否定词除了"⁽粤⁾未必"之外，也可以用"⁽粤⁾唔定"，构成的否定结构是"⁽粤⁾或然否定（＋施事）＋V"。广州话转换成"不必要"语义也用副词"⁽粤⁾不必"，构成的否定结构是"⁽粤⁾不必/无须（＋施事）＋V"(如例(3)的 c 句)；"必要不"语义的结构是"⁽粤⁾必要副词（＋施事）＋否定词＋V"(如例(3)的 d 句)。

广州话表示必要的能愿动词比普通话的要简单一些，更趋同于普通话的郑重语体用词，不用单音节的"该"，而用"应该"。例如：

(5)⁽粤⁾ a. 你应该返学喇。

　　　b. 应份谦让。→唔系应份谦让嘅。

　　　c. 使着校服吓？

　　　d. 梗要先畀钱。

　　　e. 赔礼一实要叩三个响头。

　　　f. 教细路要畀心机。

　⁽普⁾ a. 你(应)该上学了。

　　　b. 应当谦让。/

　　　c. 得穿校服吗？

　　　d. 须得先交钱。

　　　e. 赔礼必得叩仨响头。

　　　f. 教孩子要耐心。

例(5)的 d 句以下，可通用"要"，但是在普通话里有强调程度不同的用词，而广州话要靠前加不同的副词来表达不同的强调程度；广州话的"⁽粤⁾使"表示"要"义时，通常只用于否定句、疑问句及其应答式中，不用于一般陈述句，而"要"在不同句式都能够出现。普通话"⁽普⁾务必"是最强式，通用于公文语体。

表示必要的能愿动词否定形式，普通话通常是在能愿动词前加"不"，但是所用的能愿动词加"不"后，只能合成双音节否定形式，如"⁽普⁾(应)该→不(应)该""得→＊不得""须得→不须""必得→不必""要→不要"以及"务必→不必"等。从"必要"的语义来看，"得"的否定语义形式应为"不必"，"不得"是"不许"的意思。广州话的否定形式，在例(5)的 a 句是在"应该"前加否定词"⁽粤⁾唔"，b 句则要改成"⁽粤⁾系"字结构的否定形式，即

"⑧唔系应份谦让嘅"；例(5)的 d 以下各句，则通用"⑧唔使"，而不是在"要"前加否定词。也就是说，广州话的能愿动词"⑧要"只用于肯定式，不用于否定式。

此外，广州话的"⑧好"也表示应该，多用于叮嘱话语中，如"⑧你好走喇、你好讲实话啦(⑧你该走了、你要讲实话了)"等；还有表达过去必要的能愿动词"⑧该先"，语义相当于普通话的词组"⑧本该"，它们的否定式可以判别前者为词，后者为词组。例如：

(6)⑧你该先返学嘅。→你该先唔返学嘅。

⑧你本该上学去的。→你本不该上学去的。

至于王振来的文章归入表示必要的能愿动词一类的"⑧犯得着、犯不着"，《现代汉语词典》标注为"动词"，前者通常只用于疑问句，后者则可以不后接谓语而结束句子，如"⑧我自己能行，与他(计较)犯不着"，这与前文所述两条能愿动词标准不相符。

第二节　表"能够"的能愿词

表达"能够"语义，普通话通常用"⑧能、能够、会、可、可以，愿、愿意、要、肯、敢"等能愿助动词来表达，也可以用可能补语(得字结构)来表达，① 广州话相应地用"⑧可以、晓、晓得、识、识得、愿、够胆②"等能愿助动词或"得字结构"表达。例如：

(7)⑧ a. 佢可以用手吹鸡喇。→佢用手吹得/到鸡喇。

　　　b. 佢重唔可以落地行路。→佢重唔落得地行路。

　⑧ a. 他能(够)用手吹哨了。→他用手吹得了哨。

　　　b. 他还不能(够)下地走路。→他还下不得地走路。

普通话的助动词"⑧会"表示能力语义，广州话可以与之对应的词是"⑧识、识得"，而通常不用"⑧会"来表达能力语义。按《现代汉语词典》解释，"'能'表示具备某种能力或达到某种效率，'会'表示学得某种本领，初次学会某种动作用'会'，恢复某种能力用'能'"。③ 在能力、效率的意义上，普通话的助动词"⑧能、能够"，广州话用"⑧可以"表示。正

---

① 丁声树等：《现代汉语语法讲话》，北京，商务印书馆，1979，第89～91页。

② 麦耘、谭步云：《实用广州话分类词典》，广州，广东人民出版社，1997，第178～179页。

③ 中国社会科学院语言研究所词典编辑室编：《现代汉语词典》(第6版)，北京，商务印书馆，2012，第941页。

是在这个意义上，例(7)的"⟨粤⟩可以、⟨粤⟩能、能够"结构，在普通话和广州话里都可以转换成"得"字结构。但是，普通话和广州话表示学得本领的助动词"⟨普⟩会、⟨粤⟩晓（得）、识（得）"，却不能够做这样的结构转换。例如：

(8)⟨粤⟩ a. 佢晓/识（得）包饺子。

→ *佢晓/识包得饺子。

   b. 佢唔晓/识（得）踩车。

→ *佢唔踩得车。＝佢唔可以踩车。

  ⟨普⟩ a. 她会包饺子。

→ *她包得了饺子。

   b. 她不会骑车。

→ *她骑不得车。＝她不能骑车。（可能崴脚了，不是不会。）

例(8)反映出，普通话助动词"⟨普⟩得"表示能力条件时，不能用来转换表示本领能力的"⟨普⟩会"；广州话"⟨粤⟩晓得"同"⟨粤⟩晓"，"⟨粤⟩识得"同"⟨粤⟩识"，都与普通话表示本领能力的助动词"⟨普⟩会"同义，"⟨粤⟩晓、识"都不能转换成"⟨粤⟩得"字结构。又如：

(9)⟨粤⟩ a. 个细路会讲识行喇。

   b. 佢来好代你管账。

   c. 行李好执喇。

   d. 牛骨做得筷子又可以做雕饰。

  ⟨普⟩ a. 小孩会说能走了。

   b. 她来好代你管账。

   c. 行李可以收拾了。

   d. 牛骨可做筷子也能够做雕饰。

例(9)的 a 句和 b 句为一组，c 句和 d 句为另一组，其中表示能够的能愿动词在前一组表达主体条件是否有能力做，在后一组表达主语的客观条件是否允许做。其中，广州话的"⟨粤⟩识"表示能够，是广州话特有的能愿动词，限于表达主体是否有能力做。"好"在普通话和广州话的 b 句里也能用，但是较受限制；广州话"⟨粤⟩好"作为能愿动词的通常语义是"该"，如"⟨粤⟩行李好执喇"是表示叮嘱或吩咐的祈使句。然而，"⟨粤⟩得"虽然有能够义，但是用于动词之后作补语，不在能愿动词之列。

普通话的助动词"⟨普⟩可、可以"也能够表示能力义，广州话表达能力义也说"⟨粤⟩可以"，但是通常不说单音节的"可"。例如：

(10)⟨粤⟩ a. 猎犬可以揾到₃₅狼踪。→猎犬揾得到狼踪。

   b. 佢唔可以爬树。

　　→佢爬唔得/到树。→佢未爬得/到树。

　　　　粤 a.猎犬可(以)找到狼踪。→猎犬找得到狼踪。

　　　　　　b.它不可(以)爬树。

　　→它爬不得树。→它还爬不得树。

　　例(10)反映出广州话与普通话都用"可以"表达能力义,并且都可以在能力义上转换成"得"字结构。但是,广州话的单音节助动词"粤得"与双音节助动词"粤得到"的用法略有差异,这主要表现在与动词搭配的限制上。由于"粤到[dou₃₅]"还有"完成"义,当需要同时表达能力义和完成义时,就只能选择"粤得"表示能力,同时用"粤到[dou₃₅]"表示完成义,如例(10)的 a 句所示。当不需要表达完成义时,广州话"粤得、到[dou₃₅]、得到"都可以用来构成表示能力的补语,如例(10)的 b.句所示。

　　另外,王振来文还将"粤免不了"列为表示能够的能愿动词,但是语义不在上述三个方面的范围内,当它与"粤会、能"等连用时,就更清楚了。例如:

　　(11)粤过三两年,孩子也免不了会说能走了。

　　可见,"粤免不了"与表示能够的能愿动词不同类,《现代汉语词典》标示为"动词"类。

第三节　表"愿望"的能愿词

　　表示愿望的能愿词,接于主语之后,表达主语(王振来定义为"说话人",此说不妥——笔者注)想做什么的意愿。这是能愿词中最多的一类,普通话里有"粤希望、要、想,高兴、乐意、乐得、肯、愿、愿意、情愿、甘愿,敢、忍心"等。其中可以分为表达做某事的愿望、意图和志向等不同侧面,这里以逗号分开意愿主动性不同类型的三组:第一组表达较有主动意识的意愿,第二组是表达情感乐观的意愿,第三组表达较为被动(非情愿)的情形下做出选择的意愿。广州话相应地有"粤望、要、想、想话/谂住、恨,中意、欢喜、肯、愿、情愿、甘愿,敢、够胆"等。其中有的是心理动词(如"粤想、希望、粤谂住、想话、宜得"等)和副词(如"情愿"等),都可以用于表达意愿语意,而其中的"想、情愿"等在普通话和广州话都通用。

　　第一,表达主动意愿的能愿词。例如:

　　(12)粤佢望做歌星,又要做球星,仲想(话)做官嘅。

　　　　粤他希望当歌星,又要当球星,还想当官呐。

其中，广州话的"⟨粤⟩望"充当能愿动词是独特用法，同时，较文气的广州话也说"希望"；"要"和"想"在广州话和普通话里都通用，但是，如果后接主谓结构，普通话的"要"通常以使役动词身份相搭配（如"⟨普⟩他要我给他把脉"），表示请求义，而"（希）望"和"想"在这种搭配结构中语义不变。广州话的双音节词"⟨粤⟩想话"和"⟨粤⟩谂住"同义，其语气比单音节的"⟨粤⟩望、要、想"的语气较为平和，不能后接主谓结构。另外，广州话的"⟨粤⟩恨"比"⟨粤⟩望"所表达的"盼望"义更为恳切，而且通常要配以"⟨粤⟩恨咗好耐"的短语相照应，如"⟨粤⟩佢恨做明星恨咗好耐（⟨普⟩他渴望当明星渴望了好久）"。广州话"⟨粤⟩志在"也表示意愿，但通常是指某个具体行为的目的，①并非直接表达主语的意愿，如"⟨粤⟩我今次来，志在采写。"（⟨普⟩我这次来，是想采写。）又如：

(13)⟨粤⟩ a. 佢愿（意）侵埋入球队，佢唔愿（意）打针。

b. 佢要去学游水。

c. 佢唔要参加合唱。→佢要唔参加合唱。

⟨普⟩ a. 他愿（意）也加入球队，他不愿（意）打针。

b. 他要去学游泳。

c. 他不要参加合唱。→他要不参加合唱。

例(13)的 a 句表达愿望，广州话和普通话都用"愿、愿意、肯"，只是否定陈述所用的否定词不同；c 句表达意图，广州话和普通话也使用同样的助动词"要"，否定词也分别用"⟨粤⟩唔"和"⟨普⟩不"，但是，表达意图的助动词"要"可以前接否定词，也可以后接否定词，形成两种否定结构"否定词＋要＋V"和"要＋否定词＋V"，而表达愿望的否定结构在广州话和普通话里都只有"助动词＋否定词＋V"这一种。例(13)的 c 句，广州话和普通话的意向表达结构一致，都有两种否定结构。

第二，表达情感乐观意愿的能愿动词。例如：

(14)⟨粤⟩ a. 你中意做未做啰，欢喜做就做得好。

b. 佢肯/愿食就得喇。

c. 佢情愿踎喺屋企度，甘愿/甘心（做）看屋。

⟨普⟩ a. 你乐意做就做吧，高兴办就能办好。

b. 他肯/愿（意）吃就行。

c. 他情愿呆在家里，甘愿/甘心当宅男。

表达情感乐观愿望的能愿动词，广州话有"⟨粤⟩中意"和"⟨粤⟩欢喜"两个

---

① 饶秉才等：《广州话词典》，广州，广东人民出版社，1997，第 246 页。

词较为特别，语义不同于普通话的同形词。例（14）广州话的"⁽粤⁾中意"与普通话的"⁽普⁾乐意"相当，而不同于普通话的"⁽普⁾中意"（合意）；例中广州话的"⁽粤⁾欢喜"与普通话的"⁽普⁾高兴、喜欢"相当，但是不同于普通话的"⁽普⁾欢喜"，后者不用作能愿动词。

另外，广州话"⁽粤⁾恨"也表示"希望得到"或"巴不得"等义，但是它的表意结构与助动词的表意结构差异较大，如"⁽粤⁾咁靓嘅环境，边个都恨啦。（⁽普⁾这么漂亮的环境，谁都想要嘛。）""⁽粤⁾佢恨间屋恨咗好耐喇。（⁽普⁾他想要套房子想了好久了。）"其中"⁽粤⁾恨"带前置宾语，都不能用"⁽粤⁾想话、谂住"做动词，却可以用"⁽粤⁾中意"替换。

第三，表达非主动或不得已选择意愿的能愿动词。例如：

(15)⁽粤⁾ a. 佢敢/够胆讲大话，佢老母忍心睇著佢喊。

　　　　b. 佢够胆自己翻过座野山岗。

　　　　c. 佢敢自己瞓觉。→佢敢（一晚）唔瞓觉。

　⁽普⁾ a. 他敢说谎，他妈忍心看着他哭。

　　　　b. 他敢独自翻过野山岗。

　　　　c. 他敢自己睡觉。→他敢（一夜）不睡觉。

其中，只有"⁽粤⁾够胆"是广州话特有的口语说法，语义同"敢"；而"敢"和"忍心"的用法则在广州话和普通话里都相同。b 句和 c 句表达不同决心程度的志向，广州话用助动词"⁽粤⁾够胆"和普通话的"⁽普⁾敢"用词不同，但表达的意向一致，结构也相同。

另外，还有一些带有语体色彩的能愿动词，如属于第一组含义的"⁽普⁾企图、希图"，均含贬义，后者属于文献词汇；属于第二组含义的"⁽普⁾乐于、甘于"，构词中内含有文言语素，所出现的语境相对文气一些，在文气一些的广州话中也使用；属于第三组含义的"⁽普⁾敢于、勇于、苦于"也主要用于书面语体或较文气的言辞中。"⁽普⁾懒得、恨不得、怪不得"以及广州话"⁽粤⁾宜得"等，在语义上表述心理态度的意思比表达意愿的意思更明显些，不妨看作心理动词。广州话的"⁽粤⁾制"也有肯、愿语义，但是其用法通常只限于"⁽粤⁾制唔制、制得过（⁽普⁾愿不愿、值得愿意）"等表达格式，后面一般不带谓词性词语，因而不在表示愿望的能愿动词之列。

第四节　余论：能愿词附类

这里讨论的能愿词附类，因其归类有争议，而且与上述能愿动词划分标准不完全相符，故而作为类能愿词来加以探讨。

第一，表示必然的一类，如普通话"⬚一定、必定"，用以表达说话人对事态的真实性持有完全肯定态度，即认为客观事实或说法的真实性是必然的。广州话则有"⬚实、一实、梗系"等。例如：

(16)⬚ a. 佢呢阵仲未到学校，（一）实/梗（系）赶唔上车嘞。

　　　b. 佢噉讲（一）实/梗有佢嘅因由嘅。

　⬚ a. 他这时还没到校，一定/必定（是）赶不上车。

　　　b. 他这样说一定/必定有他的原因。

普通话表示必然的"⬚一定、必定"同义，在例(16)的 a 句和 b 句中也可以用"⬚必然"替换而语义不变；但是，后接"是"或不接"是"，语义有别，前者说的是并非眼前发生的情况，后者说的是眼前发生的情况。与此相应，广州话虽然用不同的词"⬚实、一实、梗"来表示必然，但是在结构上后面接不接"⬚系"，也分别言说非眼前发生的情况和眼前发生的情况。这类词虽然能够满足"能愿动词后面只能加上谓词性成分"这个标准，但是语意上表达对事态必然性的判断，与能愿范畴的内涵不合，所以属于类能愿词。

第二，表示估价的一类，用以表达说话人对事情的某种估价性表态。按马庆株和王振来的归类，普通话有"⬚值得、配、便于、难于、易于、善于、适于、宜于、有助于、免不得、不见得"等。表示估计的"⬚估计"并没包括在其中。我们注意到，《现代汉语词典》把"⬚不见得"标注为副词，而且不把"⬚善于、适于、宜于、有助于"作为词汇收释；《现代汉语规范词典》虽然收录这些词，但是把它们都标注为动词，而事实上，后三个词都可以后接并非谓词成分的"⬚书法"或"⬚孩子的健康"。而"⬚便于、难于、易于"等构成形式都是"形容词词素＋于"，构成性理据义与该词的词义相当；另外还有"⬚利于、长于、偏于"等，也含"估价"之类语义的词，可见此类的外延也还难定。至于"⬚值得"一词的词形，还不太稳定，可说"⬚不值得"也可说"⬚值不得"，前述能愿动词都是不能这样嵌入否定词的；而且"⬚配"可以说"⬚他当老师已经配了"，并不符合"能愿动词后面只能加上谓词性成分"这个标准，而前述能愿动词都不能这样结束句子。

假如以主语来界定"⬚估价"（或"⬚估计"）类能愿动词所表达的意愿性的话，普通话通常用"⬚估计、想、猜"，广州话则有"⬚估、仲估、即估、断估、谂、谂住、谂怕、睇白"等。例如：

(17)⬚ a. 你谂怕来唔到，就讲声畀我哋知嘞。

　　　b. 佢谂（住）重有三公里先至到得。

　　c. 我(断)估系楼盘着咗火。

　　粤 a. 你估计来不了，就通知我们吧。

　　　　b. 他想还有三公里才能到。

　　　　c. 我猜/判断是楼盘着火了。

　　从单句的构成来看，例(17)所用表示估计义的动词，是符合"后面只能加上谓词性成分"这个能愿动词标准的；但是，它们后面还往往能够接宾语性的短语，比如，这三句估计义的动词后都可以接"粤普三里之外有水源"，这种结构功能是上述能愿动词所没有的。从这一"另类"的检验标准来看，这些表示估计义的动词，也还只能算是类能愿词吧。

　　第三，表示可能的一类，通常表达说话人对所推断事情可能发生的真实程度的把握，广州话和普通话都以"可能"一词为代表。例如：

　　(18)粤 a. 佢好可能放埋一边。

　　　　b. 佢(有)可能放埋一边。

　　　　c. 佢冇乜可能放埋一边。

　　　　d. 佢冇/唔可能放埋一边。

　　普 a. 他很可能搁置。

　　　　b. 他(有)可能搁置。

　　　　c. 他不太可能搁置。

　　　　d. 他没/不可能搁置。

　　例(18)广州话各句表达的可能性由大到小排下来。普通话各句的能愿词与广州话的相同，只是能愿结构所搭配的否定词语不相同，能愿词后边连用的动词结构有差异。其中，可以前加"粤有"和"粤冇"或"普有"和"普没"的结构，这是前述能愿动词都不能的。

　　广州话和普通话还都用"会"表示可能，但是，所构成的能愿结构较受限制，例如：

　　(19)粤 a. 佢实会放埋一边。

　　　　b. 佢会放埋一边。→佢唔会放埋一边。

　　　　c. 佢或者会放埋一边。

　　普 a. 他一定会搁置。

　　　　b. 他会搁置。→他不会搁置。

　　　　c. 他也许/或许会搁置。

　　例(19)广州话"粤会"独立用于 a 句和 b 句，表示可能或不可能；如果用于 c 句，在普通话里"普会"要与"普也许、或许"搭配，构成"普也许会"或者"普或许会"的结构，在广州话里"粤会"则与"粤或者"相搭配，构成"(粤)或者会"的结构。不对应的是，广州话的否定词有两个，"(粤)会"用于 b 句表示"不可能"时，不用否定词"(粤)冇"，而与否定词"(粤)唔"搭配，构成"(粤)唔会"的格式。这与上述能愿动词的否定结构相当。但是，"(粤)会"所表达的可能语义，是说话人对事态的判断，与能愿动词的内涵不符，所以也归入类能愿词。

总览构成广州话能愿范畴的词语，如表 17-1 所示。

表 17-1

能愿 类型	广州话		普通话	
	肯定	否定	肯定	否定
必要	应该、应份、使、梗、一实、要、该先	唔、唔系、唔使	应该、该、应当、得、须得、必得、要、务必	不、不必、不得
能够	识、会、可以、好	唔、未、未好	会、可、可以、能、能够、好	不、未
愿望	望、要、想、想话、谂住、恨、中意、欢喜、肯、愿、情愿、甘愿、敢、够胆	唔、冇、未	希望、要、想、高兴、乐意、乐得、肯、愿、愿意、情愿、甘愿，敢、忍心	不、没
*必然	实、一实、梗系	未必、	一定、必定	未必
*估价	估、仲估、即估、断估、谂、谂住、谂怕、睇白	冇	估计、想、猜	没
*可能	可能、会、或者会	唔	可能、会、也许、或许、也许会、或许会	不

第十八章　比较表意范畴

提要： 比较范畴由一定的表意范围和语法形式构成，在语义上表达的是同向相较，在语法上由一定的辅助词或表达格式组成。广州话的比较范畴，从语义来看，可以分为平比句（含比试、比平和适比三类）、差比句（含胜过、不及两类）、极比句和况比句（含近似和比拟两类）。从语法形式来看，广州话在平比句中，比试式多为主语和宾语相比较或并列主语之间相比较，比平式通常要借用"⁽粤⁾咁"，适比式借助"⁽粤⁾啱、啱啱、咁"；在差比句中，胜过式通常用"⁽粤⁾过、比、重"等辅助词和"⁽粤⁾越来越"等格式。不及式则需要与"⁽粤⁾唔、冇"等否定词相配合来表达；极比句的构成，则需要"⁽粤⁾至、晒、最"等表示全量或最高等级的辅助词，或者用趋向极端或全量排除的格式"⁽粤⁾连……都"等来表达；比况句可分近似式和比拟式，前者通常使用"⁽粤⁾似、好似"，表示所比较的两者相近似，后者用"⁽粤⁾似、正、噉"作比喻词，在比较对象之间构成比喻关系，或不用比喻词而构成隐喻。

从语法范畴的基本内涵构成来看，比较范畴由一定的表意范围和语法形式构成，在语意上表达的是同向相较，[①] 在语法上由一定的辅助词表达格式组成。据此，本著把广州话的比较范畴分为平比句、差比句、极比句和况比句这四个基本类型，在广州话与普通话的对译例句的对比中，讨论它的表意分布情况。

第一节　平比句

平比句所表达的语意是所比两项在质地、条件、表现、起始状态或结果等某个方面具有等值性，看不出优劣、高下、先后等的区别。比较项在句子中的语法属性以名词性为主，所构成的句式通常是同主相较或

---

① 刘焱："比较主要是显示被比较对象的异同、高下的差别，其差别主要是'多'与'少'之间量的比较，是同一方向的两个不同点之间的比较；因而在同一比较句中，比较结果只有一个，要么'同'，要么'异'；'异'的结果也有两种：要么是'高出'，要么是'不足'。"（《现代汉语比较范畴的语义认知基础》，上海，学林出版社，2004，第32页。）

主宾相较。从比较的阶段性来看，则可以分为以下三个细类。

一、比试

"比试"只是表达"试着比一比"，或设想地比较一下，并未真正进行比较，或者只是陈述比较之事，而不陈说比较的结果，不知谁高谁低，谁优谁劣。例如：

(1)⑧ a. 人比人，比死人。（主宾相比）

  b. 呢两件嘢比併下/过喇。（同主相比）

  c. 你比併一下人哋啦。（主宾相比）

  ⑧ a. 人跟人比，不堪比。

  b. 这两件东西比较一下/过了。

  c. 你比一下人家吧。

在例(1)中，a 句只是设想的比较，由于主宾同词，虽然说"不堪比"，却不说谁比不过谁；c 句的意思是建议比试，虽然有不如人家的潜台词，但是毕竟比较还不曾进行，仍然未可知真正的高下优劣。从 b 句替换补语的情况来看，"⑧比併"与不同的时态助词结合，可以表达"比併"是否已经进行的不同事实，但是它所表达的仍然是"比较"的行为本身，并不带出比较的结果。可见，"⑧比併"本身只是用来表达"比试"的语意。

二、比平(咁)

"比平"的意思是经过比较而得出两两相同、相等或相似的结论，即得出认同的结论。在广州话的表达形式上，"比平"以表示认同的语词"⑧咁"加上描述事物比较形态的词语来表达。例如：

(2)⑧ a. 我件衫同你件衫一模一样/咁样。（同主相比）

  b. （我跑得）两次都（系）咁快。（同主相比）

  c. 你同佢（系）咁高咁大，边个赢都讲未定咯啵。（同主相比）

  ⑧ a. 我这件衣服跟你那件衣服一模一样。

  b. 两次都是一样快。

  c. 你和他（都）是一般高大的，说不定谁赢的呢。

例(2)的 a 句和 b 句，在"比平"的表达中，表示判断的系词可用可不用，而表示两者参与同比的"都"，在同比主语紧缩的情况下，往往不能省（如 b 句）。而 c 句的系词"⑧系"和副词"⑧都"可以都不用，但是表达比平的词语有一定格式，"一模一样"或"⑧咁＋表属性程度之词"。从以上三句的情况看来，后者应该是比平的表达通式。"⑧咁"是广州话可以用来表达平比的认同之词。

三、适比(啱、啱啱)

所比较的事物两两不同，但是却可以两相适合或恰合，因而，适比可以看作是比较判断的一种平比的结果。例如：

(3)[粤] a. 件衫都几啱我着/心水。(主宾相适)

b. 呢把刀都几啱使嘅。(主谓相适)

c. 唔多唔少，啱啱好。(惟谓适)

[普] a. 这件衣服挺合我穿/心意的。

b. 这把刀还挺合适的。

c. 不多不少，刚刚好。

比较前两例可以看到，“[粤]啱”的语法功能比较灵活，或可兼类，既可以充当谓语动词带宾语([粤]啱我)，也可以充当谓语动词的修饰语([粤]啱使)，都表达合适的意思。后例表达的是，拿来比较的对象恰好相合，是恰合的意思。

以上用于平比的语词“[粤]咁、啱、啱啱”，通常都是处在修饰语的位置上表达平比结果的判断义的，这是基本用法；用作谓语动词的“[粤]啱”，如“[粤]啱我着/心水([普]合我穿/心意)”，则是包含了比较和结果两重含义的。可见，结果判断的语意，是平比的核心语意。

第二节　差比句

一、胜过

差比句是比较句的典型代表，所以有较多学者阐释过，但是认识不一。比如，白宛如在同一部词典中谈道：“广州话的比较句不用‘比’字而用‘过’字置于所比两项之间。例句：‘我高过佢、佢叻唔过我、睇多啲书好过去睇戏’。”[1]但是，在该词典正文第137页解释“比”字的时候又写道：“比 ②介词，用来比较性状和程度的差别：我～佢大。”由此看来，广州话的差比句的构成，其实并不限于用“[粤]过”。本著这里按所表达的语意分为“超过”和“不及”两个方面来讨论。

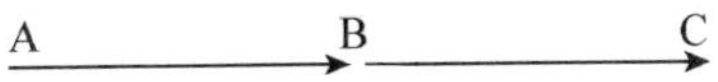

图 18-1

① 白宛如：《广州话方言词典》引论，南京，江苏教育出版社，1998，第24页。

这里所释差比语义上的"超过",是指在某个语义向度上超过了拟设某个语义点。如图 18-1 所示,以 B 为拟设的语义点,"超过"是指 BC 这一段的语义。广州话中能够用来表达超过的表达方式比较多。例如:

(4)粤 a. 你高过佢。(主+形谓+过+补)

　　　b. 今年收成重好/衰。(重+形谓)

　　　c. 你赞咗佢,佢重落力。(重+形谓)

　　　d. 你比佢识做/精(得多)。(A 比 B+形谓〈+补〉)

　　　e. 佢读书之后越嚟越牙擦。(越嚟越+形谓)

　　　f. 你行得(比佢)快啲,佢跑得(比你)快啲。(V+得+补+啲)

　普 a. 你比他高。

　　　b. 今年收成更好/差。

　　　c. 你表扬了他,他更卖力。

　　　d. 你比他会处事/精(得多)。①

　　　e. 他上学之后越来越神气。

　　　f. 你走得快些,他跑得快一些。

与普通话的用法相比较,其中,例(4)广州话 a 句和 b 句的"粤过、重"是广州话特有的方言表达用法,但是,"粤重"在普通话里有对译词"普更"而没有句式的差异;c 句、d 句"粤比"和 e 句"粤越来越"的用法,与普通话的用法并无区别,是广州话与普通话共同使用的表达式,只是这里句末的形容词为广州话特有;f 句则属于省略了比较项的表达,其实完整的表达式与 c 句的表达式相同。以上"粤过、比"在广州话的用法中是介词,但是句式不同;"粤重"和"粤越来越"则为副词用法,但是后者除了比较的语义之外,还有一层渐变义。

二、不及(唔、冇、不如)

这里语义上所谓的"不及"是指在某个语义向度上没有达到某个语义点。如图 18-1 所示,以 B 为拟设的语义点,"不及"是指 AB 这一段的语义。说"不及",就是要否定达到拟设的语义点 B,所以要用否定词来表达。例如:

(5)粤 a.(你)唔比/比佢得人嗌。(主宾相比)

　　　b. 佢靓唔过阿姐,冇咁风骚。(主宾相比)

---

① 余霭芹所描述的台山淡村方言里只有使用助词"过"的"比较项 A+程度形容词"或"副词+比较项 B"这样的格式,但认为"比"已经进入广州话,见余霭芹:《台山淡村方言研究》,香港城市大学语言资讯科学研究中心,2005,第 224 页。

  c. 今年收成(重)不如/唔及旧年添。(主宾相比)

  d. 越睇越唔掂。

  e. 越嚟越唔掂。

⑮ a. (你)比不得别人。

  b. 她没阿姐漂亮，没那么风骚。

  c. 今年收成(还)不如旧年呐。

  d. 越看越不行。

  e. 越来越不行。

  例(5)的 a 句的意思就是不及别人，但是哪方面不及则不明确；b 句的意思则是在"⑭靓"和"⑭风骚"的向度上不及"阿姐"；c 句的意思是在收成的量度上今年不及去年("⑭旧年"为 B 点)；d 句和 e 句的意思则是由于观察者的变化而达不到"⑭掂、⑮行"这一 B 点，或者是由于观察对象的变化而达不到"⑭掂、⑮行"这一 B 点。以上几句"不及"的表达形式，是在"超过"的表达式"⑭比/比併、⑭唔过"或"⑭越……越"的基础上加上否定词构成的；但是广州话"⑭重"并不是必须的，因为"⑭不如"这个词本身已经含有"不及"的意思。所以，除了"⑭重"比较特殊之外，广州话里其他表示"不及"的表达式可以概括为"⑭否定词＋超过式"。

第三节　极比句

  语义上所谓的"极比"，是指在某个语义向度上达到了极点。高华年曾谈道："广州方言形容词的比较级一般分为三级，即原级——比较级——最高级。原级的前面加'重'成为比较级，原级的前面加'至'成为最高级。"[①]

  如图 18-1 所示，以 C 为语义端点，"极比"的意思就是在某个语义向度上达到这个端点 C，即为比较级的最高级。广州话里表达这个极点语义的有"⑭至、晒、最"。例如：

(6)⑭ a. 上次畀佢呃晒咯。

  b. 阿妈惜晒你。

  c. 今次至叻系你喇。

  d. 把秤至多称到三十斤。

  e. 最激气嘅系半夜重有人装修。

---

①　高华年：《广州方言研究》，香港，商务印书馆，1980，第 71 页。

    f. 佢条狗最跑得。

    g. 冇人叻得过你咯。

    h. 到时连你都唔掂。

⚇ a. 上次让他最棒了。

    b. 阿妈最疼你。

    c. 这次最棒是你啦。

    d. 这把秤最多能称三十斤。

    e. 最气人的是半夜还有人装修。

    f. 他的狗最能跑。

    g. 没人比你更棒啦。

    h. 到时连你都不行。

例(6)广州话"⚇晒"置于形容词之后(如 a 句，表示极点)或动词之后(如 b 句，表示最大量)，处在补语的位置上；"⚇至"则放在形容词前(如 c 句表示极点，d 句表示极量)，充当状语。"最"是广州话与普通话都通用而表示语义极点的副词，可置于形容词前(如 e 句)或动词前(如 f 句)充当状语。由于"⚇晒"的基本义是表示全量的①，由全量义而获得极点义或最大量义，因而它的使用范围较受局限。"⚇至"的极点义是广州话保留古汉语的独特用法，但是受到普通话与广州话共用的"最"的影响，已经给人有点老派或"土"的语感。而 g 句和 h 句虽然没有用极比副词，却是以全量排除的方式来表达出极比的意思。

其他表示程度极点的词语方式还有"⚇到"，如："⚇激到爆(⚇气到爆炸)""⚇衰到极(⚇坏到极点)"等。但是，这些没有最高级辅助词所表达"达到"之点是否就是极点，则需要有较多的辅助表达成分来构成表达的语境。

另外，学界有过系词比较句存在"空语类"的说法，认为以下例(7)各句的结构助词"⚇嘅、⚇的"之后都有一个没有出现的被修饰成分 e，具有指称能力。② 例如：

(7)⚇ a. 月光系乡下嘅圆啲。

    b. 学生系理大嘅叻啲。

    c. 读书人系善良嘅多啲。

---

① 彭小川：《广州话"晒"与普通话相关成分的比较研究》，第二届现代汉语语法国际研讨会论文，2003 年 4 月 11—14 日。

② 张和友、邓思颖：《普通话、粤语比较义系词句的句法差异及相关问题》，《汉语学习》2009 年第 3 期。

⟨普⟩ a. 月亮是故乡的圆一点。

b. 学生是理大的聪明一点。

c. 读书人是善良的多一点。

由于"空语类"不出现，作为比较项的范围变成了除这个空语类之外的主语指称所涉对象，因而比较所得的差异"⟨粤⟩啲(⟨普⟩一点)"，其实是极比的结果。

第四节 况比句

况比句或可称为"像比句"。这里所谓"况比"是指在语义向度的方向上相同，但是不在同一线上，所以说的是不同事物之间相似。这里有两个层次，一个是形、貌上的两两相似，或者叫作近似；另一个是以比拟设喻。

一、近似(似、好似)

"近似"为直接比较而让人感到没什么差别，因而也是一种比较的结果判断，是直指其认识事实的相似。例如：

(7)⟨粤⟩ a. 佢有几个仔，细嘅(长相)最似佢。

b. 佢好似你咁喐都唔喐。

c. 佢好似你。

⟨普⟩ a. 他有几个男孩，小的(长相)最像他。

b. 他像你那样动也不动。

c. 他(长得)很像你。

其中，广州话"⟨粤⟩似"可以不用指明相似的语义向度而直接表达外观上的相似义，如 a 句所示，也可以补上表示外观的相应词语，使语义更为明确。广州话"⟨粤⟩好似"在没有表示明确的语义向度的词语时，实际上是表示程度的"⟨粤⟩好"(⟨普⟩很)加上"⟨粤⟩似"，如 c 句所示。如果句中有表示明确的语义向度的词语，如 b 句所示，则"⟨粤⟩好似"是一个表达比况判断的词，相当于普通话的"⟨普⟩像……"，也可以表示"相似"的意思。

二、比拟(好似、正、咁)

"比拟"就是通过不同事物的相似点来设喻，往往通过强调相似点来构成表达式。"比拟"方式表达的用意不在比较，而是取得设喻的相似点。例如：

(8)⑧ a. 肥到只猪咁。

　　　　b. 你睇下佢个样，苦瓜咁口面。

　　　　c. 佢闹人正茶煲咁样。

　　　　d. 佢对八字脚行起嚟似/好似蛤蟆。

　　　　e. 你都老奀茄喇，重同后生斗靓。

　　⑧ a. 肥得像只猪。

　　　　b. 你看看他的样子，像苦瓜似的。

　　　　c. 他骂人的样子像茶壶。

　　　　d. 他那双八字脚走起路来像蛤蟆。

　　　　e. 你都老茄子啦，还跟年轻人比漂亮。

　　其中，"⑧咁"（如此、那般）表达语义相似点的重合（如 a 句和 b 句），置于喻体之后；"⑧正"也表达语义相似点重合的意思，但是置于喻体之前，构成谓语；"⑧似"或"⑧好似"是否表达相似意或是比喻意，如 d 句所示，要取决于表意者的用意。e 句则是没有比拟词的隐喻表达式。

　　吕叔湘在《中国文法要略》中将比较句分为以下九类：（1）类同。常用"也"关联。如："云是白的，山也是白的；云有亮光，山也有亮光。"（两小句的主语相比）"我此举也算为你，也算为我。"（两小句的宾语相比）（2）比拟。常用"像、如"等字关联。如："君子之交淡若水，小人之交甘若醴。"（两物相比）"射人先射马，擒贼先擒王。"（两事相比）（3）近似。与"比似"不同，并非以一事比另一事，只是一句话不愿意说得十分肯定，只说是"似乎如此"。如"我站得远，没看清，样子像是他哥哥。"（4）高下。如"他跟他哥哥一般儿高。"（表示均齐）"经营居积，年入不下十万。"（用否定差异的说法表均齐）（5）不及。如："今年的收成不如去年好。"（6）胜过。如："电灯比油灯亮，花钱也比油灯省。"（7）尤最，即通常所谓"极比"。如："这么些个孩子，数你最淘气。"（8）得失。即比较两件事情的利害得失。如："与其害于民，宁我独死。"（9）倚变，指两件事情都在变化，而互相关联，共进共退的关系。如："人家恭维了他两句，他就越发得意忘形了。"①本著这里只是举其要端，依比较语意表达的向度来加以梳理，使广州话的比较表意范畴能够初步有一个简明的认识。

　　总上分析，比较表意范畴是表达比较不同事物之间所得到彼此相同、相似或差异的认识。所谓"不同事物"，不仅指各有一定独立性的不同事物，而且还可以是同一事物的不同发展阶段或时段的存在，这是事物总

---

① 吕叔湘：《中国文法要略》，北京，商务印书馆，1982，第 351～269 页。

是处于变化状态所决定的。而所谓"比较"，则应该包括找出差异为主的比较（contrast）和寻找相同点为主的比较（compare）两个方面。在以上所论析的广州话比较范畴的四个基本类型中，差比和极比属于前者，平比和况比属于后者。至于所涉及的比较项，极比往往是一事物与多事物相比；平比、差比和况比则主要是两个事物相比较。

总览构成广州话比较表意范畴的词语，如表 18-1 所示。

表 18-1

比较范畴	广州话	普通话
平比	比、喃，咁	比、合、刚好，一样、一般
差比	形＋过、重＋形、比＋形、越嚟越＋形，唔比得、形＋唔过、不如	更＋形、比＋形、越来越＋形，比不得、没＋形、不如
极比	至＋形、形＋晒、最	最
况比	似、好似、正、咁（样）	像、似的

第十九章 结 语

近年刘叔新出版的汉语范畴的整体研究论著认为："至此，可以确定汉语语法范畴的类别数量。它们共有 8 种。分别为：体、态、趋向、句式语气、持续、级、量体、指式。类别之多，在现代世界的发达语言里显得不寻常。"①其中，"指式"之称，内涵包括以重叠形式表示逐一分指以及以零形式表现集合体或概括体的统指两个方面，这一新见难得，同时持论谨守着印欧语法形态观念。"态"范畴除了被动态和主动态外，所增加的混动态则难以把握。

其实，基于不同语言所形成的语言学时体观念往往并不相同。法语语言学里时间与时态都用一个词 temps 来表示，只是在单/复数限定词的使用上有所差异，时间用单数的 le temps，时态用复数的 les temps。在英语语言学里，时（tense）与体（aspect）是两个不同的基本范畴概念，前者是直指所说事件与说话时间视点的线性时间关系的，后者则是说话人对动词所表达动态变化状态的内在判断。在英语和法语里，时范畴主要由动词的词形曲折或词汇形式（will、present 等）来表达，体范畴除语法曲折形式之外，还受动词是否表示终结体（steric）或无终结体（asteric）有关，如图 19-1 所示。②

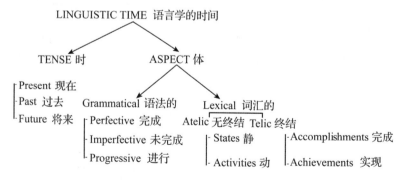

图 19-1

---

① 刘叔新：《汉语语法范畴论纲》，天津，南开大学出版社，2013，第 125 页。

② Ayoun, Dalila：*The Second Language Acquisition of French Tense*, *Aspect*, *Mood and Modality*，Amsterdam / Philadelphia，John Benjamins B. B.，2013，pp. 1-2.

图 19-1 主要呈现了体的语法构成与词汇构成的关系，而对时态的构成因素没有呈现过去式等的词形变化与时间词的关系。与英语、法语不同的是，广州话的时则是以词汇形式构成的语义范畴。

本著从语意表达视点探讨广州话，以表意范畴统辖语法范畴、语气范畴和语义范畴三个基本范畴分类。语法范畴主要探讨时体、否定和指称，包括起始、进行、完成、趋向、否定、尝试、短时、继续、经历、回复、结果、即时、指称等范畴，而论定每个语法范畴均以有限的词语形式为依托，在共同表意目的视角下指出不限于单一词类的范畴具体构成。语气范畴分为祈使、疑问、陈述和感叹四个范畴，均先探讨没有语气词的语气构成形态，进而梳理有语气词以及语气词连用的语气构成形态。语义范畴包括时间、空间、约量、能愿、比较等范畴，其中，前三个范畴都有着较为丰富的词语载义的表意范畴特点，比较范畴则包含了级的内容和比较的形式构成，而能愿范畴划界的标准谨守较为传统的能愿范畴内涵，并且以有限的词语形式及其句法功能为依托，力图廓清该范畴的边界。

从以上各章论析可以看到，广州话的任一表意范畴，在具体某个句子中可以由某个词类形式完成，也可以由不只一个词类形式共同构成，而作为一个完整的范畴表意类型，则都不是由单一词类形态构成的。可见，表意范畴是一个超词类形态的概念。

反过来，由于不同词性类别的词是为了同一个表意目的而相互搭配起来表意的，往往会出现一些似乎冗余的语义结构，典型的如"粤暂时……住/先"和"粤……住先"，如果我们从它们各自的词性功能来分析考量，则能够辨识出它们各自承载的修饰的、体的或语气的表意作用差异来。从中可以看到，有不同范畴的表意方式在协同完成语句的表达。

总归一句，广州话的表意范畴大别为语法范畴、语气范畴和语义范畴，同一个表意范畴往往由并非单一的词类形式参与构成，而同一个语句往往由并非单一的表意范畴协同构成一个语句整体。

以表意目的为视角，论析广州话这个语言表达系统，表意范畴与表意结构应当是基本构成的两个方面。本著未及论析的内容，拟待另著合璧。

附录一　试谈粤方言和现代汉语的几种
存在形态

一、粤方言和普通话的几个存在形态

普通话是现代汉语的口语标准，以北京音为标准语音，有中国社会科学院语言研究所即将公布的现代汉语基本词汇规范，其语法规范存在于现代典范的白话文著作之中，不少语法著作以各自的语法体系对其进行过描述，并且有中央台的广播、电视作为普通话标准的传播媒介。据此看来，现代汉语规范的总体原则是明确的。

然而，从推广普通话的实际情况出发，人们又为描述运用普通话的实际水平制定了多个等级的标准，一般分为三级六等①，它反映出从方言到标准普通话之间，实际上还存在着非标准普通话的事实。这个事实的产生，是以汉语方言为母语的人们努力运用全民标准口语——普通话，而实际上做不到的结果。非标准普通话的不标准性，可以表现在语音、词汇和语法等不同的方面。据初步统计估计，我国省级以上报刊中出现的不规范词语已经达到不低于 15％的程度。②

粤方言作为现代汉语的一大方言，是一个变体系统。由于它与汉语共同语的分化历史悠久，所以以粤方言与现代汉语的口语标准——普通话之间，在语音、语法和词汇上都存在着系统的差异，并且存在着一定程度的内在联系（或说相关性）。反过来说，由于存在着系统的差异，我们可以认为，粤方言相对于普通话来说，是一个变体系统，粤方言与普通话之间的差别是变体系统的差别。文字是记录（口头）语言的符号，我们可以据此来命名与标准普通话、非标准普通话、粤方言口语相对应的书面形式：书面普通话、书面非标准普通话、书面粤方言。除此之外，在实际的语言生活中，还存在以标准粤音为语音基础、以书面普通话为书面标准的变体形式，可称之为"粤音书面普通话"。如图附-1 所示。

---

① 参见陈恩泉：《论双语制语境下普通话的两个模式》，见《双语双方言（二）（论文集）》，香港，彩虹出版社，1992，第 20～31 页。
② 据陈章太先生 1996 年 5 月 23 日下午在广东省社会科学界联合会演讲会上的发言。

标准普通话	非标准普通话	粤方言口语
	粤音书面普通话	
书面普通话	书面非标准普通话	书面粤方言

附-1

书面普通话，实际上既是普通话口语的文字记录，同时，它还延伸到现代汉语的整个书面语系统，其语音基础和语法规范都是和普通话相一致的，但是词语的范围似乎更大一些，并且会有一些特有的书面语体的句式（如公文体）。即，书面普通话记录标准普通话口语，而且涵盖着种种现代文体的语言方式。

书面非标准普通话，不是指语音上的不标准，而是指词汇、语法不尽符合书面普通话规范的形式，甚至使用一些方言字。这里有无意为之和有意为之两种情况。无意为之的情况，是由于标准语掌握得不好，使用标准语的时候无法摆脱方言母语的干扰而形成的。有意为之的情况，则是由于标准语使用者在不影响阅读和语篇和谐的前提下，有意在标准语中加入某些方言因素，以表现方言区特有的一些名物和风土人情，或增加一点方言的语言特色，这是一种语言艺术的创造。

书面粤方言，作为粤方言口语的书面形式，其发展是不充分的，使用范围有限，而且基本上没有被纳入正规教育之中，因而不普及。书面粤方言，有相当一部分是有词无字的，其中一些与传统汉字字音相近的则用汉字记音，或者在原有汉字上加偏旁（如"口"旁）以造新字，没有汉字近似音的便无法用汉字来标记。不过，粤方言作为现代汉语的一种地方变体，除了变异的部分之外，它与共同语之间还有着许多共同的部分，特别是记录中国现代社会、科技方面的事物的词汇和基本词汇方面，粤方言与现代汉语共同语所使用的汉语相同的部分更多一些。

粤音书面普通话，是指以粤方言口语为语音外壳的书面普通话，实际上表现为两种存在形态，一是用粤方音来阅读或朗读书面普通话（比如用粤方音读文件或看社论），二是在粤方言支持下运用书面普通话来写作（比如只懂粤音的学者撰写论文）。另外，演唱粤曲基本上也是用粤音书面普通话，它说明粤音书面普通话也有其文化传统。典型的粤音书面普通话是双重规范变体的叠合——标准粤方音与标准书面普通话叠合。

二、区分粤方言和普通话几种存在形态的实际意义和价值

对粤方言和普通话的以上几种存在形态的区分，为我们认识和进一步研究粤方言和普通话提供了一些新的视角。这些存在形态是根据它们

的系统性和相互关系来确定的，因此，可以从这两个方面来进一步探讨这种区分的实际意义和价值。

"非标准普通话"和"书面非标准普通话"不是变体系统，而是在运用标准变体中出现的言语不规范现象。非标准普通话与书面非标准普通话之间，一般来说，并不是被记录与记录的简单对应关系。非标准普通话是在努力使用标准语而出现的无意为之的不标准现象，但是人们通常并不把非标准普通话当作汉语文化低劣的标志，因为，在以往的推广普通话工作中，更引人关注的非标准普通话现象主要是语音上的不标准。对非标准普通话做进一步的分级描述和研究，却似乎促进了人们对标准普通话的认识和研究。对普通话词汇规范的研究，就开展得比较晚，近些年来才为人们所重视并取得了可喜成果（词汇规范的制定）。

而"书面非标准普通话"，作为研究对象，主要不是指对书面普通话（词语和语法）运用上的失误，一般也不追究言语者在语音上规范与否，而是指语体、风格上的变异，它是与文学语言风格的研究相关联的。从书面普通话和书面粤方言的相互关系来看，我们对"书面非标准普通话"的确定，主要是为了考察粤方言变体因素在书面普通话语篇中运用的状况和一般规律，探讨这种运用的必要性、可能性、协调性、制约性等。

对"粤音书面普通话"存在形态的确定，是建立在确认标准变体和方言变体是两个语言变体系统（而不仅仅是语体、风格上的变异）的基础上的，如果粤方言与普通话之间不存在语音、词汇、语法诸方面的系统差异——比如只存在语音上的某些变异，这种确定便没有什么意义，甚至也不可能有"书面粤方言"等存在形态。关于粤方言和普通话是两个语言变体系统的认识，可以通过比较"_普他们看着母鸡下蛋_粤佢哋睇住只鸡乸生蛋"这样一些日常口语的普通话说法及其粤方言（音）说法的差异性而得到证实。普通话和粤方言两种变体的口语及其相应的书面形式的区别，从某个方面反映出变体系统发展的独立性，以及历时联系与变异共存的"变体"特点：书面粤方言记录粤方言日常口语变体，在与书面普通话的比较中反映出粤方言与普通话存在系统的较大差别，而其文字形式则表现出对建立在全国共同语基础上的汉字系统有依附的性质（造字或记近似音）。有了对变体的口语和其书面语的确定，才可以比较出"粤音书面普通话"存在的独特性。在口头上运用粤音书面普通话，具有特殊的语用意义，比如可以获得某种戏剧性的效果（粤剧、古装戏），或者获得庄重的意味等。根据粤音书面普通话与粤方言口语（及书面粤方言）的比较和区分，亦可以认为，粤方言内部存在"文、白"两种变体系统（此处不是指字音的文白两读）。

"粤音书面普通话"的确定，沟通了现代汉语标准变体与粤方言变体之间的特殊联系。它一方面证实了方音运用上的独立性、方音研究的独立存在价值（当然，方言语义研究也与方音的考订、比较有密切的联系），因为，任何汉语方音似乎都可以用来拼读书面普通话，甚至普通话与粤方言对译的神经语言学实验记录也初步证实了，在方音对译中体现着的方音系统差异有其特定的神经机制的支持。而且，方音的单独改变和纠正，可以成为推广普通话的捷径："普通话语音＋书面普通话"似乎可以从根本上解决学习普通话并达到基本标准的问题。另一方面，对"粤音书面普通话"存在形态的确定，也揭示了粤方言与文化传统的某些特殊关系：在粤方言区（如香港），广大的操粤方言单语者长期以来都是以粤方音为汉语的物质外壳来承继汉民族传统文化的，因为他们是以粤方音来认识、接受和运用汉民族书面共同语的。从这个角度来看，粤方言似乎有着粤音汉民族书面文化和粤音日常口语文化两个方面，或者说，粤方言似乎存在着传统书面体和日常口语体两种变体的系统差别。然而，随着普通话的逐步推广，"书面普通话"的普遍接受，粤方言区的人们亦会逐步地认识到汉民族书面共同语的完整、规范形态，因而，对"粤音书面普通话"的认识也自然会随之有所改变。

普通话与粤方言的差异，比较突出地表现在语音和词汇上。而在书面文字上使用的却似乎都是汉字，因而，使用汉字似乎就消解了普通话与粤方言的差异。因此，人们往往认为汉字沟通了不同汉语方言区之间的语言交流，而没有注意到人们所共同使用的汉字究竟记录的是哪一种语言变体，以及是以什么不同的方式记录的。因为，人们没有注意到，汉字主要是适应着汉民族共同语历史发展进程的需要而发展起来的。区分"书面粤方言"和"书面普通话"，证明和确定"粤音书面普通话"存在，反映了体现为汉字的书面形式具有汉民族共同语的书面文化传统的特点。因此，汉字实际上是通过汉语各地方言在历时的汉字文化联系方面沟通不同汉语方言之间的语言交流的，而不是在共时的联系方面沟通交流的。

附注：本文原载于郑定欧、蔡建华主编《广州话研究与教学（第三辑）》（广州：中山大学出版社，1998年2月版，第43～48页），是本人所写的关于广州话的第一文章，因谈及广州方言存在的实际情况而附此。

在方言研究中，"粤方言"指称的范围很广，本身也存在着标准方言和非标准方言之间的差异关系问题，而文中实际上只谈了粤方言作为单一方言与汉语共同语之间的关系，所以，文中所说"粤方言"或以其标准方言"广州话"为指称更为准确些，这样可以消解标准方言与非标准方言之间存在的另一层差异关系。

附录二 试析几部"广州话"语文词典的 语用标准

语文词典作为语言的一种规范性描述,从语言的实际运用中概括出标准用法,又反过来指导人们正确地使用语言。而语文词典标准的设定,则以社会语言运用的基本事实为根据,是建立在对语言的总体认识及微观认识的基础上的。这种认识在词典中体现在其语音的校定和对字、词、义项、用例的选择等方面。要认识语文词典的社会语用标准,主要是要考察词典中的各种语言因素(特别是所选的字、词、义项、用例等)与词典使用者(在实际生活中则是语言使用者和接受者)之间的关系、字词用语的社会分析以及语境对语言使用的制约等方面的情况。

从语言的实际运用情况来考察,目前的"广州话"语文词典可以大致分为两种:一种是以全民共同语为基础的广州音注音字典,如饶秉才等编的《广州音字典》(广东人民出版社 1983 年 5 月版)和苏翰翀编的《实用广州音字典》(中山大学出版社 1994 年 5 月版);另一种是以广州方言为语言基础的广州方言词典,如饶秉才、欧阳觉亚和周无忌等人编著的《广州话方言词典》(香港商务印书馆 1981 年 12 月版)。饶氏等人编的《广州音字典》和《广州话方言词典》的出版时间相差不过一年半,苏氏编的《实用广州音字典》与饶氏等人编的《广州音字典》的出版时间相距 11 年,其间,广州话出现了一些新词新语汇,但是语音、语法、基本词汇等并无明显变化,因此,可以认为这几部"广州话"语文词典反映着共时的语言状况。

虽然这几部词典的编者在前言或凡例都表明,其字/词典的编纂目的之一,是为说粤语(广州话)的人学习普通话或说民族共同语的人学习粤语(广州话),提供语言对应的标准。然而,这两种字/词典所描写的"广州话"部分其实是颇有差异的。笔者曾在《试谈粤方言和现代汉语的几种存在形态》一文中试图提出,粤方言和普通话之间存在着变体系统的差别,这种差别可以概括为五种存在形态,即:标准普通话、书面普通话、粤方言口语、书面粤方言以及粤音书面普通话,后来又补充了非标准普通话和书面非标准普通话两种形态。人们生活中根据不同的语言选择其中某种变体系统。比较分析这两种字/词典所描写的"广州话"部分也可以看出，它们之间的差异，是编纂者在注音、选词、释义中对这些变体系统的选择上的差异，反映着编纂者对这些变体系统的语用选择标准。

一、语音标准

从语音标准来看，这三部字/词典都按《广州话拼音方案》来记录今日广州话语音，但是它们所标记的变体系统实际上是有差别的：《广州音字典》和《实用广州音字典》标记的主要是书面普通话的广州话音，属于"粤音书面普通话"变体系统；《广州话方言词典》标记的则主要是粤方言口语的广州音，属于"粤方言口语/书面语变体系统"。比如"大"（dà）字，《广州音字典》和《实用广州音字典》都只标记与普通话语义相同的广州字音 $[dai_{22}]$，并据此只释与共同语相同而与"小"相对的义项；而《广州话方言词典》则除了此音外还标记其广州方言中的变音 $[dai_{22-55}]$ 和 $[dai_{22-13}]$[①]，并解释其相应的"比况小"的广州方言义项，又如"对"（duì），《广州音字典》和《实用广州音字典》都只是标注和普通话语义相同的广州话字音 $[deu_{33}]$，并据此音释义；而《广州话方言词典》则更标记其广州话的变音 $[deu_{33-35}]$，并解释其"对联"义。或如"房"（fáng），《广州音字典》和《实用广州音字典》都只标注与普通话语义相同的广州话字音 $[fong_{11}]$，其释义均只解释"房子"和"家族的一支"这两个与普通话一致的义项，而《广州话方言词典》则还标注与普通话语义不同的广州话"房"字变音 $[fong_{11-35}]$，并且只释与普通话不一致的义项"房间、屋子"。《广州音字典》和《实用广州音字典》对于"咯"字分别标注有 $[log^{33}]$ 或 $[gog_{33}]$ 之外，另标注广州方言表示完成语义的 $[lo_{33}]$ 音，像这种情况倒是不多见的。

《广州音字典》和《实用广州音字典》还为已经进入普通话书面系统的非粤方言字注广州音，如"恁"（nèn）读 $[yɐm_{22}]$，"唠"（lào）读 $[lou_{22}]$；"甭"（béng）字则无定说，《广州音字典》注为 $[bung_{35}]$ 波瓮，《实用广州音字典》注 $[bong_{35}]$。这也从另一个方面说明，这两部字典的标音属于"广州音书面普通话"的变体系统。

另外，《实用广州音字典》及《广州音字典》与《广州话方言词典》所标注的广州音略有不同，例如："安、桉、氨、鞍、铵、胺"（ān）诸字，《实用广州音字典》和《广州音字典》以为 $[ngon_{55}]$、$[on_{55}]$ 两读，以后者为正；"按、案"（àn）二字有 $[ngon_{33}]$、$[on_{33}]$ 两读，以后者为正；"摁"（èn）亦有

[ngon$_{33}$]、[on$_{33}$]两读，以后者为正。而《广州话方言词典》则只标注"安"
为[ngog$_{55}$]，余字未收。又如"拗"（ǎo 和 ào）字，《广州话方言词典》注为
[ngao$_{35}$]和[ngao$_{33}$]，而《广州音字典》和《实用广州音字典》则以为"拗"
（ǎo）有[ao$_{35}$]和[ngao$_{35}$]两读，以前者为正。较晚出的《广州音字典》和
《实用广州音字典》反映了"安、按、摁"三组字和"拗"字的读音目前处于
变化之中的使用状态。

二、选字标准

从选字标准来看，这三部字/词典所反映的变体系统不太一致，各有
特点。《广州音字典》的选字基本上在《新华字典》的范围，属于"书面普通
话"的变体系统。《广州话方言词典》以词立目（不单独以字立条目），"有
音无本字的条目，用同音字代替，如'的'[dig$_{55}$]（提拿；提溜）、'车'
[ce$_{55}$]（吹墟）、'暇人'[ha$_{55}$ yen$_{11}$]（欺负人）、'论尽'[len$_{22}$ zen$_{22}$]（不灵便、
麻烦）。无同音字者则用'□'表示"（《广州方言词典·凡例》），后边用同
声韵字及广州话标准音注明，是要反映"广州方言口语"这个变体系统，
"酌收一些广州话流行的方言字，还适当增收一些文言字词"（《实用广州
音字典·凡例》，实际上已经打破了全民共同语书面形式的文字统一性，
但是，由于其中所收的"广州话流行的方言字"在整部字典中所占比例不
高（不到 2％），其他字又并非按广州方言用字来释义，因此，不好就认
为属于"广州方言书面语"变体系统。

三、选词标准

从选词标准来看，把同一个字当作广州方言的单音词来看待与当作
（书面）普通话的词来处理，或者是把一个字当作广州方言的构词成分与
当作（书面）普通话的构词成分来处理，这方面也反映着字/词典选择所解
释的变体系统的语用标准。

这三部字/词典，《广州音字典》和《实用广州音字典》都是以单字及联
绵字立目的，其中，联绵字被作为联绵词释义，单字被作为单字词释义，
或作为构词成分在其所构成的词中释义。无论就单字词、联绵词或合成
词来看，《广州音字典》所收广州方言专有的词都是极个别的。它以《新华
字典》为基础，所收的词主要是普通话词汇，包括口语词、书面语词及比
较常用的古汉语词，因此可以认为，它的词汇系统属于"书面普通话"变
体系统。《实用广州音字典》则是在《新华字典》所收字词的基础上，增收
一些古汉语字词和广州话较常用的字词，由于所收广州方言特有的词极

少(据粗略统计不到 2%)，因此，它的词汇总体看来是属于不纯粹的"书面普通话"变体系统。

《广州话方言词典》则以词立条目，以收集和解释广州方言词为主要任务。即使是书面普通话里有的字，在《广州话方言词典》里一般都作为广州方言词的构词成分来处理的。比如，"窟"(kū)在《广州音字典》和《实用广州音字典》里都是作为普通话的一个名词来处理的，释为"洞穴"或比喻"亏空"，而《广州方言词典》则只释作广州方言的一个量词(例："一窟布")。"飞"(fēi)在《广州音字典》和《实用广州音字典》里释作普通话的一个动词，谓鸟类或物体在空中来往的活动，或引申作修饰之词，谓如飞之疾速或谓凭空；《广州话方言词典》则以"飞"字在广州方言中作名词立目，释为"票"；或以它作形容词立目，释为"厉害"或"新潮"。"丁"(dīng)在《广州音字典》和《实用广州音字典》中释作名词和象声词，《广州话方言词典》则释为广州方言特有的名词义"疙瘩"和量词的"个"及"极少量"二义。这种对词选择的差异大量出现于两种词典之中，便从总体上反映出广州方言变体与共同语之间的词汇系统的差异，从而亦反映出这两种词典对变体系统的语用选择。

四、义项选择标准

从义项的选择标准来看，词义是在词的义项中得到解释的，是在义项的解释中体现出来的，因此，词的语用选择标准最终落实在义项的选择和解释之中。虽然粤方言从汉民族共同语中分化为方言的历史已经比较久，与共同语的差异很大，但毕竟仍是汉语的一种方言变体，它的词汇系统与共同语有着巨大差异，同时又有着千丝万缕的内在联系。广州方言与共同语词汇上的这种差异的相关性，其细微之处在方言词典中具体反映在词的义项选择和解释之中。例如，"定"(dìng)在《广州音字典》和《实用广州音字典》里共有 5 个义项：(1)不可变更的、不动的，或引申为必然地；(2)使确定、使不移动；(3)安定、平靖；(4)镇静、安稳；(5)预先约妥。这些都是"定"在普通话里的义项，其中(1)(3)(4)为形容词义项，引申为副词义项；(2)(5)为动词义项。而在《广州话方言词典》里，则更有与"镇静"之义相关的义项"放心"(粤你定啦，我唔要!)；又有与"预先约妥"之义相关的名词义项(音[deng²²])"定金"和"地儿、地方"，以及用作补语的副词义项"预先"和"妥当"(粤安排定晒啦)等。对方言义项的细致筛选和解释，从整体上看，具体深入地反映了字/词典对变体系统的语用选择标准。

五、用例选择

用例的选择，是为了在语境中解释词义。语境的选择和构成，更直接地体现着字/词典的语用标准。字/词典的语用标准与释义用例的语境标准构成某种一致关系。《广州字典》和《实用广州音字典》选择的词和义项是书面普通话的词和义项，其阐释语词也是书面普通话的，为解释这些词和义项所提供的用例也是书面普通话构成的。只有个别的广州方言词的释义用例使用广州方言构成，但是也尽量使用能使不懂广州话的人认识的汉字，如上文的"咯"例用"⑧渠写好作文稿咯"中的"渠（本著写作'佢'）"是收入《现代汉语词典》中的粤方言字词典，其余都是与普通话语义一致的词语。《实用广州音字典》有意要打破以往书面普通话字/词典收字收词的统一性，对于该字典所收广州方言字词的解释，相应地也提供了若干广州方言用例。

《广州话方言词典》虽然也用书面普通话词语来解释词目，以便能够"通过粤方言词汇和普通话词汇的对比和粤方言词汇特点的分析，帮助方言地区人民比较准确地掌握和使用普通话词汇；通过对某些方言词条所涉及到的语法现象的分析和与普通话的对比，帮助方言地区人民掌握方言与普通话在语法方面的差别。"但是，该词典为了解释词目而提供的用例，则都是广州方言构成的，而且一般都是口语用例。例如，释"度"[dog^{22}]为动词，能单用或（嵌字）连用，义谓量度：⑧度一度只脚睇有几长；"度水"则谓要钱：⑧问个老豆度水咯（问父亲要钱了）。又如，解释"定"[$ding^{22-35}$]作副词，义谓当然：⑧要定啦｜⑧好睇定啦（当然好看）；又[$ding^{22}$]作连词表示选择，义谓还是、或是：⑧夏天南方热定北方热？｜⑧你去定我去由你决定。特别是在辨析方言词不同于共同语的特殊词性时，这些语境用例尤其必要，而且能够反映出方言的特色。

综上分析可见，由于坚持着不同的语用标准，《广州音字典》及《实用广州音字典》这两部字典与《广州话方言词典》以字典或词典的形式，分别为我们描述了现代汉语两个变体系统的用字系统、词汇系统以及相应的语法系统。虽然在实际的语言中，这两个变体系统在多数场合都并不截然分开，在实际运用中往往是犬牙交错，或交替使用的，当然也有截然分开的时候（比如用粤音朗读普通话文本和在广州茶楼里闲谈就可以认为是截然不同的两种变体）。但是，它们所描写的"广州音书面普通话"与"广州方言口语"等变体系统的存在事实，还需要我们引起对这些变体系统的社会存在方式、它们对我们社会生活的影响，以及它们的相互影响和互动发展的情况加以重视，并加强研究。

注：本文原截邓景滨主编《第六届国际粤方言研讨会论文集》（澳门中国语文学会，2003），反映了字/词典编纂者对广州话和普通话存在形态的不同理解，故附于此以备参考。

附录三　本著广州话用字标音

本著所用广州话方言字的调类标示采用五度音高的调值标调法，以右下角标数字表示，各调的对应调值如下表所示。

调类	阴平	阳平	阴上	阳上	阴去	阳去	阴入	中入	阳入
例字	分/思	坟/时	粉/史	愤/市	训/试	份/士	忽/式	发/锡	罚/食
调值	55	11	35	13	33	22	55	33	22
调号	1	4	2	5	3	6	1	3	6

注：本表参考饶秉才等《广州话词典》第 374～375 页编制，该词典用调号标调，如上表所示。本著调值数字标于字音右下角。

字例	标音	字例	标音	字例	标音
吖	$[a_{55}]$	佢	$[k\phi y_{13}]$	捻	$[nin_{35}]$
哋	$[dei_{22}]$	磡	$[lai_{55}]$	呃	$[\eta ag_{55}]$
啲	$[di_{55}]$	嚟	$[l\vartheta i_{11}]$	啱	$[\eta am_{55}]$
啵	$[bo_{55}]$	冧	$[l\vartheta m_{33}]$	嗑	$[\eta\vartheta b_{55}]$
噃	$[bo_{33}]$	攞	$[lo_{35}]$	咻	$[teo_{35}]$
瞓	$[f\vartheta n_{33}]$	掹	$[m\vartheta\eta_{55}][m\vartheta\eta_{33}]$	揾	$[wen_{35}]$
咖	$[ga_{33}]$	擘	$[m\vartheta\eta_{11}][m\vartheta\eta_{55}]$	喎	$[wo_{13}]$
嘅	$[ge_{35}][ge_{33}]$	踎	$[m\vartheta o_{55}]$	啝	$[wo_{11}]$
噉	$[g\vartheta m_{35}]$	乜	$[mid_{55}]$	謑	$[ha_{55}]$
咁	$[g\vartheta m_{33}]$	冇	$[mou_{13}]$	嘢	$[ye_{13}]$
嗰	$[go_{35}]$	嫲	$[na_{35}]$	嘟	$[yug_{55}]$
啩	$[gua_{33}]$	嗱	$[na_{11}]$	啫	$[zeg_{55}]$
喺	$[h\vartheta i_{35}]$	揾	$[nam_{33}]$	咋	$[za_{11}]$
冚	$[h\vartheta m_{22}]$	谂	$[n\vartheta m_{35}]$	咗	$[zo_{35}]$

注：本表音标据 1993 年修订的国际音标表编制。①

―――――――――

① 　R.L. 特拉斯克编：《语音学和音第学词典》，北京，语文出版社，2000，第 292 页。

参 考 文 献

外文文献

[1] Bernard Comrie：*Aspect.* 北京，北京大学出版社，2005。

[2] Dalila Ayoun：*The Second Language Acquisition of French Tense，Aspect，Mood and Modality.* Amsterdam / Philadelphia，John Benjamins B. B.，2013.

[3] D. N. S. Bhat：*The Prominence of Tense，Aspect and Mood*，Amsterdam，John Benjamins B. V.，1999.

[4] 〔加〕J. K. Chambers、〔瑞士〕Peter Trudgill：*Dialectology*（second edition）（影印版），北京大学出版社，2002。

中文文献

[1] 白宛如：《广州方言词典》，南京，江苏教育出版社，1998。

[2] 曹广顺：《近代汉语助词》，北京，语文出版社，1995。

[3] 陈恩泉主编：《双语双方言（八）》，香港，汉学出版社，2005。

[4] 陈恩泉主编：《双语双方言（九）》，香港，汉学出版社，2007。

[5] 陈恩泉主编：《双语双方言（十）》，深圳，海天出版社，2010。

[6] 陈昌来：《介词与介引功能》，合肥，安徽教育出版社，2002。

[7] 陈高春主编：《实用汉语语法大辞典》，北京，职工教育出版社，1989。

[8] 陈慧英：《广州话的"嘅"和"咁"》，《方言》1985 年第 4 期。

[9] 丛冰梅：《约量词语研究综述》，《成都大学学报》2004 年第 2 期。

[10] 〔英〕戴维斯·克里斯特尔：《现代语言学词典（第四版）》，沈家煊译，北京，商务印书馆，2002。

[11] 戴耀晶：《试论现代汉语的否定范畴》，《语言教学与研究》2000 年第 3 期。

[12] 邓景滨主编：《第六届国际粤方言研讨会论文集》，澳门，澳门中国语文学会，2003。

[13] 邓少君：《广州方言常见的语气词》，《方言》1991 年第 2 期。

[14] 丁声树：《现代汉语语法讲话》，北京，商务印书馆，1979。

[15] 方经民、〔日〕松山：《地点域/方位域对立和汉语句法分析》，《语言科学》2004 年第 6 期。

[16] 方小燕：《广州方言句末语气助词》，广州，暨南大学出版社，2003。

[17] 傅雨贤：《语法·方言探微》，广州，广东高等教育出版社，2006。

[18] 甘于恩：《广东粤方言人称代词的单复数形式》，《中国语文》1997 年第 5 期。

［19］甘于恩：《试论现代汉语的肯定式与否定式》，《暨南学报》1985 年第 3 期。

［20］甘于恩主编：《粤语与文化研究参考书目》，广州，广东科技出版社，2007。

［21］高华年：《广州方言研究》，香港，商务印书馆，1980。

［22］高名凯：《汉语语法论》，北京，商务印书馆，1986。

［23］黄伯荣等：《汉语方言语法调查手册》，广州，广东人民出版社，2001。

［24］黄伯荣、廖序东主编：《现代汉语（增订第五版）》，北京，高等教育出版社，2001。

［25］胡明扬：《汉语方言体貌论文集》，南京，江苏教育出版社，1996。

［26］暨南大学汉语方言研究中心：《粤方言语法调查表（简明编码本）》，2010。

［27］纪猗馨：《英语情态助动词与汉语能愿动词的比较》，《语言教学与研究》1986 年
　　　第 3 期。

［28］黎锦熙、刘世儒：《汉语语法教材》，北京，商务印书馆，1962。

［29］李新魁、黄家教、施其生、麦耘、陈定方：《广州方言研究》，广州，广东人民
　　　出版社，1995。

［30］李行健主编：《现代汉语规范词典》，北京，外语教学与研究出版社、语文出版
　　　社，2004。

［31］李燕：《现代汉语趋向补语范畴研究》，天津，南开大学出版社，2012。

［32］李宇明：《汉语量范畴研究》，武汉，华中师范大学出版社，2000。

［33］林亦、余瑾主编：《第 11 届国际粤方言研讨会论文集》，南宁，广西人民出版
　　　社，2007。

［34］刘春卉：《现代汉语属性范畴》，成都，巴蜀书社，2008。

［35］刘森：《现代汉语比较范畴的语义认知基础》，上海，学林出版社，2004。

［36］刘叔新：《语法学探微》，天津，南开大学出版社，1996。

［37］刘叔新：《语言学和文学的牵手——刘叔新自选集》，天津，南开大学出版社，2004。

［38］刘叔新：《汉语语法范畴论纲》，天津，南开大学出版社，2013。

［39］卢英顺：《现代汉语中的延续体》，《安徽师范大学学报》2000 年第 3 期。

［40］陆镜光：《粤语的句首话语标记“嗷”》，《第九届国际粤方言研讨会论文集》，澳
　　　门中国语文学会，2005。

［41］吕叔湘：《中国文法要略》，北京，商务印书馆，1982。

［42］吕叔湘主编：《现代汉语八百词》，北京，商务印书馆，1999。

［43］马庆株：《能愿动词的连用》，《语言研究》1988 年第 1 期。

［44］麦耘、谭步云：《实用广州话分类词典》，广州，广东人民出版社，1997。

［45］缪锦安：《汉语的语义结构和补语形式》，上海，上海外语教育出版社，1990。

［46］彭小川：《广州话助词研究》，广州，暨南大学出版社，2010。

［47］彭小川：《广州话的动态助词“开”》，《方言》2002 年第 2 期。

［48］朴惠京：《词汇化形式“高频双音节能愿动词＋说/是”》，《世界汉语教学》2011
　　　年第 4 期。

［49］齐沪扬：《语气词与语气系统》，合肥，安徽教育出版社，2002。

［50］钱乃荣，《体助词"着"不表示"进行"意义》，《汉语学习（延吉）》2000年第4期。

［51］〔英〕R. L. 特拉斯克编：《语音学和音系学词典》，《语音学和音系学词典》编译组译，北京，语文出版社，2000。

［52］饶秉才、欧阳觉亚、周无忌编：《广州话方言词典》，香港，商务印书馆，1981。

［53］饶秉才、欧阳觉亚、周无忌：《广州话词典》，广州，广东人民出版社，1997。

［54］单周尧主编：《第一届国际粤方言研讨会论文集》，香港，现代研究社，1994。

［55］邵敬敏、任芝锳、李家树：《汉语语法专题研究》，桂林，广西师范大学出版社，2003。

［56］邵敬敏等：《汉语方言疑问范畴比较研究》，广州，暨南大学出版社，2010。

［57］沈家煊：《不对称和标记论》，南昌，江西教育出版社，2004。

［58］石毓智：《肯定和否定的对称与不对称》，北京，语言文化大学出版社，2001。

［59］帅志嵩：《中古汉语"完成"语义范畴研究》，北京，商务印书馆，2014。

［60］陶原珂：《广州话否定范畴的表意分布》，《粤语研究》2010年第6、7期。

［61］陶原珂：《广州话和普通话疑问语气范畴比较》，《南方语言学》（第三辑），广州，暨南大学出版社，2011。

［62］陶原珂：《广州话指示范畴的表意分布》，《暨南学报》2013年第4期。

［63］陶原珂：《广州话和普通话约量表意范畴比较》，《南方语言学》（第五辑），广州，暨南大学出版社，2013。

［64］Viviane Alleton：《现代汉语中的感叹语气》，王秀丽译，《国外语言学》1992年第4期。

［65］王力：《中国现代语法》，北京，商务印书馆，2011。

［66］王世凯：《现代汉语时量范畴研究》，北京，中国社会科学出版社，2012。

［67］王振来：《能愿动词在语用祈使句中的表达功能初探》，《锦州师范学院学报》1997年第3期。

［68］王振来：《谈能愿动词在句子表达中的作用》，《辽宁师范大学学报》2002年第3期。

［69］王振来：《被动表述式对能愿动词的选择及其认知解释》，《汉语学习》2003年第4期。

［70］王自强：《现代汉语虚词词典》，上海，上海辞书出版社，1998。

［71］王宗炎主编：《英汉应用语言学词典》，长沙，湖南教育出版社，1988。

［72］邢福义：《现代汉语三百问》，北京，商务印书馆，2002。

［73］薛国富：《"能愿动词＋动词（形容词）"结构浅议》，《贵州大学学报》1989年第3期。

［74］叶蜚声、徐通锵著，王洪君、李娟修订：《语言学纲要（修订版）》，北京，北京大学出版社，2010。

［75］余霭芹：《台山淡村方言研究》，香港，香港城市大学语言资讯科学研究中心，2005。

［76］〔古希腊〕亚里士多德：《形而上学》，吴寿彭译，北京，商务印书馆，1995。

［77］郑路：《汉语时间范畴研究综述》，《兰州学刊》2008 年第 2 期。

［78］詹伯慧主编：《第二届国际粤方言研讨会论文集》，广州，暨南大学出版社，1990。

［79］詹伯慧主编：《广东粤方言概要》，广州，暨南大学出版社，2002。

［80］詹伯慧主编：《广州话正音字典》，广州，广东人民出版社，2002。

［81］詹伯慧、甘于恩：《广府方言》，广州，暨南大学出版社，2012。

［82］张洪年：《香港粤语语法的研究（增订版）》，香港，香港中文大学出版社，2007。

［83］张静：《汉语语法问题》，北京，中国社会科学出版社，1987。

［84］赵元任：《汉语口语语法》，吕叔湘译，北京，商务印书馆，1979。

［85］郑定欧、蔡建华主编：《广州话研究与教学（第三辑）》，广州，中山大学出版社，1998。

［86］郑定欧：《词汇语法理论与汉语句法研究》，北京，北京语言文化大学出版社，1999。

［87］郑定欧主编：《广州话研究与教学（第一辑）》，广州，中山大学出版社，1993。

［88］中国社会科学院语言研究所词典编辑室：《现代汉语词典（第 6 版）》，北京，商务印书馆，2012。

［89］周国光：《汉语时间系统习得状况的考察》，《语言文字应用》2004 年第 4 期。

［90］周静：《现代汉语递进范畴研究》，北京，中国传媒大学出版社，2007。

后　记

　　本著从最初萌生整体认识广州话存在形态的想法，到最后构成对广州话表意范畴的系统描写与论述，前后历时近 20 年。期间，我完成了另一领域（词典学）的博士学位课程和赴加拿大访学的研究，在每月定期编辑综合性学术研究杂志的工作之余，却时断时续地放不下整体认识广州话的研究。起初得益于郑定欧、周小兵、蔡建华等一批热心广州话研究与教学的学者的鼓动和组织，后来多赖暨南大学詹伯慧教授牵头组织的粤方言国际研讨会以及陈恩泉教授召集的双语双方言国际研讨会的定期约会，大多数论文都是在学界相互交流的氛围中完成的，整体认识的框架亦随之逐渐成型。今有成书之日，首先应该感谢本地学术界共同营造的学术氛围。

　　本著为广州话的母语研究，始终与普通话进行译释与比较，须建基于对本色的广州话和普通话的把握和认识。笔者是广东广雅中学子弟，24 岁以前一直生活在广州，从学前到中小学，以至当工人的 7 年里，都主要是与广州市西关一带（广州市解放路以西）的广州人交流和交往，这样所习得的广州话应该是属于西关的，日常说的是"⑧呢度、呢排（⑧这里、这段时间）"，而不说"⑧哪度、哪排"。故此，本著的广州话语料，也以广雅子弟、教工的外部语言的语感为参照。本著的普通话译释，则不时与发妻（北京人）相斟，虽然有时也体察到，单靠母语的语感未必就能够确定标准普通话的表述，但是有这种母语的语感支持，却无疑是便于认识和把握普通话标准表述的。因此，本著也应该感谢这两个语源的滋育。

作者手书本著书名

　　成果的最终形成，还得益于广东人民出版社编辑李展鹏的大力支持和完善书稿编辑的初步建议，更得益于为本项目评审的专家所提出的作为书籍成果的修改意见和建议，这些旁观者的识见使本著日臻完善。这里一并谨表谢忱。

陶原珂

2017 年 6 月 15 日于羊城

图书在版编目(CIP)数据

广州话表意范畴研究 / 陶原珂著 . —北京：北京师范
大学出版社，2018.6

（国家社科基金后期资助项目）

ISBN 978-7-303-23200-0

Ⅰ.①广… Ⅱ.①陶… Ⅲ.①粤语－方言研究
Ⅳ.①H178

中国版本图书馆 CIP 数据核字(2017)第 298420 号

营 销 中 心 电 话　010-58805072　58807651
北师大出版社高等教育与学术著作分社　http://xueda.bnup.com

GUANGZHOUHUA BIAOYI FANCHOU YANJIU

出版发行：北京师范大学出版社　www.bnup.com
　　　　　北京市海淀区新街口外大街 19 号
　　　　　邮政编码：100875
印　　刷：大厂回族自治县正兴印务有限公司
经　　销：全国新华书店
开　　本：710 mm×1000 mm　1/16
印　　张：15.75
字　　数：241 千字
版　　次：2018 年 6 月第 1 版
印　　次：2018 年 6 月第 1 次印刷
定　　价：56.00 元

策划编辑：周劲含　　　　　　责任编辑：李云虎　刘文丽
美术编辑：李向昕　　　　　　装帧设计：毛　淳　李向昕
责任校对：韩兆涛　　　　　　责任印制：马　洁